Mein gutes Recht als Arbeitnehmer

Mein gutes Recht als Arbeitnehmer

Bär/Bornheim

Gondrom

© 1991 by Gondrom Verlag GmbH & Co. KG, Bindlach
Verfasser: Helmerich Bornheim, Haag
und Fred Bär, Bayreuth
Covergestaltung: CREATIV Werbe- und Verlagsgesellschaft
Ulrich Kolb, Leutenbach
Titelbild: Fotodesign Roland Seiler, Weidenberg
Satz: Concept GmbH, Höchberg bei Würzburg
ISBN 3-8112-0918-3

Inhalt

Einleitung 21
Praktische Bedeutung des Arbeitsrechts 22
Für wen ist dieser Ratgeber geschrieben? 23
Arbeiter oder Angestellter? 24

Welche Rechtsgrundlagen regeln das Verhältnis zwischen Arbeitnehmer und Arbeitgeber? 25
Arbeitsvertrag............................. 25
Tarifvertrag............................... 25
Betriebsvereinbarung 26
Betriebliche Übung 27

Beginn des Arbeitsverhältnisses 29
Arbeitsvermittlung durch das Arbeitsamt 29
Innerbetriebliche Stellenausschreibung,
   Zeitungsinserat 30
Wer übernimmt die Vorstellungskosten 31

Der Arbeitsvertrag......................... 31
Mitwirkung des Betriebsrates bei der Einstellung.. 31
Arbeitspapiere 32
Abschluß des Arbeitsvertrages 32
Kann auch ein Minderjähriger einen
   Arbeitsvertrag abschließen?................. 33

Wann ist ein Arbeitsververhältnis ungültig? ... 35
Anfechtbarkeit des Arbeitsvertrages ... 35
Irrtumsanfechtung ... 36
Irrtumsanfechtung wegen Schwangerschaft ... 37
Bewußte Täuschung ... 37

**Wahrheitswidrige Antworten
auf Fragen des Arbeitgebers** ... 38
Welche Fragen des Arbeitgebers
sind erlaubt und welche nicht? ... 38
Die Frage nach der Gewerkschaftszugehörigkeit ... 39
Wieviel haben Sie rückliegend verdient? ... 40
Besteht eine Lohnpfändung
und sind Sie katholisch? ... 40
Frage nach Schwangerschaft ... 40
Schwerbehindert, wehrpflichtig oder vorbestraft? ... 41
Bewußtes Verschweigen wesentlicher Tatsachen ... 42
Personalfragebogen ... 43
Erlaubte Fragen im Personalfragebogen ... 44
Graphologische Gutachten ... 45

Was darf der Arbeitgeber von Ihnen erwarten? ... 47

Die Arbeitspflicht ... 47
Art und Umfang der Arbeitspflicht ... 48
Kraftfahrer als Wagenwäscher? ... 49
Sind Versetzungen ohne weiteres möglich? ... 50
Sind Nebenbeschäftigungen zulässig? ... 51
Der zeitliche Umfang der Arbeitspflicht ... 52
Überstunden – muß das sein? ... 52

Verletzung der Arbeitspflicht.................... 53
Verletzung der Arbeitgeberpflichten............. 54
Mangelhafte Arbeitsleistung – Risiko inbegriffen?. 54
Volle Haftung bei grober Fahrlässigkeit.......... 56
Teilweise Haftung 56
Ist ein Arbeitnehmer auch seinen Mitarbeitern
  gegenüber im Falle eines Arbeitsunfalls zum
  Schadenersatz verpflichtet?.................. 57
Können Sie von Ihrem Arbeitgeber Ersatz für
  Ihr beschädigtes Fahrzeug fordern, wenn es
  bei einer Dienstfahrt zu einem Unfall kam? 58
Wie sieht es aus, wenn in der Kasse etwas fehlt,
  bzw. im Lager ein Fehlbestand aufgetreten ist?.. 59
Was versteht man unter der sogenannten
  „Treuepflicht des Arbeitnehmers"?............ 60
Annahme von Geschenken erlaubt?............. 61
Folgt aus Ihrer „Treuepflicht" auch,
  daß Sie Verstöße von Arbeitskollegen
  anzeigen müssen? 61
Dürfen Sie Ihrem Arbeitgeber
  Konkurrenz machen? 62
Verbesserungsvorschläge des Arbeitnehmers 63
Freie Erfindungen 64
Welche Rechte entstehen aus
  Verbesserungsvorschlägen?.................. 65
Strafe kann sein – Betriebsbußen................ 66
Schutz im Bußgeldverfahren.................... 67

Welche Ansprüche besitzen Sie als Arbeitnehmer?...................... 69

Der Lohn.................................... 69
Die Lohnzahlungspflicht des Arbeitgebers 69

Können Sie von Ihrem Arbeitgeber eine
Lohnerhöhung verlangen, wenn allgemein
im Betrieb die Löhne erhöht werden? 70
Arbeitnehmerinnen benachteiligt? 71
Lohnfortzahlung an Feiertagen? 72
Blaue Wochenenden und ihre Folgen 73
Feiertagslohn für Kurzarbeiter?................. 73
Welche Lohnzuschläge stehen Ihnen zu?
Überstunden, Mehrarbeit... 73
Nach welchen Grundsätzen
bestimmt sich der Lohn?.................... 74
Wann und in welcher Form ist der Lohn
vom Arbeitgeber auszuzahlen? 75
Zuviel Lohn überwiesen –
ein Grund zum Feiern?..................... 76

Gratifikation 76
Immer wieder Probleme mit den
sogenannten Gratifikationen! 76
Gleiche Gratifikationen für alle?................ 78
Wie steht es mit sogenannten
Anwesenheitsprämien?...................... 78
Rückzahlungsklauseln 79

Ruhegeld.. 80
Was bedeutet betriebliches Ruhegeld? 80
Ruhegeld überall gleich?....................... 81
Gibt es Ansprüche auf Ruhegeld?............... 82
Ist ein Widerruf von Ruhegeldzusagen möglich?... 83
Können Ruhegelder durch
Sozialversicherungsrenten gekürzt werden? 83

Vermögensbildung 84
Können Sie von Ihrem Arbeitgeber verlangen,
daß er zu Ihrer Vermögensbildung beiträgt? 84

**Verzicht auf tarifvertraglich fixierte
Rechte möglich? – die Ausgleichsquittung**...... 85
Ausgleichsquittung – was ist das?............... 85
Immer wieder Ärger mit den
Ausgleichsquittungen!...................... 86
Unverzichtbare Ansprüche.................... 86
Verzicht auf Lohnfortzahlung
und qualifiziertes Zeugnis................... 87

Lohn ohne Arbeit – die Lohnfortzahlung......... 88
Wenn Ihr Arbeitgeber Sie nicht arbeiten läßt –
Lohnzahlung bei Annahmeverzug?............ 88
Lohnfortzahlung bei Verhinderung.............. 89
Lohnzahlung bei Krankheit.................... 90
Risikosportarten –
Fingerhakeln und Lohnfortzahlung........... 91
Sonstige mögliche Hinderungsgründe............ 91
Alkoholabhängigkeit kann
Lohnfortzahlung hemmen!................... 92
Wer hat Anspruch auf Lohnfortzahlung?......... 93
Wiederholte Erkrankungen 93
Pflicht zur Vorlage einer ärztlichen Arbeits-
unfähigkeitsbescheinigung für Arbeiter........ 94
Zweifelhaftes Attest 95
Anzeigepflicht für Angestellte.................. 96
In welcher Höhe können Sie
Lohnfortzahlung verlangen?................. 97
Gibt es auch während einer Kur
Lohnfortzahlung?.......................... 98
Lohnzahlung bei Betriebsstörung 99
Arbeitskampf unf Lohn....................... 99
Wie lange können Sie Ihren
Lohnanspruch geltend machen?.............. 101
Rechtsverlust wegen Zeitablaufs............... 102

Lohnsicherung 102
Lohnpfändung – was ist das? 102
Pech für den Gläubiger 103
Weitergehender Lohnschutz.................. 104

Lohnsicherung im Konkursfall................ 105
Lohnanspruch im Konkurs bzw. im Vergleich? ... 105
Vorrang des betrieblichen Sozialplans........... 108
Konkursausfallgeld 109

Schutz des Arbeitnehmers 110
Schutz von Leben und Gesundheit
   des Arbeitnehmers 110
Sicherheitsvorkehrungen mangelhaft? 112
Schadensersatz- oder Schmerzensgeldanspruch
   bei Arbeitsunfall? 112
Muß der Arbeitgeber ein Rauchverbot erlassen? . 113
Geheimhaltungspflicht des Arbeitgebers? 114
Betriebsinterne Überwachung oder
   „Der gläserne Arbeitnehmer" 115
Der Arbeitgeber als Schiedsrichter? 116
Beschädigtes Arbeitnehmereigentum........... 117
Anspruch auf einen Parkplatz? 118
Unfall auf dem Betriebsparkplatz –
   wer zahlt? 119
Falsche Lohnabrechnung – und jetzt?........... 120
Besteht eine Beschäftigungspflicht des
   Arbeitnehmers oder kann er Sie beliebig
   vom Dienst suspendieren? 121
Warum Ihr Weiterbeschäftigungsanspruch
   wichtig ist!.............................. 122
Voraussetzungen
   des Weiterbeschäftigungsanspruchs 123

Anspruch auf Weiterbeschäftigung, wenn in
  Ihrem Betrieb kein Betriebsrat existiert?...... 123

Gleichbehandlung 125
Folgen einer geschlechterbedingten
  Diskriminierung...................... 126
Gleichbehandlung bei freiwilligen zusätzlichen
  Sozialleistungen des Arbeitgebers........... 127
Anspruch auf Gleichbehandlung
  in der täglichen Betriebspraxis?............. 128
Gibt es auch einen Anspruch auf gleichen und
  gerechten Lohn? 129
Gilt der Gleichbehandlungsgrundsatz auch
  bei Einstellung bzw. Kündigung?............ 130

Der Urlaub 133

Wer hat Anspruch auf Urlaub? 133
In welcher Höhe besteht der Urlaubsanspruch? .. 134
Jugendliche haben es besser.................. 135
Können Sie Ihre neue Arbeitstätigkeit
  zugleich mit einem Urlaub beginnen? 136
Urlaubsansprüche bei Arbeitsplatzwechsel 136
Zuviel Urlaub gewährt? 130
Was bedeutet Teilurlaub? 138
Wann können Sie den Urlaub nehmen? 139
Ungenehmigter Urlaubsantritt – was dann?...... 140
Kann der Arbeitgeber die gewährte
  Urlaubsplanung widerrufen? 142
Müssen Sie Ihren Jahresurlaub in den
  Betriebsferien nehmen? 142
Muß der Jahresurlaub zusammenhängend
  gewährt werden? 143

Dürfen Sie während des Urlaubs arbeiten? 143
Lohn während des Urlaubs? 145
Zuviel Urlaubsentgelt? 146
Krank im Urlaub? 146
Kur und Jahresurlaub 147
Dürfen Sie den Jahresurlaub von zwei Jahren
    sammeln? 149
Können Sie sich den Urlaub auszahlen lassen? ... 150
Sonstiges Wissenswertes zur Urlaubsabgeltung .. 152
Können Sie die Urlaubsbedingungen mit
    Ihrem Arbeitgeber frei aushandeln? 154
Können Sie von Ihrem Arbeitgeber
    auch Sonderurlaub verlangen? 154
Bildungsurlaub, was ist das? 155

Die Beendigung des Arbeitsverhältnisses 157

Grundsätzliches 157
Wie wird ein Arbeitsverhältnis beendet? 157
Wie wird eine Kündigung erklärt? 158
In welcher Form muß die Kündigung
    erklärt werden? 158
Wer kann eine Kündigung erklären? 159
Kündigung bei Minderjährigen 160
Kündigung vor Beginn der Arbeitstätigkeit? 161
Wodurch wird eine Erklärung zur Kündigung? ... 161
Kündigung muß deutlich sein 162
Kann der Arbeitgeber die Kündigung
    auch „bedingt" erklären? 163
Ab wann soll die Kündigung gelten? 163

Muß sich aus der Kündigungserklärung
der Kündigungsgrund ergeben?............. 164

Die Änderungskündigung.................... 165
Was ist eine „Änderungskündigung"?.......... 165
Was ist das Besondere an der Änderungs-
kündigungsschutzklage?.................... 166
Was gibt es noch bei der Änderungs-
kündigungsschutzklage zu beachten?......... 166

Übermittlung der Kündigung................ 167
Wann ist Ihnen die Kündigung zugegangen?..... 167
Wenn die Kündigung nicht
direkt übermittelt wird..................... 168
Kündigung per Einschreiben 169
Wie kann man die
Zustellungsprobleme vermeiden?............ 169
Wirksame Kündigung im Urlaub?.............. 170
Kann eine Kündigung auch
zurückgenommen werden?................... 171
Aus welchen Gründen kann eine
Kündigung unwirksam sein? 172

**Welche Rolle spielt der Betriebsrat
bei einer Kündigung?**...................... 173
Hat der Betriebsrat bei der Kündigung
mitzubestimmen?......................... 173
Wie lange hat der Betriebsrat Zeit,
sich zur Kündigung zu äußern?.............. 175
Was passiert, wenn der Betriebsrat
die Anhörungsfrist verpaßt? 175
Was geschieht, wenn es in Ihrem
Unternehmen keinen Betriebsrat gibt? 176

Die ordentliche Kündigung.................. 177
Kündigungsfristen bei Angestellten 177

Kündigungsfristen bei Arbeitern 179

Kündigung während der Probezeit 181
Wie ist die Kündigungsfrist in der Probezeit
   vertraglich geregelt? 181
Welche Besonderheiten gibt es noch
   zu beachten? 182

Die außerordentliche Kündigung............... 182
Ist die außerordentliche Kündigung
   automatisch fristlos? 182
Kann das Recht zur außerordentlichen
   Kündigung beschränkt werden? 183
Wann liegt ein wichtiger Grund für eine
   außerordentliche Kündigung vor?............ 183
Was der Arbeitgeber vor jeder außer-
   ordentlichen Kündigung beachten muß 184
Außerordentliche Kündigung wegen einer
   Erkrankung? 184
Außerordentliche Kündigung bei Straftaten
   des Arbeitnehmers? 185
Außerordentliche Kündigung bei Verdacht-
   Verdachtskündigung 186
Können auch Sie Ihrem Arbeitgeber
   außerordentlich kündigen?................. 187
Gibt es auch bei der außerordentlichen
   Kündigung Fristen zu beachten? 188
Außerordentliche Kündigung auch bei
   Arbeitnehmern, die unkündbar sind?......... 188
Außerordentliche Kündigung von
   Schwangeren bzw. Schwerbehinderten?....... 189

Allgemeiner Kündigungsschutz 191

Das Kündigungsschutzgesetz 191

Welche ordentlichen Kündigungen müssen
   sozial gerechtfertigt sein? 192
Wann ist die ordentliche Kündigung
   sozial gerechtfertigt? 191

**Kündigung wegen Krankheit
(personenbedingte Kündigung)** 192
Wann darf der Arbeitgeber Ihnen
   wegen einer Krankheit kündigen? 192
Muß der Arbeitgeber mit Ihnen vor der
   Kündigung über die Krankheit reden? 196
Kündigung wegen Alkoholabhängigkeit 197

Die ordentliche, verhaltensbedingte Kündigung .. 198
Wann ist eine ordentliche, verhaltensbedingte
   Kündigung zulässig? 198
Was ist eine Abmahnung? 199
Muß immer eine Abmahnung erfolgen? 200
Abmahnungen bei Vertragsverletzungen im
   Vertrauensbereich 200
Wie können Sie sich gegen eine
   Abmahnung wehren? 201

Betriebsbedingte Kündigung 202
Wann darf der Arbeitgeber aus
   betriebsbedingten Gründen kündigen? 202
Darlegungspflicht des Arbeitgebers? 203
Kündigung auf Druck der Kollegen –
   ist das zulässig? 204

Kündigungsschutzverfahren 205
Wie können Sie sich gegen eine
   Kündigung wehren? 205
Was ist ein Kündigungsschutzprozeß? 206

Darf der Arbeitgeber im Kündigungsschutz-
prozeß neue, noch nicht genannte
Kündigungsgründe nachschieben? 206
Funktionen des Betriebsrates
beim Kündigungsschutzprozeß 207
Kündigung sozial ungerecht – was tun? 208
Kündigungsschutzprozeß ohne Rechtsanwalt? ... 208
Die „Drei-Wochen-Frist" des Kündigungs-
schutzgesetzes 209
Mögliche Urteilsformen in einem
Kündigungsschutzprozeß 210
Lohnanspruch zwischen
Kündigung und Prozeßende................ 211
Was geschieht, wenn Sie den Kündigungsschutz-
prozeß zwar gewonnen haben, in der Zwischen-
zeit (nach der Kündigung) aber ein neues
Arbeitsverhältnis eingegangen sind? 212

Die Abfindung 212
Lösung des Arbeitsverhältnisses und Abfindung . 212
Abfindung nur auf Antrag!................... 213
Abfindung (nach dem Kündigungsschutzgesetz)
nur bei Unzumutbarkeit! 213
Abfindungshöhen........................... 214
Steht gleichaltrigen Arbeitnehmern
mit gleicher Betriebszugehörigkeit
immer die gleiche Abfindung zu? 215
Was Sie sonst noch zur Abfindung
wissen sollten 215
Wenn der Arbeitgeber kurz vor
dem Konkurs steht:....................... 216

Besonderer Kündigungsschutz 217

Der Mutterschutz............................ 217

Kündigungsschutz
   nach dem Mutterschutzgesetz 217
Hilft der Mutterschutz, wenn der Arbeitgeber
   bei der Kündigung überhaupt nichts von der
   Schwangerschaft wußte?................... 218
In welchen Ausnahmefällen darf auch einer
   Schwangeren gekündigt werden? 219
Kündigungsschutz
   während des Erziehungsurlaubs 220
Kündigungsschutz nach dem Erziehungs-
   urlaubsgesetz nur, wenn tatsächlich Urlaub
   genommen wird?........................ 221
Wie steht es mit Ihrem Mutterschutz,
   wenn Sie Ihrem neuen Arbeitgeber die
   Schwangerschaft verheimlicht haben? 222

Schwerbehindertenschutz.................... 223
Wie Schwerbehinderte vor einer Kündigung
   geschützt werden....................... 223
Fristlose Kündigung möglich? 224
Zustimmung des Schwerbehinderten
   erforderlich?............................. 225
Wie sieht es mit Ihrem Schwerbehindertenschutz aus, wenn Sie Ihrem neuen Arbeitgeber
   die Schwerbehinderung verheimlicht haben? .. 225

Betriebs- und Personalratsschutz.............. 226
Kündigungsschutz für Mitglieder des Betriebs-
   bzw. Personalrats...................... 226
Wie schützt das Gesetz den „Funktionsträger"
   vor einer außerordentlichen Kündigung?...... 227

Schutz bei Grundwehr- und Zivildienst.......... 228
Wie sieht es mit dem Arbeitsplatz während
   des Grundwehrdienstes aus? 228

Wie sieht es mit dem Schutz vor einer Kündigung
nach dem Ende des Grundwehrdienstes aus? .. 229
Auch „Zivis" sind geschützt! 229

**Nachträgliche Befristung von Arbeits-
verträgen – der Aufhebungsvertrag** 230
Wie können Sie Ihr Arbeitsverhältnis durch
Aufhebungsvertrag beenden? 230
Was Sie unbedingt bei einem Aufhebungs-
vertrag beachten müssen 231

Der befristete Vertrag 232
Sind befristete Arbeitsverträge zulässig? 232
Ist bei zeitlich befristeten Arbeitsverträgen
eine ordentliche Kündigung möglich? 233
Was gilt während der Probezeit? 233
Wie können Sie den Vertrag für die
Probezeit günstiger gestalten? 233
Ist auch in einer befristeten Probezeit
eine Kündigung möglich? 234
Welche Besonderheiten bringt das
Beschäftigungsförderungsgesetz? 234
Ist ein Arbeitsverhältnis grundsätzlich mit
Vollendung des 65. Lebensjahres beendet? 235

Betriebsübernahme
(Betriebsübergang) 237

Wann liegt ein Betriebsübergang vor? 237
Ihre Firma hat den Besitzer gewechselt –
was nun? 237
Betriebsübergang und Ruhegeld? 238
Tarifverträge und Betriebsvereinbarungen
im Falle eines Betriebsübergangs 239

Kündigung wegen eines
  Betriebsübergangs zulässig?............... 240
Kündigungsschutz bei Betriebsstillegungen 241

Arbeitskampf 242

Was versteht man unter Arbeitskampf? 242
Der Streik 242
Die Aussperrung 243

Wie kommen Sie zu Ihrem Recht? 244

Arbeitsgerichtsverfahren. 244
Kostenrisiko im Prozeß 244
Gerichtskosten 245
Anwaltskosten 246
Arbeitsrecht ihn den fünf neuen Bundesländern.. 247
Die zugrundeliegende Rechtsakte 248
Gerichtsorganisation 249

Anhang 251

Gesetzestexte 251
Musterformulare 311
Personalfragebogen 311
**Muster eines Arbeitsvertrages mit einem
  Angestellten** 314
Vertrag für freie Mitarbeiter................... 322
Zeugnismuster 325
Register 333

Einleitung

Nahezu täglich werden Sie als Arbeitnehmer mit schwierigen und schwer verständlichen Fragen des Arbeitsrechts konfrontiert.
Ob es um die Arbeitsgestaltung, die Arbeitszeit oder gar eine Kündigung geht, immer handelt es sich um arbeitsrechtliche Probleme.
Die besondere Schwierigkeit dieses Rechtsgebietes ergibt sich daraus, daß es kein einheitliches Arbeitsgesetz, sondern nur eine Vielzahl von Einzelgesetzen gibt.
So sind arbeitsrechtliche Fragen unter anderem in folgenden Gesetzen geregelt:
Bürgerliches Gesetzbuch, Handelsgesetzbuch, Gewerbeordnung, Lohnfortzahlungsgesetz, Gesetz zur Regelung der Lohnfortzahlung an Feiertagen, Bundesurlaubsgesetz, Kündigungsschutzgesetz, Arbeitsplatzschutzgesetz, Mutterschutzgesetz, Schwerbehindertengesetz, Tarifvertragsgesetz, Betriebsverfassungsgesetz und im Arbeitsgerichtsgesetz etc.
(Auszugsweise Darstellung der wichtigsten Gesetzestexte: siehe Anhang.)
Daneben bestehen zahlreiche Tarifverträge und zahllose Betriebsvereinbarungen, die für den konkreten Einzelfall noch speziellere Regelungen treffen.
Wollen Sie zum Beispiel wissen, welchen Urlaub Sie beanspruchen können, so könnten Sie an folgenden Stellen nach Aufklärung suchen:
in Ihrem Arbeitsvertrag (mit allen späteren Abreden und Zusagen), in den im Betrieb einheitlich geltenden Allgemeinen Arbeitsbedingungen, in einer im Betrieb einheitlich geltenden Betriebsvereinbarung, in einem von der zuständigen Gewerkschaft geschlossenen Tarifvertrag und letztendlich im allgemein geltenden Bundesurlaubsgesetz.

Davon aber einmal ganz abgesehen, tragen die Entscheidungen der Arbeitsgerichte, insbesondere des Bundesarbeitsgerichts (BAG), ebenfalls nicht dazu bei, die abstrakten Rechtsnormen für den Laien verständlich zu machen.

Der vorliegende Ratgeber soll Ihnen als Arbeitnehmer Licht in das undurchschaubare Dunkel dieser wichtigen Materie bringen. Zahlreiche Rechtsfragen des Alltags werden sich damit beantworten und lösen lassen, da Situationen behandelt werden, wie sie sich Ihnen täglich im Beruf stellen.

Eine völlige Abhandlung der komplexen Materie kann aber in einem Buch diesen Umfanges selbstverständlich nicht erfolgen. Diesbezüglich können wir nur auf vertiefende Fachliteratur sowie Kommentare etc. verweisen. Außerdem sollten Sie sich in allen Zweifelsfragen rechtskundigen Rat einholen, z.B. durch einen Rechtsanwalt oder rechtskundige Vertreter Ihrer Gewerkschaft.

Praktische Bedeutung des Arbeitsrechts

Zur Zeit besteht der weitaus größte Teil der Erwerbstätigen in der Bundesrepublik aus Arbeitnehmern. Dies gilt sowohl für die alten als auch für die fünf neuen Bundesländer.

Die Volkszählung des Jahres 1987 in den Altbundesländern ergab bei einer Bevölkerung von 61 Millionen Personen knapp 27 Millionen Erwerbstätige, wobei die Frauenerwerbsquote bei 44% lag (in der DDR vor der Wiedervereinigung über 90%).

Von den Erwerbstätigen wiederum waren mehr als 21 Millionen Arbeitnehmer, 2,5 Millionen Beamte, Richter und Soldaten, 2,3 Millionen Selbständige und eine halbe Million mithelfende Familienangehörige.

Der Gruppe der Angestellten gehörten 11 Millionen,

der Gruppe der Arbeiter 10,7 Millionen Personen an.
Schon anhand dieser Zahlen sehen Sie, daß das Arbeitsrecht zu den Rechtsgebieten gehört, mit denen nahezu jeder früher oder später einmal in Kontakt kommt. Dazu st es wichtig, zumindest die Grundlagen dieser Rechtmaterie zu kennen. Auch dazu will Ihnen dieser Ratgeber verhelfen. Um Ihnen den zum Teil recht abstrakten Wortlaut der Rechtsnormen verständlich zu machen, wird bewußt auf juristische Fachausdrücke verzichtet. Dort, wo sie dennoch Verwendung finden, werden sie erklärt.
Aufgrund der jüngsten politischen Entwicklungen ist eine weitgehende Übernahme des Arbeitsrechts der Altbundesländer in den fünf neuen Bundesländern erfolgt. Daher war es erforderlich, am Ende des Buches kurz auf die Problematik der Geltung bestimmter arbeitsrechtlicher Regelungen in den fünf neuen Bundesländern einzugehen.

Für wen ist dieser Ratgeber geschrieben?

Nicht jeder, der arbeitet, ist automatisch Arbeitnehmer. Arbeitnehmer ist daher nur der, der aufgrund eines privatrechtlichen Vertrages für einen anderen, den Arbeitgeber, gegen Entgelt weisungsgebunden Arbeit leistet. Damit sind Beamte, Richter, Soldaten, Strafgefangene und Fürsorgezöglinge keine Arbeitnehmer, weil sie ihre Arbeit aufgrund öffentlichen Rechts erbringen und nicht aufgrund privatrechtlicher Verträge.
Keine Arbeitnehmer sind auch Selbständige, wie zum Beispiel Notare, Rechtsanwälte, Ärzte (soweit sie nicht in einem Krankenhaus beschäftigt sind) und Steuerberater.
Weiterhin wurde die Arbeitnehmereigenschaft von der Rechtsprechung verneint für den (die):
Bereitschaftsarzt für Blutproben, Diakonissen, Film-

schaffenden, Lehrbeauftragten an Hochschulen, Tankstellenbesitzer und nebenberuflichen Theaterintendanten.
Auf alle diese Personengruppen finden die arbeitsrechtlichen Vorschriften, wie sie in diesem Buch beschrieben werden, keine Anwendung.

Arbeiter oder Angestellter?

Alle Arbeitnehmer sind entweder Arbeiter oder Angestellte.
Dabei ist Angestellter, wer kaufmännische oder büromäßige oder sonst vorwiegend geistige Arbeit leistet.
Arbeiter sind wiederum alle Arbeitnehmer, die keine Angestellten sind, bzw. die überwiegend körperliche Arbeit verrichten.
Es versteht sich, daß diese Abgrenzung der Arbeitnehmer unbefriedigend und lediglich historisch zu verstehen ist.
Nur so wird klar, warum der „Werkstattschreiber" Angestellter ist, während der Kfz-Mechaniker, der die elektronische Benzineinspritzung einstellen muß, Arbeiter ist.
Es ist aber ohnehin festzustellen, daß infolge zunehmender Rechtsangleichung diese Unterscheidung immer stärker an Bedeutung verliert.

Welche Rechtsgrundlagen regeln das Verhältnis zwischen Arbeitnehmer und Arbeitgeber?

Aufgrund welcher Rechtsgrundlagen können Sie einen Anspruch gegen Ihren Arbeitgeber durchsetzen? Ansprüche gegen den Arbeitgeber können aus dem Arbeitsvertrag, einem Tarifvertrag, einer Betriebsvereinbarung oder betrieblichen Übung begründet sein.

Arbeitsvertrag

Ein Arbeitsvertrag kommt durch zwei übereinstimmende Willenserklärungen, der des Arbeitnehmers und der des Arbeitgebers, zustande. Es ist also eine Vereinbarung zwischen den Vertragspartnern erforderlich, die darauf gerichtet ist, daß der Arbeitnehmer gegen Entgelt dem Arbeitgeber seine Dienste zur Verfügung stellt.

Diese Erklärungen müssen aber nicht ausdrücklich oder gar schriftlich abgegeben werden, sondern können sich auch aus den Umständen ergeben. Dies ist häufig im Hotel- und Gaststättenbereich der Fall. Dort haben Serviceangestellte oft keinen Arbeitsvertrag, werden aber trotzdem für ihre Dienstleistung bezahlt. Insbesondere ist die Schriftform für einen Arbeitsvertrag nur in Ausbildungsverhältnissen erforderlich.

Tarifvertrag

Da einzelvertragliche Abmachungen zwischen Arbeitgeber und Arbeitnehmer selten sind, wird Ihr Anspruch in der Regel aus dem für Ihren Betrieb geltenden Tarifvertrag begründet werden. Tarifverträge können nur zwischen der zuständigen Gewerkschaft und dem zuständigen Arbeitgeberverband bzw. einem einzelnen Arbeitgeber geschlossen werden. Diese Tarife haben dann für Sie Geltung, wenn Sie Mitglied dieser Gewerkschaft sind.

Beachten müssen Sie hier besonders den Grundsatz der Tarifeinheit! Aus ihm folgt, daß der Tarifvertrag für die metallverarbeitende Industrie nicht nur für die eigentlichen Metallarbeiter gilt, sondern eben auch für den Hausmeister, Schlosser oder Kraftfahrer des entsprechenden metallverarbeitenden Betriebs, soweit diese Mitglieder der Gewerkschaft sind.

In der Regel finden darüberhinaus die tarifvertraglichen Inhalte auch auf die Arbeitnehmer Anwendung, die nicht Gewerkschaftsmitglieder sind, da in den entsprechenden Einzelarbeitsverträgen Bezug auf den herrschenden Tarifvertrag genommen wird.

Den Inhalt des Tarifvertrages können Sie übrigens durch Einsicht in das Tarifregister des Bundesministers für Arbeits- und Sozialordnung ermitteln, sofern er nicht ohnehin in Ihrem Betrieb aushängt. (Der Arbeitgeber ist dazu gemäß § 8 TVG ohnehin verpflichtet.)

Betriebsvereinbarung

Ihr Anspruch gegen den Arbeitgeber kann überdies aus einer Betriebsvereinbarung begründet sein. Voraussetzung ist, daß in Ihrem Betrieb ein Betriebsrat besteht und zwischen diesem Betriebsrat und dem Arbeitgeber eine entsprechende Vereinbarung, die Betriebsvereinbarung, getroffen ist.

Dann gilt diese Vereinbarung für alle Arbeitnehmer des Unternehmens, unabhängig, ob Sie Mitglied einer Gewerkschaft sind oder nicht.

Ob Betriebsvereinbarungen in Ihrem Betrieb bestehen und welchen Inhalt sie haben, erfahren Sie von Ihrem

Betriebsrat. Geregelt werden z.B. Sozialleistungen wie Gratifikationen, Treueprämien und Ruhegelder in Betriebsvereinbarungen. Weiterhin enthalten diese regelmäßig Regelungen über die Lohnausgestaltung wie z.B. Akkord- und Richtlohnsätze oder über Kündigungsgründe und Kündigungsfristen.

Es gibt auch Betriebsvereinbarungen, die Regelungen über die Arbeitszeit oder sogar über die Urlaubsfestlegung enthalten.

Ihr Arbeitgeber ist zwar gesetzlich gehalten, auch Betriebsvereinbarungen im Betrieb auszulegen; ein Unterlassen führt aber ebenso wie bei Tarifverträgen nicht zu deren Unwirksamkeit.

Um vor Überraschungen sicher zu sein, sollten Sie sich deshalb selbst um Einsichtnahme in die Betriebsvereinbarung kümmern.

Betriebliche Übung

Ansprüche gegen den Arbeitgeber können aber auch aufgrund „betrieblicher Übung" entstanden sein.

(Darunter versteht man nicht eine Form des Betriebssports, wie sie sich in Japan großer Beliebtheit erfreut, und wie man bei erster Betrachtung annehmen könnte.)

Eine solche „betriebliche Übung" ist vielmehr dann anzunehmen, wenn der Arbeitgeber in der Regel mindestens dreimal eine Leistung an die Arbeitgeber erbracht hat, zu der er nicht bereits anderweitig verpflichtet war und er sich den Widerruf dieser Leistung nicht vorbehalten hat. Aus einer solchen „betrieblichen Übung" entsteht dann ein Rechtsanspruch auf weitere Gewährung dieser Leistung, und zwar nicht nur für Arbeitnehmer, die diese Leistung bereits erhalten haben, sondern auch für neu eintretende Arbeitnehmer.

Ein Beispiel für die betriebliche Übung ist in der Gewährung von Treueprämien zu bestimmten Betriebsjubiläen zu sehen. Weiterhin findet die betriebliche

Übung im Bereich von Weihnachtsgratifikationen, Hochzeitsgeschenken, Zusatzurlauben und Urlaubsgeld Anwendung.

Beginn eines Arbeitsverhältnisses

Arbeitsvermittlung durch das Arbeitsamt

Ein Arbeitsvertrag kann durch Vermittlung des zuständigen Arbeitsamtes, aufgrund von Zeitungsinseraten oder einer innerbetrieblichen Stellenausschreibung zustande kommen.
Die Arbeitsvermittlung erfolgt durch die Bundesanstalt für Arbeit bzw. durch die ihr nachgeordneten Landesarbeitsämter und die örtlichen Arbeitsämter. Arbeitsvermittlung ist eine Tätigkeit, die darauf gerichtet ist, Arbeitssuchende mit Arbeitgebern zur Begründung von Arbeitsverhältnissen zusammenzuführen.
Die Bundesanstalt hat das Monopol für die Arbeitsvermittlung!
Wer sich dennoch am Arbeitsamt vorbei mit Arbeitsvermittlung befaßt, muß mit einem Bußgeld bis zu 30 000,– DM rechnen!
Die unerlaubte Vermittlung ausländischer Arbeitnehmer wird sogar mit einer Freiheitsstrafe bis zu fünf Jahren geahndet. Nur ausnahmsweise erhalten andere Institutionen und andere Personen auf Antrag die Erlaubnis, sich mit der Arbeitsvermittlung zu befassen.
Die Vermittlungstätigkeit der Arbeitsämter erfolgt unentgeltlich und unparteiisch.
Unentgeltlich bedeutet, daß weder Sie als Arbeitnehmer noch der Arbeitgeber für die Vermittlungstätigkeit eine Gebühr entrichten müssen.
Unparteiisch bedeutet in diesem Zusammenhang, daß weder Arbeitgeber noch Arbeitnehmer willkürlich ungleich behandelt werden dürfen. Das heißt z.B. auch, daß Fragen nach der Zugehörigkeit zu einer politischen, gewerkschaftlichen oder ähnlichen Vereinigung seitens des Arbeitsamtes unzulässig sind.

Der Arbeitsvertrag selbst wird aber nicht durch die Zuweisung der Bundesanstalt bzw. des Arbeitsamtes geschlossen, sondern erst durch eine spätere Vereinbarung zwischen Arbeitgeber und Arbeitnehmer. Unter Umständen übernimmt aber das Arbeitsamt entstehende Vorstellungskosten.

Innerbetriebliche Stellenausschreibung, Zeitungsinserat

Häufig werden Arbeitsverhältnisse auch durch Zeitungsinserate, sei es durch den Arbeitgeber oder durch den Arbeitnehmer begründet.
Das Zeitungsinserat eines Arbeitgebers, der Stellen anbietet, ist aber noch kein bindendes Angebot im Rechtssinne. Vielmehr sind solche Inserate nur Aufforderungen, ein Angebot zu machen.

Nach dem Bürgerlichen Gesetzbuch ist der Arbeitgeber verpflichtet, beiden Geschlechtern Chancengleichheit zu gewährleisten, das heißt, er darf einen Arbeitsplatz nicht nur für Männer oder nur für Frauen einseitig ausschreiben.
Eine Ausnahme hiervon ergibt sich nur dann, wenn ein bestimmtes Geschlecht unverzichtbare Voraussetzung für die auszuübende Tätigkeit ist, z.B. bei schwersten körperlichen Arbeiten oder bei der Besetzung eines bestimmten Charakters in einem Theaterstück.
Dieses Gebot der Geschlechtergleichbehandlung gilt sowohl für Zeitungsinserate als auch für betriebsinterne Stellenausschreibungen.
Die Stellenauschreibung soll sich also von ihrer gesamten Ausdrucksweise sowohl an Frauen wie auch an Männer richten!
Falls dies in Ihrem Betrieb nicht der Fall sein sollte, wenden Sie sich an den Betriebsrat. Dieser ist für die Überwachung zuständig.

Wer übernimmt die Vorstellungskosten?

Immer wieder werden die Gerichte mit der Frage konfrontiert, ob Vorstellungskosten auf ein Zeitungsinserat hin vom Arbeitgeber zu ersetzen sind.
Zu diesen Vorstellungskosten gehören z.B.: Fahrtkosten, Übernachtungs- und Verpflegungskosten und ein eventueller Verdienstausfall.
Das Bundesarbeitsgericht hat mehrfach entschieden, daß der Arbeitgeber diese Kosten dem Arbeitnehmer nur dann zu ersetzen hat, wenn er einen Bewerber zur Vorstellung aufgefordert hat bzw. die Übernahme der Kosten bereits im Inserat in Aussicht gestellt hat.
Das gilt dann unabhängig davon, ob ein Arbeitsverhältnis zustande kommt oder nicht.
Eine unaufgeforderte Vorstellung des Arbeitnehmers begründet aber noch keinen Anspruch auf Ersatz der Vorstellungskosten.
Daher der Tip: Klären Sie bereits im ersten Gespräch mit dem inserierenden Arbeitgeber die Ersatzfrage ab!

Der Arbeitsvertrag

Mitwirkung des Betriebsrates bei der Einstellung

Beim Zustandekommen des Arbeitsverhältnisses ist ferner das Mitbestimmungsrecht des Betriebsrates zu beachten. Dieses besteht in Betrieben mit mehr als 20 wahlberechtigten Arbeitnehmern, in denen auch ein Betriebsrat existiert.
Der Arbeitgeber hat vor jeder geplanten Einstellung den Betriebsrat zu informieren und seine Zustimmung einzuholen.
Falls der Betriebsrat seine Zustimmung verweigert, wozu er in bestimmten gesetzlich geregelten Fällen be-

rechtigt ist, kann der Arbeitgeber das Arbeitsgericht anrufen.
Verweigern wird der Betriebsrat seine Zustimmung zu Neueinstellungen in erster Linie dann, wenn bestehende Arbeitsplätze gefährdet werden, oder Betriebsangehörige nicht entsprechend berücksichtigt wurden.

Arbeitspapiere

Unter Arbeitspapieren versteht man die Lohnsteuerkarte, das Versicherungsnachweisheft, die Bescheinigung über den im laufenden Kalenderjahr gewährten oder abgegoltenen Urlaub, das Zeugnis, Unterlagen für vermögenswirksame Leistungen etc. Bei Begründung des Arbeitsverhältnisses hat der Arbeitnehmer diese Papiere dem Arbeitgeber auszuhändigen. Dieser hat sie mit der erforderlichen Sorgfalt aufzubewahren und haftet bei schuldhaftem Verlust für Schadensersatz.
Die Aufbewahrungspflicht ist eng mit der Verschwiegenheitspflicht des Arbeitgebers bezüglich der Tatsachen verknüpft, an deren Geheimhaltung der Arbeitnehmer ein besonderes Interesse hat.
Solche Tatsachen sind zum Beispiel der Gesundheitszustand des Arbeitnehmers, persönliche Verhältnisse oder das Einkommen. Die Verschwiegenheitspflicht gilt sowohl gegenüber den Arbeitnehmern des eigenen Betriebs als auch gegenüber Dritten. Auch bei Verletzung dieser Pflicht kann ein Schadensersatzanspruch des Arbeitnehmers erwachsen.

Abschluß des Arbeitsvertrages

Unter einem Arbeitsverhältnis versteht man das Rechtsverhältnis zwischen dem einzelnen Arbeitnehmer und seinem Arbeitgeber, welches durch übereinstimmende Willenserklärungen zustande kommt. Der

Arbeitnehmer ist danach zur Leistung von Arbeit verpflichtet, der Arbeitgeber zur Lohnzahlung. Daß der Arbeitsvertrag auch mündlich geschlossen werden kann, wurde bereits ausgeführt. Der Arbeitsvertrag sollte folgende Punkte regeln:

* Vertragspartner:
  - Arbeitgeber
  - Arbeitnehmer
* Beginn des Arbeitsvertrages
* Arbeitsaufgaben
* Probezeit
* Arbeitszeiten
* Arbeitsentgelt/Prämien
* Sozialleistungen
* Urlaub
* Dauer des Vertrages/Kündigungsfristen

Kann auch ein Minderjähriger einen Arbeitsvertrag abschließen?

Bei Minderjährigen sind bestimmte Altersgrenzen zu berücksichtigen:

Kinder unter sieben Jahren:
Diese können überhaupt keinen wirksamen Arbeitsvertrag schließen, da sie geschäftsunfähig sind.

Jugendliche, die noch nicht das 18. Lebensjahr erreicht haben:
Diese bedürfen nach dem Bürgerlichen Gesetzbuch zum Abschluß eines Arbeitsvertrages der Zustimmung des gesetzlichen Vertreters, normalerweise also des Vaters und der Mutter.

Nach dem Jugendarbeitsschutzgesetz ist die Beschäftigung von Kindern grundsätzlich verboten. Kinder sind

nach diesem Gesetz Jugendliche, die noch nicht 14 Jahre alt sind oder solche, die zwar älter sind, aber noch der Vollzeitschulpflicht unterliegen, was in der Regel bei den 15jährigen noch der Fall ist.
Ausgenommen ist die Beschäftigung von Kindern zum Zweck der Beschäftigungs- und Arbeitstherapie und im Rahmen des Betriebspraktikums während der Schulpflicht.
Eine solche Tätigkeit muß allerdings für das Kind geeignet sein und darf nicht über sieben Stunden täglich oder 35 Stunden wöchentlich nach dem Jugendarbeitsschutzgesetz hinausgehen.

Jugendliche über 15 Jahren
Soweit sie noch der Vollzeitschulpflicht unterliegen, können diese während der Schulferien ausnahmsweise für höchstens vier Wochen im Jahr beschäftigt werden. Kinder, die älter als 13 Jahre sind, aber noch nicht das 15. Lebensjahr erreicht haben, dürfen ausnahmsweise von den Eltern in der eigenen Landwirtschaft bis zu drei Stunden täglich beschäftigt werden.
Mit Einwilligung der Eltern dürfen sie als Erntehelfer auch bei Dritten bis zu drei Stunden werktäglich, als Zeitungsausträger bis zu zwei Stunden täglich und weiterhin bei sportlichen Handreichungen bis zu zwei Stunden täglich tätig werden.
Voraussetzung ist insoweit, daß die Beschäftigung leicht und für Kinder geeignet ist und nicht zwischen 18 Uhr abends und 8 Uhr morgens stattfindet. Das Fortkommen in der Schule darf durch die Beschäftigung nicht beeinträchtigt werden.

Jugendliche über 15 Jahre, die nicht mehr der Schulpflicht unterliegen.
Soweit diese mit Zustimmung ihrer Eltern einen Ausbildungs- oder Arbeitsvertrag begründen, können sie in der Regel selbst alle Rechtsgeschäfte schließen, die ein Arbeitsverhältnis der gestatteten Art üblicherweise mit

sich bringt; sie sind insoweit unbeschränkt geschäftsfähig. Der Minderjährige kann also z.B. Lohn in Empfang nehmen, kündigen oder einer Gewerkschaft beitreten.

Arbeitsverträge können aus den verschiedensten Gründen nichtig sein, z.b. können sie gegen ein gesetzliches Verbot verstoßen, sittenwidrig sein oder durch eine Anfechtung nachträglich nichtig werden.
Gegen ein gesetzliches Verbot verstoßen Arbeitsverträge z.B. im Falle verbotener Kinderarbeit oder verbotener Schwarzarbeit. Auch Arbeitsverträge eines Minderjährigen, die ohne die erforderliche Zustimmung der Eltern geschlossen wurden, sind nichtig.

Wann ist ein Arbeitsverhältnis ungültig?

Anfechtbarkeit des Arbeitsvertrages

Ein wichtiges Kapitel ist die Anfechtung von Arbeitsverträgen.
Die Anfechtung von Verträgen ist im Bürgerlichen Gesetzbuch geregelt und dann möglich, wenn der Vertragsvereinbarung ein Irrtum zugrunde lag oder eine arglistige Täuschung seitens einer Partei erfolgte.
Jedoch ist darauf hinzuweisen, daß nicht jede Art von Irrtum zur Anfechtung berechtigt (siehe unten). Die Anfechtung durch eine Partei führt zur Nichtigkeit des Arbeitsvertrages vom Zeitpunkt der Anfechtungserklärung an.
Die Anfechtung des Arbeitsvertrages erfolgt dadurch, daß der Arbeitgeber dem Arbeitnehmer oder umgekehrt erklärt, er wolle den Arbeitsvertrag anfechten.
Dabei müssen Sie beachten, daß Sie im Falle der Anfechtung wegen eines Irrtums bei Vertragsschluß diese

innerhalb von zwei Wochen erklären müssen, nachdem Sie den Anfechtungsgrund erfahren haben.
Bei einer Anfechtung wegen einer Täuschung oder Drohung muß die Anfechtung innerhalb eines Jahres nach Entdeckung der Täuschung oder nach Beendigung der durch die Drohung entstandenen Zwangslage erfolgen.
Wenn Sie als Arbeitnehmer aber in der Zwischenzeit tatsächlich gearbeitet haben, führt die Anfechtung des Arbeitsvertrages nicht etwa dazu, daß Sie keine Ansprüche mehr gegen Ihren Arbeitgeber hätten, wie z.B. Lohnansprüche, Urlaubsansprüche oder sonstige Ansprüche. Für die Zeit der tatsächlichen Arbeit bleiben Ihnen alle Ansprüche erhalten.

Irrtumsanfechtung

Theoretisch ist die Irrtumsanfechtung wie jede andere Anfechtung für beide Vertragsparteien möglich, aber in der Praxis nur als Anfechtung des Arbeitgebers relevant.
Der Arbeitgeber kann den Arbeitsvertrag dann anfechten, wenn er sich in einem Irrtum über solche Eigenschaften des Arbeitnehmers befand, die im Arbeitsleben als wesentlich angesehen werden. Andere Eigenschaften wiederum können einen Arbeitnehmer für die vorgesehene Stelle objektiv als ungeeignet erscheinen lassen.
Z.B. könnte ein Arbeitgeber den Vertrag wegen Irrtums anfechten, wenn er einen Berufskraftfahrer einstellt, dem für mehrere Jahre der Führerschein entzogen worden ist, und dem Arbeitgeber dies nicht bekannt war.
Eine niedrige Leistungsfähigkeit des Arbeitnehmers oder eine vorübergehende Leistungsminderung stellt regelmäßig keine verkehrswesentlichen Eigenschaften dar.
Auch bei Krankheiten ist die Irrtumsanfechtung durch den Arbeitgeber nur ausnahmsweise zulässig. Dies wä-

re z.B. dann der Fall, wenn die Arbeitsfähigkeit des Arbeitnehmers nicht nur vorübergehend durch eine Krankheit, sondern dauernd beeinträchtigt wäre, z.B. bei Epilepsie.

Irrtumsanfechtung wegen Schwangerschaft

Immer wieder taucht die Frage auf, ob ein Arbeitgeber den Vertrag wegen Irrtums anfechten kann, wenn er eine Frau einstellt, die zum Zeitpunkt des Vertragsschlusses schwanger war.
(Inwieweit der Arbeitgeber nach einer Schwangerschaft fragen darf, siehe unten)
Nach ständiger Rechtsprechung ist die Schwangerschaft aber keine verkehrswesentliche Eigenschaft, es sei denn, daß die Frau als Mannequin, Tänzerin, Sportlehrerin oder Artistin angestellt worden ist.
Auch wäre der Vertrag wegen Irrtums anfechtbar, wenn die Arbeitnehmerin nur zur Aushilfe für einen Zeitraum eingestellt worden ist, in den gerade die Schutzfristen oder der Erziehungsurlaub fallen.

Bewußte Täuschung

Auch die Täuschungsanfechtung führt zu vielen Problemen in der täglichen Betriebspraxis!
Insoweit kann der Arbeitgeber den Vertrag anfechten, wenn er durch eine bewußte und gewollte Täuschung, also die Hervorrufung oder Aufrechterhaltung eines Irrtums zum Abschluß des Arbeitsvertrages gebracht worden ist.
Eine solche Täuschung kann darin bestehen, daß der Arbeitnehmer bewußt falsche Tatsachen vorgespiegelt hat oder daß er an sich zu einer Aufklärung und Information des Arbeitgebers verpflichtet gewesen wäre, dies aber unterlassen hat.

Wahrheitswidrige Antworten auf Fragen des Arbeitgebers

Wichtig für Sie als Arbeitnehmer ist aber, daß Sie nur auf solche Fragen des Arbeitgebers richtig antworten müssen, die zulässig sind.

Falls der Arbeitnehmer Ihnen also Fragen stellt, die Ihr Persönlichkeitsrecht verletzen und damit unzulässig sind, können Sie die Antwort verweigern.

Erfahrungsgemäß wird in der betrieblichen Praxis eine solche Verweigerung vom Arbeitgeber häufig negativ aufgefaßt. Deshalb dürfen Sie unzulässige Fragen auch bewußt wahrheitswidrig beantworten!

Wenn Ihr künftiger Arbeitgeber Sie also fragt, ob Sie in naher Zukunft zu heiraten gedenken (Mutterschutz!), dürfen Sie diese Frage durchaus verneinen, auch wenn Sie das Aufgebot bereits bestellt haben.

Welche Fragen des Arbeitgebers sind erlaubt und welche nicht?

Nach der ständigen Rechtsprechung sind solche Fragen des Arbeitgebers zulässig, an deren Beantwortung der Arbeitgeber wegen des zu begründenden Arbeitsverhältnisses ein berechtigtes, billigenswertes und schutzwürdiges Interesse hat.

Dieses Interesse des Arbeitgebers muß so stark sein, daß das Interesse des Arbeitnehmers am Schutz seiner Persönlichkeitssphäre dahinter zurücktritt.

Eine entsprechend zulässige Frage muß also vom Arbeitnehmer bei der Einstellung beantwortet werden, und zwar wahrheitsgemäß!

Machen Sie diesbezüglich falsche Aussagen, riskieren Sie die Anfechtung des Arbeitsvertrages. Grundsätzlich sind Fragen des Arbeitgebers nach beruflichen und fachlichen Fähigkeiten im bisherigen beruflichen Wer-

degang bzw. nach Prüfungs- und Zeugnisnoten uneingeschränkt zulässig.
Bei Fragen nach Ihrem Gesundheitszustand muß unterschieden werden zwischen Erkrankungen, die vor der Einstellung bereits beendet waren, und noch bestehenden Krankheiten.
Zu früheren Erkrankungen müssen Sie nur insoweit Angaben machen, als diese für die Arbeit, für den Betrieb und für die übrigen Arbeitnehmer von Bedeutung sind. Dies wird in der Regel kaum der Fall sein.
Auch bestehende Krankheiten müssen dem Arbeitgeber nur dann angegeben werden, wenn sie im Zusammenhang mit dem einzugehenden Arbeitsverhältnis stehen.
Der Arbeitgeber darf deshalb fragen, ob die Arbeitsfähigkeit durch die Krankheit dauernd oder in periodisch wiederkehrenden Abständen eingeschränkt ist, bzw. ob es sich um eine ansteckende Krankheit handelt.
Weiter darf er danach fragen, ob bei Diensteintritt oder in absehbarer Zeit mit einer Arbeitsunfähigkeit zu rechnen ist, z.B. bei einer geplanten Operation oder einer bewilligten Kur.

Die Frage nach der Gewerkschaftszugehörigkeit

Heftig umstritten ist auch, ob der Arbeitgeber nach einer Gewerkschaftzugehörigkeit fragen darf. Der Arbeitgeber kann durchaus ein berechtigtes Interesse daran haben zu wissen, ob der Arbeitnehmer einer Gewerkschaft angehört.
Dies begründet sich daraus, daß nur tarifgebundene Arbeitnehmer, d.h. solche, die der Gewerkschaft angehören, einen Anspruch aus dem jeweils gültigen Tarifvertrag haben.
Andererseits kann die Kenntnis der Gewerkschaftszugehörigkeit von manchem Arbeitgeber durchaus in der

Weise mißbraucht werden, daß der Arbeitnehmer nicht eingestellt wird. Es ist daher gerechtfertigt, daß Sie beim Einstellungsgespräch noch nicht verpflichtet sind, Ihre Gewerkschaftsangehörigkeit aufzudecken.
Sobald aber der Vertrag geschlossen ist, müssen Sie dem Arbeitgeber Ihre Gewerkschaftszugehörigkeit mitteilen. Nach einer Entscheidung des Bundesarbeitsgerichts dürfen sich für Sie dann keine negativen Konsequenzen mehr ergeben.

Wieviel haben Sie rückliegend verdient?

Fragen nach der Höhe der bisherigen Vergütung sind nur dann zulässig, wenn sich daraus entweder hinsichtlich der erstrebten Stelle eine Aussagekraft ableiten läßt oder wenn der Bewerber die bisherige Vergütung von sich aus als Mindestvergütung für die neue Stelle fordert.
Nur im letzteren Fall sind die Angaben wahrheitsgemäß zu machen!

Besteht eine Lohnpfändung und sind Sie katholisch?

Fragen zu Lohn- und Gehaltspfändungen müssen von dem Bewerber wahrheitsgemäß beantwortet werden, da sie einen erheblichen Verwaltungsaufwand für den Arbeitgeber mit sich bringen.
Fragen zur Religions- oder Parteizugehörigkeit müssen in der Regel nicht beantwortet werden. Ausnahmen gelten nur dann, wenn Sie sich bei einem sogenannten „Tendenzbetrieb" bewerben, also einer kirchlichen Einrichtung oder einem parteinahen Zeitungsverlag.

Frage nach Schwangerschaft

Sehr umstritten war lange auch die Problematik, ob der

Arbeitgeber nach einer bestehenden Schwangerschaft fragen darf.
Nach einer neueren Entscheidung des Bundesarbeitsgerichts ist eine solche Frage nur dann zulässig, wenn sich um die Arbeitsstelle nur Frauen bewerben, d.h. eine Diskriminierung der Frau ausgeschlossen ist.
Bewerben sich Frauen und Männer um eine Stelle, muß die Frau die Frage nach der Schwangerschaft nicht beantworten bzw. darf diese Frage sogar wahrheitswidrig beantwortet werden.
Es soll hier jedoch nicht verheimlicht werden, daß diese Regelung zahlreiche praktische Probleme mit sich bringt. Schließlich weiß der Bewerber in der Regel nicht, wieviel weibliche und männliche Mitkonkurrenten er hat.
Es wäre hier deshalb an der Zeit, eine Klärung seitens des BAG herbeizuführen.
In jedem Fall sind Fragen nach der letzten Regel, Einnahme empfängnisverhütender Mittel etc. unzulässig.
Ungefragt braucht die Frau ohne besondere Umstände jedenfalls nicht auf eine Schwangerschaft hinzuweisen.

Schwerbehindert, wehrpflichtig oder vorbestraft?

Zulässig sind aber Fragen des Arbeitgebers nach einer eventuell vorliegenden schweren Behinderung und nach einem bevorstehenden Wehrdienst.
Fragen nach einer Vorstrafe sind nur dann zulässig, wenn diese Vorstrafe für den künftigen Arbeitsplatz von Bedeutung sein kann. Dies ist z.B. dann der Fall, wenn ein Berufskraftfahrer eingestellt wird und eventuelle Vorstrafen wegen Straßenverkehrsgefährdung oder Trunkenheitsdelikten vorliegen.
Auch bei Kassierern oder Bankangestellten hat der Arbeitgeber ein berechtigtes Interesse daran zu erfahren, ob eine Vorstrafe bezüglich Eigentumsdelikten vorliegt.
Der Bewerber darf sich aber als ungestraft bezeichnen,

wenn die Vorstrafe nicht mehr im Bundeszentralregister eingetragen ist oder es sich um Vorstrafen handelt, die nicht in das Führungszeugnis aufzunehmen sind. Dies ist der Fall bei Geringfügigkeit, worunter man Verurteilungen versteht, die eine Geldstrafe von nicht mehr als neunzig Tagessätzen, bzw. eine Freiheitsstrafe oder Strafarrest von nicht mehr als drei Monaten beinhalten, wenn im Register keine weitere Strafe eingetragen ist. Des weiteren werden Eintragungen spätestens fünf Jahre nach der Verurteilung gelöscht.
Nur wenn der Arbeitnehmer in eine besondere Vertrauensposition eingestellt werden soll, muß er auch solche Vorstrafen angeben, die grundsätzlich nicht erwähnt werden müssen.

In allen diesen Fällen kann der Arbeitgeber den Arbeitsvertrag anfechten, wenn er eine zulässige Frage gestellt hat, die von dem Arbeitnehmer bewußt wahrheitswidrig beantwortet wurde.

Bewußtes Verschweigen wesentlicher Tatsachen

Daneben besteht ausnahmsweise auch dann eine Anfechtungsmöglichkeit seitens des Arbeitgebers, wenn er zwar keine Frage gestellt hat, der Arbeitnehmer aber bei der Einstellung bewußt Tatsachen verschwiegen hat, die er eigentlich hätte offenbaren müssen.
Eine solche Aufklärungspflicht des Arbeitnehmers besteht dann, wenn Tatsachen vorliegen, die den Arbeitnehmer für die angestrebte Stelle schlechthin ungeeignet erscheinen lassen.
Das ist z.B. der Fall, wenn einem LKW-Fahrer der Führerschein auf mehrere Jahre entzogen wurde.
Ausnahmsweise muß eine Frau den Arbeitgeber auch dann über eine Schwangerschaft aufklären, wenn sie z.B. als Mannequin oder als Sportlehrerin eingestellt wurde, sie die beabsichtigte Arbeit als Schwangere aber

nicht leisten kann. Auch eine Schwerbehinderung ist ausnahmsweise dann vom Arbeitnehmer anzugeben, wenn zu erkennen ist, daß wegen der Behinderung die vorgesehene Arbeit nicht geleistet werden kann oder die Behinderung für den vorgesehenen Arbeitsplatz von großem Nachteil ist. Anzugeben ist ebenfalls der Fall, daß der Arbeitnehmer seine Arbeit zum vereinbarten Termin nicht aufnehmen kann, z.B. wegen einer bereits eingetretenen Krankheit, einer bewilligten Kur oder einer verhängten Freiheitsstrafe.

Alle Fälle der Anfechtung (Irrtumsanfechtung, Täuschungsanfechtung) führen grundsätzlich nicht dazu, daß das Arbeitsverhältnis zwischen Arbeitnehmer und Arbeitgeber rückwirkend aufgehoben werden kann, sondern der Arbeitnehmer hat für die Zeit, in der er tatsächlich Arbeit geleistet hat, alle Ansprüche, die ihm auch bei einem wirksamen Vertrag zugestanden hätten. Er kann also für diese Zeit Lohn, Urlaubsabgeltung, Überstundenzuschläge und auch Lohnfortzahlung im Krankheitsfall verlangen.

Personalfragebogen

Es steht dem Arbeitgeber frei, Personalfragebögen einzuführen. Dabei handelt es sich um formularmäßig zusammengestellte Fragenkataloge, die durch den Bewerber oder den bereits eingestellten Arbeitnehmer beantwortet werden sollen.
Personalfragebögen erfordern bei ihrer Einführung die Zustimmung des Betriebsrats. Kommt eine Einigung über den Inhalt nicht zustande, entscheidet die Einigungsstelle verbindlich.
Die Mitbestimmungserfordernis des Betriebsrats ist im Zusammenhang mit dem Schutzbedürfnis des Arbeitnehmers zu sehen.
Der Betriebsrat ist insoweit die Instanz, die verhindern

soll, daß der Arbeitnehmer zu Unrecht über Dinge ausgefragt wird, die er gar nicht offenbaren müßte.
Da der Arbeitgeber die Einschaltung des Betriebsrates dadurch verhindern könnte, daß er in allen im Betrieb verwendeten Arbeitsverträgen die entsprechenden Fragen aufnimmt, hat der Gesetzgeber auch solche der Zustimmungserfordernis unterstellt.

Erlaubte Fragen im Personalfragebogen

Es muß beachtet werden, daß Grenzen und Umfang des Fragerechts nach Treu und Glauben ermittelt werden. Dieser Begriff hat für den Arbeitnehmer den Nachteil, daß er keine einheitliche Grenzziehung zuläßt.
Die Zulässigkeit der Fragen unterscheidet sich jedoch in keiner Weise von der oben dargestellten Zulässigkeit der außerhalb eines Fragebogens gestellten (siehe oben).
Um Ihnen einen Eindruck zu vermitteln, wie in anderen Ländern die Möglichkeiten der Personalfragebögen zu ungunsten der Arbeitnehmer in deren Privatsphäre ausgedehnt werden, hier einige Beispiele aus einem in den USA gebräuchlichen Fragebogen.
Die kurzen Sätze müssen mit ja oder nein beantwortet werden:

1. Meine Seele verläßt manchmal meinen Körper!
2. Ich fühle mich sehr stark von Personen meines eigenen Geschlechts angezogen!
3. Ich höre häufig Stimmen, ohne zu wissen, woher sie kommen!
4. Ich spreche gern über sexuelle Dinge!
5. Ich träume viel von sexuellen Dingen!
6. Sexuelle Dinge sind mir widerwärtig!
7. Ich muß nicht öfter als andere Wasser lassen!
8. Ich bin ein besonderer Sendbote Gottes!
9. Ich bete mehrmals in der Woche!

Graphologische Gutachten

Die Einholung graphologischer Gutachten steht in einem Spannungsverhältnis zum allgemeinen Persönlichkeitsrecht des Arbeitnehmers, welches Eingriffe in dessen Intimsphäre verhindern soll.
Nach ganz allgemeiner Meinung ist dies nur mit Zustimmung des Arbeitnehmers zulässig.
Verlangt der Arbeitgeber die Vorlage eines handgeschriebenen Lebenslaufes, so ist in der Vorlage nach vorherrschender Ansicht die Zustimmung zur Einholung eines graphologischen Gutachtens bereits enthalten.
Aber auch bei entsprechender Zustimmung darf das Gutachten nur Fragen abdecken, die im Zusammenhang mit der zu übertragenden Arbeitsaufnahme stehen.
In einem Fall des Landesarbeitsgerichts Freiburg aus dem Jahr 1976 war ein Gutachten aufgrund einer anderweitigen Schriftprobe ohne Zustimmung der Arbeitnehmerin (Hausmeisterin) eingeholt worden.
Dieses bezeichnete die Frau als eine „nichtintelligente, schlaue, raffinierte, rachsüchtige, herrschsüchtige, durchtriebene, taktlose, schwatzhafte, kontaktarme, gefühls- und gemütskalte Intrigantin," der man nicht glauben könne und die hintergründig wählend auf Rache sinne. Schließlich wurde sie wegen „ihrer ungenügenden Strichqualität" als krank bezeichnet und ihr deswegen eine psychische Behandlung empfohlen.
Das Gericht hat darauf den das Gutachten anfordernden Arbeitgeber wegen Verletzung des allgemeinen Persönlichkeitsrechts der Arbeitnehmerin zu einem Schmerzensgeld von 2000 DM verurteilt.

Was darf der Arbeitgeber von Ihnen erwarten?

Das Arbeitsverhältnis stellt ein Rechtsverhältnis dar, das nicht nur aus Rechten, sondern auch aus Pflichten für den Arbeitnehmer besteht.

Die Arbeitspflicht

Ihre Hauptpflicht aus dem Arbeitsverhältnis ist die Arbeitspflicht, d.h. die Arbeit in der Weise zu leisten, wie sie im Arbeitsvertrag vereinbart wurde.
Nach dem Bürgerlichen Gesetzbuch ist diese Pflicht eine sogenannte „höchstpersönliche Pflicht".
Wer also keine Lust hat zu arbeiten, kann sich nicht einfach durch einen anderen vertreten lassen! Anders ist es natürlich dann, wenn der Arbeitgeber damit einverstanden ist.
Auch ist die Arbeitspflicht des Arbeitnehmers nicht vererblich, d.h., daß sein Erbe weder berechtigt noch verpflichtet ist, die Arbeit für ihn fortzuführen.

Auf seiten des Arbeitgebers gilt aber folgendes:
Beim Tod des Arbeitgebers erlischt der Arbeitsvertrag grundsätzlich nicht. Die Ansprüche des Arbeitnehmers bestehen dann also gegen den Erben des Arbeitgebers.
Auch wenn der Betrieb von dem Arbeitgeber veräußert wird, sind Sie als Arbeitnehmer grundsätzlich nicht rechtlos!
Der Vertrag wird dann nach dem Bürgerlichen Gesetzbuch mit dem Rechtsnachfolger fortgeführt. Sie haben also dann alle Ansprüche gegen den Erwerber des Betriebes, wenn Sie das Arbeitsverhältnis fortführen wollen!

Art und Umfang der Arbeitspflicht

Es gibt mehrere Rechtsgrundlagen, worin der Inhalt Ihrer Arbeitspflicht geregelt ist:
Heranzuziehen ist der von Ihnen abgeschlossene Einzelarbeitsvertrag, der auf Sie anwendbare Tarifvertrag, die im Unternehmen vereinbarte Betriebsvereinbarung sowie die zwingenden gesetzlichen Regelungen, und wenn dort überhaupt nichts geregelt ist, die sogenannte „Verkehrssitte".
Wenn Ihnen Ihr Arbeitgeber eine Arbeit zuweist, die Ihnen nicht gefällt, sollten Sie zuerst in diesen Unterlagen nachsehen, ob er dazu berechtigt ist.
Sind Sie also für eine bestimmte Tätigkeit eingestellt worden, die entsprechend im Vertrag festgelegt worden ist, darf Ihr Arbeitgeber Sie nicht einfach für eine andere Beschäftigung einsetzen.
So wäre es unzulässig, wenn ein Arbeitgeber den Buchhalter seines Autohauses plötzlich als Autoverkäufer einsetzen wollte. Dies wäre nur möglich, wenn der Arbeitnehmer damit einverstanden ist.

Anders sieht es aus, wenn Sie lediglich für einen bestimmten Aufgabenkreis eingestellt worden sind.
Ist der Arbeitnehmer deshalb als kaufmännischer Angestellter eingestellt, so muß er sowohl Arbeiten als Export- und Importkaufmann als auch als Buchhalter ausführen.
Sollte also Ihre Tätigkeit im Arbeitsvertrag nur allgemein umschrieben sein (z.B. Schlosser, Hilfsarbeiter, Bürokraft), wird es deshalb schwierig, da hier die sogenannte „Verkehrssitte" entscheidet.
Nach einer Entscheidung des Bundesarbeitsgerichts sind Ihnen dann nur die Tätigkeiten zuzumuten, die billigem Ermessen entsprechen und bei Vertragsabschluß voraussehbar waren. Der Schlosser darf also nicht zum dauernden Hofkehren eingesetzt werden!
Nur ausnahmsweise, in besonderen Notlagen des Be-

triebes, sind Sie als Arbeitnehmer verpflichtet, auch andere Aufgaben zu übernehmen.
Der Arbeitnehmer muß z.B., wenn im Betrieb ein Wasserrohr geplatzt ist, „erste Hilfe" leisten, auch wenn er für andere Tätigkeiten eingestellt wurde!
Sie müssen auch beachten, daß sich Ihre Verpflichtung, bestimmte Arbeiten zu leisten, nachträglich auf einen bestimmten Aufgabenkreis konkretisieren kann. Dies erfolgt, wenn der Arbeitnehmer lange Zeit eine bestimmte Tätigkeit ausübt und daher darauf vertrauen kann, daß er nur noch mit diesen Arbeiten beschäftigt wird.

Kraftfahrer als Wagenwäscher?

Innerhalb des Tätigkeitsbereichs eines Kraftfahrers erfolgt die konkrete Arbeitszuweisung durch das sogenannte „Weisungsrecht" des Arbeitgebers.
Er kann insoweit dem Arbeitnehmer beliebige Arbeiten übertragen. Dies gilt auch für Nebenarbeiten.
Nach Auffassung des Bundesarbeitsgerichts gehört neben der Führung eines Kraftfahrzeuges zu der Tätigkeit eines Kraftfahrers auch die Wartung und Pflege des Fahrzeuges sowie die Ausführung kleinerer Reparaturen.
Durch das einseitige Weisungsrecht des Arbeitgebers wird also in erster Linie jeweils konkret die zu erbringende Arbeit und die Art und Weise ihrer Erledigung festgelegt.
Da der Arbeitgeber den konkreten Betriebsablauf bestimmen kann, steht ihm ein relativ weiter Rahmen zur einseitigen Weisung zu.
Sie sind diesen Weisungen aber als Arbeitnehmer nicht schutzlos ausgeliefert, sondern können diese vom Arbeitsgericht überprüfen lassen.
Insbesondere darf der Arbeitgeber durch das Weisungsrecht keine willkürlichen Handlungen anordnen oder

den Arbeitnehmer schikanieren. Ferner steht ihm auch nicht das Recht zu, auf Ihr außerdienstliches Verhalten Einfluß zu nehmen!

Sind Versetzungen ohne weiteres möglich?

Auch wenn Sie als Arbeitnehmer eine solche Klausel in Ihrem Arbeitsvertrag unterschrieben haben, darf der Arbeitgeber mit Ihnen nicht nach Belieben umspringen!
Nach einer Entscheidung des Bundesarbeitsgerichts darf der Arbeitgeber Sie nicht in eine niedriger bezahlte Beschäftigung versetzen.
Ebenso ist es Ihnen nicht zumutbar, eine in der Sozialanschauung geringer bewertete Arbeit ausführen zu müssen.
Ferner muß die Versetzung im Betriebsinteresse sachlich begründet sein. Der Arbeitgeber darf Sie also nicht mit der Versetzung schikanieren.
Es steht natürlich in Ihrem Ermessen, einer jeweiligen Versetzung zuzustimmen, wodurch diese wirksam wird. Verweigern Sie einer grundsätzlich unzulässigen Versetzung Ihre Zustimmung, steht dem Arbeitgeber nur noch das Mittel der Änderungskündigung zur Verfügung, gegen die Sie aber vor dem Arbeitsgericht mangelnde soziale Rechtfertigung geltend machen können.
Überdies müßte in Betrieben mit mehr als 20 wahlberechtigten Arbeitnehmern vor jeder Versetzung der Betriebsrat gehört und seine Zustimmung eingeholt werden, wenngleich diese Ihre möglicherweise erforderliche Zustimmung nicht ersetzen kann.
Erteilt der Betriebsrat diese nicht, ist dies wieder ein Fall für die Einigungsstelle.

Darf die Kaufhauskette K den Arbeitnehmer von Stuttgart nach München versetzen, wenn dies im Arbeitsvertrag nicht ausdrücklich vorgesehen war? Die Arbeitslei-

stung ist in der Regel an dem Ort zu erfüllen, wo der Betrieb seinen Sitz hat. Der Arbeitgeber ist nicht berechtigt, Sie einseitig durch eine Weisung an eine andere Betriebsstätte zu versetzen.
Dies wäre nur dann zulässig, wenn es ausdrücklich oder stillschweigend im Arbeitsvertrag vereinbart wurde.
Wer z.B. als „Montagearbeiter" eingestellt wird, muß mit einer örtlichen Versetzung rechnen; nicht aber der Kaufhausangestellte.
Bei einer Versetzung innerhalb derselben Stadt sähe es aber anders aus, wie das Bundesarbeitsgericht entschieden hat.
Allgemein läßt sich sagen, daß eine Versetzung im Rahmen des Weisungsrechts nur dann möglich ist, wenn der neue Arbeitsplatz dieselben Tätigkeitsmerkmale aufweist wie der alte, keine größere räumliche Veränderung eintritt, der Lohn nicht gemindert wird und die Versetzung im betrieblichen Interesse sachlich gerechtfertigt ist.
Der Arbeitgeber kann natürlich versuchen, Sie mittels Änderungskündigung zu versetzen, wobei Ihnen dann der Weg zu einer gerichtlichen Rechtmäßigkeitsprüfung offensteht.

Sind Nebenbeschäftigungen zulässig?

Grundsätzlich steht es Ihnen als Arbeitnehmer frei, neben Ihrer Haupttätigkeit eine weitere Beschäftigung auszuüben, wenn Sie mit Ihrem Arbeitgeber nichts anderes vereinbart haben.
Gemäß Richterspruch des Bundesarbeitsgerichts darf diese Nebenbeschäftigung aber nicht so weit gehen, daß Sie Ihre normale Arbeitsleistung nicht mehr im erforderlichen Maße erbringen können.
Während der Arbeitszeit müssen Sie mit der für einen Arbeitnehmer Ihrer Art üblichen Konzentration arbeiten.

Auch darf Ihre Nebenbeschäftigung nicht dazu führen, daß Sie Ihrem Arbeitgeber Konkurrenz machen und ihm damit Schaden zufügen.

Der zeitliche Umfang der Arbeitspflicht

Regelmäßig bestehen Tarifverträge, die die wöchentliche Arbeitszeit regeln.
Diese beträgt in den meisten Tarifverträgen heute weniger als 40 Stunden in der Woche.
Problematisch ist es aber, wenn der Arbeitnehmer oder der Arbeitgeber nicht der Tarifbindung unterliegt, d.h. der Arbeitnehmer keiner Gewerkschaft angehört oder der Arbeitgeber keinem Arbeitgeberverband.
Häufig wird in solchen Fällen im Arbeitsvertrag auf den entsprechenden Tarifvertrag Bezug genommen. Ist dies aber nicht der Fall, gilt grundsätzlich die Arbeitszeitordnung, nach der die wöchentliche Arbeitszeit immer noch 48 Stunden beträgt! Nach dem Gesetz müssen Sie nämlich auch samstags arbeiten.

Überstunden – muß das sein?

Wenn eine entsprechende Regelung im Arbeitsvertrag, im Tarifvertrag oder in einer Betriebsvereinbarung enthalten ist, sind Sie als Arbeitnehmer dementsprechend zur Ableistung von Überstunden verpflichtet.
Besteht eine solche Rechtsgrundlage nicht, wird es problematisch:
Nach dem Bundesarbeitsgericht sind grundsätzlich nur „hochbezahlte" leitende Angestellte zur Mehrarbeit verpflichtet!
Aber auch der „einfache Arbeitnehmer" muß Überstunden leisten, wenn dies in Notfällen oder besonderen Ausnahmefällen im Interesse des Betriebes dringend erforderlich ist. Wenn Sie in einer solchen Situation die Über-

stunden verweigern, kann der Arbeitgeber möglicherweise sogar zur fristlosen Kündigung berechtigt sein.

Verletzung der Arbeitspflicht

War die Nichterfüllung der Arbeitspflicht von Ihnen nicht verschuldet, kann der Arbeitgeber grundsätzlich keine „Nacharbeit" von Ihnen verlangen.
Auch können Sie nicht mit einer Betriebsbuße oder mit Schadensersatz belangt werden!
Ob Sie allerdings einen Anspruch auf Lohnfortzahlung haben, ist eine andere Frage, die später noch behandelt wird.
Hat der Arbeitnehmer dagegen die Arbeit verschuldet nicht geleistet, d.h. vorsätzlich oder fahrlässig gehandelt, kann einiges auf ihn zukommen!
Zunächst kann der Arbeitgeber natürlich vor dem Arbeitsgericht auf Erbringung der Arbeitsleistung klagen, wenn dieser Anspruch auch nicht vollstreckbar ist.
Überdies kann er die Lohnzahlung für den entsprechenden Zeitraum verweigern und Ihnen nach vorheriger Abmahnung fristlos kündigen sowie einen Schadensersatzanspruch gegen Sie geltend machen.
Eine fristlose Kündigung ist aber nicht in jedem Fall gerechtfertigt, sondern nur dann, wenn Sie schon häufiger die Arbeit versäumt haben und eine Abmahnung des Arbeitgebers vorliegt.
Auch kann der Arbeitgeber nur dann Schadensersatz von Ihnen verlangen, wenn ihm gerade durch Ihr verschuldetes Ausbleiben ein Schaden entstanden ist.
Die Höhe des Schadensersatzes richtet sich nach den Kosten, die dem Arbeitgeber infolge der vorzeitigen Beendigung des Arbeitsverhältnisses entstanden sind (Verfrühungsschaden).
Zuletzt ist noch im Rahmen einer vorher erfolgten vertraglichen Vereinbarung die Geltendmachung einer Vertragsstrafe denkbar.

Beispielhaft für diesen Themenkomplex ist eine Fallgestaltung, mit der sich das Bundesarbeitsgericht auseinanderzusetzen hatte:
Hier verließ ein Ingenieur, der von einer anderen Firma ein besseres Angebot erhalten hatte, seine Firma unter Nichteinhaltung der Kündigungsfrist. Für die Umsatzeinbußen, die die Firma in der Zeit bis Ablauf der regulären Kündigungsfrist erlitt, mußte der Arbeitnehmer einstehen!
Dies galt konkret aber nur deshalb, weil sich die Firma um einen Ersatzingenieur bemüht hatte und ein solcher nicht zu bekommen war.
Der Ingenieur mußte nicht nur den entgangenen Gewinn seiner Firma ersetzen, sondern auch Überstundenzuschläge für andere Kollegen, die wegen seiner Abwesenheit mehr arbeiten mußten.
Er mußte sogar Zeitungsannoncen ersetzen, die erfolglos zur Anwerbung weiterer Ingenieure gestartet wurden.
Also Vorsicht bei Beendigung der Arbeit ohne Einhaltung der entsprechenden Kündigungsfrist!

Verletzung der Arbeitgeberpflichten

Eine verschuldete Nichterfüllung der Arbeitspflicht liegt aber dann nicht vor, wenn der Arbeitgeber seinerseits die vertraglichen Verpflichtungen nicht erfüllt.
Dies ist z.B. dann der Fall, wenn er den Lohn nicht auszahlt oder entsprechende Sicherheitsvorrichtungen am Arbeitsplatz nicht gewährleistet. Dann ist der Arbeitnehmer zur Nichterfüllung berechtigt.

Mangelhafte Arbeitsleistung – Risiko inbegriffen?

Schlechterfüllung der Arbeitspflicht liegt dann vor, wenn der Arbeitnehmer die ihm übertragene Arbeit

schlecht ausführt, z.B. der Kellner die Kundschaft so bedient, daß sie „fluchtartig" das Lokal verläßt.
Schlechterfüllung heißt aber auch, daß der Arbeitnehmer Werkzeuge oder Maschinen des Arbeitgebers beschädigt.
Grundsätzlich haftet der Arbeitnehmer in diesen Fällen nur, wenn er die Schlechterfüllung zu vertreten hat, also vorsätzlich oder fahrlässig gehandelt hat. Insoweit ist er schadensersatzpflichtig. In Extremfällen kann ihm sogar fristlos gekündigt werden.
Bei schadens- oder gefahrgeneigten Tätigkeiten würde dieses Haftungssystem zu Ungerechtigkeiten führen, da auf den einzelnen Arbeitnehmer schon bei geringem Verschulden möglicherweise ein Schadensersatzanspruch in Millionenhöhe zukäme. Dies belegen die von der Rechtsprechung entschiedenen Fälle einer Krankenschwester, der ein Baby aus den Händen fiel, so daß dieses erhebliche Verletzungen erlitt, und eines Baupoliers, der es unterließ, einen Baggerführer auf eine Gasleitung aufmerksam zu machen, so daß ein Haus durch die dadurch verursachte Explosion erheblich beschädigt wurde.
Wegen der Möglichkeit der für den Arbeitnehmer ruinösen Folgen hat das Bundesarbeitsgericht ein ausgeklügeltes Haftungssystem entwickelt:
Bei Tätigkeiten, die mit keinem besonderen Risiko verbunden sind, haftet der Arbeitnehmer grundsätzlich für jede Fahrlässigkeit und in vollem Umfang.
So haftet z. B. ein Kellner für alle Schäden, die er anrichtet.
Anders sieht es bei sogenannten gefahrgeneigten Tätigkeiten aus, d.h. solchen, bei denen von Anfang an schon mit einem Schadenseintritt zu rechnen ist, weil in Anbetracht der menschlichen Unzulänglichkeit in diesem Arbeitsbereich auch dem sorgfältigsten Arbeitnehmer gelegentlich Fehler unterlaufen.
Besonders risikoträchtig und damit schadensgeneigt ist die Arbeit dann, wenn durch die bearbeiteten Materia-

lien (Glas), die spezifische Arbeitssituation (Hitze), die konkrete Streßsituation (Stadtverkehr) oder die jeweilige Arbeitstechnik (empfindliche Geräte) eine besonders hohe Wahrscheinlichkeit besteht, daß es zu einem Schadensfall kommt.
Typische gefahrgeneigte Arbeiten sind z.B. die des Kraftfahrers, Maschinenmeisters, Straßenbahnfahrers, Kranführers und solche Arbeiten, bei denen von überlasteten Arbeitnehmern innerhalb kürzester Zeit weitreichende Entscheidungen erwartet werden.
Bei derart risikoreichen Tätigkeiten ist die Haftung des Arbeitnehmers gemildert.

Volle Haftung bei grober Fahrlässigkeit

Eine Ausnahme von der Haftungsmilderung besteht nur bei vorsätzlicher Schadensherbeiführung oder bei grober Fahrlässigkeit.
Dieser Fall ist gegeben, wenn die Herbeiführung der Schadensfolge gewollt war oder dem Arbeitnehmer ein grober Vorwurf zu machen ist. Grobe Fahrlässigkeit liegt vor bei Fahrten unter Alkoholeinfluß über der Grenze von 0,8 Promille, Fahren ohne Fahrerlaubnis, Fahren ohne Fahrpraxis, wenn dies verschwiegen wurde, erheblichen Geschwindigkeitsüberschreitungen und bei Nichtbeachtung der Regeln der Straßenverkehrsordnung.

Teilweise Haftung

Wenn den Arbeitnehmer nur leicht fahrlässig gehandelt, also eine Verhaltensweise gezeigt hat, die untypisch für jeden durchschnittlichen Menschen ist, dann haftet er seinem Arbeitgeber gegenüber für von ihm verursachte Schäden überhaupt nicht.

Im Einzelfall unter Berücksichtigung aller Umstände entscheidet das Bundesarbeitsgericht in den Fällen der sogenannten „mittleren Fahrlässigkeit".
Grundsätzlich teilt das BAG bei dieser Konstellation den Schaden nach einer Quote, die den Verursachungsgrad hinreichend berücksichtigt.
Bei der hier erforderlichen Abwägung kann nach höchstrichterlicher Rechtsprechung des Bundesarbeitsgerichts berücksichtigt werden, daß der Arbeitgeber für einen Unfall-PKW keine Kaskoversicherung abgeschlossen hat. Dies kann dann dazu führen, daß der Arbeitnehmer nur in Höhe einer Selbstbeteiligung haftet, die bei Abschluß einer Kaskoversicherung zu vereinbaren wäre.
Auch ist die Haftung eines Arbeitnehmers dann nach den Kriterien der „schadensgeneigten Arbeit" gemindert, wenn der Arbeitnehmer in einer besonderen Notsituation zu sofortigem Handeln veranlaßt war und damit besondere Risiken auf sich nahm.

Ist ein Arbeitnehmer auch seinen Mitarbeitern gegenüber im Falle eines Arbeitsunfalls zum Schadensersatz verpflichtet?

Bei dieser Frage muß unterschieden werden, ob der Mitarbeiter gegen Sie einen Schadensanspruch wegen einer körperlichen Schädigung oder eines Sachschadens geltend macht.
Wegen eines Körperschadens haften Sie dem Mitarbeiter gegenüber grundsätzlich nicht, wenn der Arbeitsunfall in Ausübung einer betrieblichen Tätigkeit geschah, und Sie nicht vorsätzlich gehandelt haben.
Uneingeschränkt haften Sie ihm dagegen dann, wenn der Schaden außerhalb des betrieblichen Bereichs eingetreten ist, also bei der Teilnahme am allgemeinen Verkehr.
Das bedeutet: Verletzen Sie ihren Mitarbeiter bei einer

Dienstfahrt, sind Sie nicht zum Ersatz des Personenschadens verpflichtet. Kommt es dagegen nach Feierabend, am Wochenende oder bei einer sonstigen Privatfahrt zu einem Unfall, haften Sie dem Mitarbeiter grundsätzlich voll!
Bei den Sachschäden sieht es anders aus: Hier haften Sie ihrem Mitarbeiter in jedem Fall in voller Höhe!
Geschah die Beeinträchtigung des Mitarbeiters allerdings in Ausübung einer schadensgeneigten Arbeit (siehe oben), muß Ihr Arbeitgeber Sie von dieser Haftung entsprechend den obigen Grundsätzen freistellen.
Im konkreten Fall bedeutet das:
Haben Sie bei einer dienstlichen Nachtfahrt mit normaler Fahrlässigkeit einen Unfall verursacht und Ihrem Mitarbeiter einen Körper- und Sachschaden zugefügt, sind Sie folgendermaßen zum Ersatz verpflichtet:
Wegen Körperschäden (Krankenhausbehandlung, Arztkosten, Schmerzensgeld) kann Ihr Mitarbeiter von Ihnen keinen Ersatz verlangen.
Wegen eventueller Sachschäden (beschädigte Kleider, Brille etc.) kann er von Ihnen grundsätzlich vollen Ersatz fordern.
Da Sie aber in Ausübung einer „schadensgeneigten Tätigkeit" gehandelt haben, können Sie von Ihrem Arbeitgeber entsprechende Freistellung erwarten. Im vorliegenden Fall würden Sie wohl nur für die Sachschäden zur Hälfte haften, den Rest würde der Arbeitgeber zu tragen haben!

Können Sie von Ihrem Arbeitgeber Ersatz für Ihr beschädigtes Fahrzeug fordern, wenn es bei einer Dienstfahrt zu einem Unfall kam?

Das Bundesarbeitsgericht hat diesbezüglich entschieden, daß der Arbeitnehmer dann von seinem Arbeitgeber Ersatz für die Beschädigung seines PKWs verlangen könne, wenn der Arbeitnehmer das Fahrzeug im Betätigungsbereich des Arbeitgebers einsetzt und dafür keine besondere Vergütung erhält.

Ein solcher Vorgang ist immer dann anzunehmen, wenn ohne Einsatz des Fahrzeuges des Arbeitnehmers der Arbeitgeber ein eigenes Fahrzeug einsetzen und damit dessen Unfallgefahr tragen müßte.

Keinen Ersatz kann der Arbeitnehmer allerdings verlangen, wenn die Benutzung des PKWs zu seinem persönlichen Lebensbereich gehört hat, mit anderen Worten, Sie können Ersatz im Falle einer Dienstfahrt beanspruchen, im Falle einer Privatfahrt hingegen nicht!

Ersatzfähig ist aber nach den Grundsätzen der gefahrgeneigten Arbeit nur der beschädigte PKW. Bei mittlerer Fahrlässigkeit des Arbeitnehmers kann daher ca. der halbe Schaden vom Arbeitgeber gefordert werden, wenn die Fahrt besonders risikoreich war und damit schadensgeneigt.

Wie sieht es aus, wenn in der Kasse etwas fehlt bzw. im Lager ein Fehlbestand aufgetreten ist?

Auch in den sogenannten „Mankofällen" haften Sie als Arbeitnehmer nur dann, wenn Sie den Fehlbestand verschuldet haben, also entweder vorsätzlich oder fahrlässig gehandelt haben.

Das Bundesarbeitsgericht hat entschieden, daß eine Klausel im Arbeitsvertrag, die regelt, daß Sie als Arbeitnehmer für den Fehlbestand auch unverschuldet haften, rechtswidrig ist.

Eine solche Vereinbarung wäre nur dann zulässig, wenn Ihnen dafür vom Arbeitgeber auch eine besondere Vergütung, quasi eine Risikoprämie, zukäme.

Nur bei Arbeitnehmern, denen die Leitung eines Betriebes übertragen worden ist und die überdies nur alleinigen Zugang zu der Kasse oder zu den Waren hatten, gelten andere Grundsätze.

Was versteht man unter der sogenannten „Treuepflicht des Arbeitnehmers"?

Die Treuepflicht ist Ihre wichtigste Nebenpflicht aus dem Arbeitsvertrag im Verhältnis zu Ihrem Arbeitgeber.
Sie sind demnach verpflichtet, sich nach besten Kräften für die Interessen des Arbeitgebers und des Betriebes einzusetzen.
Insbesondere müssen Sie aufgrund dieser Pflicht jegliche Schäden von Ihrem Betrieb fernhalten. Die konkrete Ausgestaltung der Treuepflicht findet im Einzelfall statt und ist z.B. von Ihrer Stellung im Betrieb abhängig.
Daraus ergibt sich für einen Prokuristen eine Verpflichtung zu einem höheren Maß an Treue als für einen Arbeitnehmer in geringerer betrieblicher Stellung!
Wenn Sie gegen Ihre Treuepflicht verstoßen, setzen Sie sich möglicherweise Schadensersatzansprüchen Ihres Arbeitgebers aus, oder Sie können sogar fristlos gekündigt werden.
Konkret bedeutet die Treuepflicht u.a., daß Sie zwar grundsätzlich ein Recht auf freie Meinungsäußerung haben, solche Aussagen aber unterlassen müssen, die den Ruf Ihres Betriebes schädigen könnten.
Wenn Sie als Arbeitnehmer von Ihrem Arbeitgeber eine bestimmte Leistung erwarten, dürfen Sie zwar mit Kündigung drohen, nicht aber im Betrieb „Stimmung" gegen Ihren Arbeitgeber entfachen oder gar einen rechtswidrigen Streik initiieren.
Nach der Rechtsprechung des Bundesverfassungsgerichts darf der einzelne Arbeitnehmer zwar allgemein politische Fragen auch im Betrieb erörtern, dadurch darf es aber nicht zu einer konkreten Gefährdung des Betriebsfriedens kommen.
Insbesondere ist es dem Arbeitnehmer untersagt, bewußt wahrheitswidrige Behauptungen politischer Art über den Arbeitgeber oder andere Arbeitnehmer aufzustellen und damit den Betriebsfrieden zu stören!

Annahme von Geschenken erlaubt?

Ein wichtiges Problem in diesem Zusammenhang ist auch die Annahme von Geschenken:
Kleinere Zuwendungen wie etwa Kalender, Stifte, Werbematerial oder sonstige Kleinigkeiten dürfen Sie als Arbeitnehmer problemlos annehmen. Wenn diese Geschenke allerdings einen solchen Umfang erreichen, daß sie wirtschaftlich bedeutsam sind und Ihre Entscheidungen beeinflussen können, ist dies nicht mehr der Fall, insbesondere, wenn Ihnen dies im Arbeitsvertrag untersagt ist.
Also Vorsicht bei der Annahme wertvoller Geschenke! Hier können Sie sich nicht nur schadensersatzpflichtig machen bzw. eine Kündigung riskieren, sondern sogar eine Straftat begehen, soweit das Geschenk im Rahmen der Wettbewerbsverzerrung von Konkurrenten entgegengenommen wurde.
Daß Sie daneben verpflichtet sind, die Zuwendung Ihrem Arbeitgeber herauszugeben, versteht sich von selbst.

Folgt aus Ihrer „Treuepflicht" auch, daß Sie Verstöße von Arbeitskollegen anzeigen müssen?

Damit ist eine häufige innerbetriebliche Konfliktsituation angesprochen. Sie bemerken z.B. einen Diebstahl oder eine Unterschlagung, die von einem Arbeitskollegen begangen wurde, und wissen nicht, ob Sie dies Ihrem Arbeitgeber anzeigen müssen oder lieber schweigen sollen. Das Bundesarbeitsgericht hat entschieden, daß es dem einfachen Arbeitnehmer, der keine besonderen Kontroll- und Überwachungsaufgaben im Betrieb ausübt, nicht zuzumuten ist, jeden Verstoß gegen Arbeitspflichten oder gar Strafgesetze zur Anzeige zu bringen. Nur derjenige, der mit derartigen Aufsichts- und Kontrollaufgaben betraut ist, ist sogar verpflichtet,

Nachlässigkeiten oder gar Straftaten seiner Arbeitskollegen dem Arbeitgeber zu melden.

Dürfen Sie Ihrem Arbeitgeber Konkurrenz machen?

Wenn Ihnen ein Arbeitsplatz nicht aureicht, und Sie zusätzlich noch eine Tätigkeit ausüben, müssen Sie folgendes beachten:
Ohne eine besondere Zustimmung Ihres Arbeitgebers ist es Ihnen grundsätzlich verboten, im Handelszweig des Arbeitgebers Geschäfte zu betreiben und ihm dadurch eventuell Konkurrenz zu machen.
In anderen Handelszweigen dürfen Sie tätig werden, ohne daß Sie dazu einer besonderen Genehmigung bedürfen. Durch die Nebentätigkeit darf natürlich nicht Ihre Einsatzkraft für Ihre Hauptarbeit leiden!
Dieses sogenannte „Wettbewerbsverbot" kann sogar so weit gehen, daß Sie nach Beendigung Ihres Arbeitsverhältnisses eine gewisse Zeit lang Ihrem ehemaligen Arbeitgeber keine Konkurrenz machen dürfen!
Das Bundesarbeitsgericht vertritt dazu folgende Auffassung:
Ein Wettbewerbsverbot nach Beendigung des Arbeitsverhältnisses ist nur dann zulässig, wenn Sie als Gegenleistung eine angemessene Entschädigung erhalten.
Angemessen bedeutet, daß Sie für die Zeit des Wettbewerbsverbotes mindestens die Hälfte der bisher bezogenen Vergütung verlangen können. Anderweitige Einkünfte müssen Sie sich darauf allerdings anrechnen lassen.
Eine solche Klausel ist aber nur dann wirksam, wenn sie schriftlich vereinbart wurde, und die Dauer des Wettbewerbsverbotes nicht über zwei Jahre hinausgeht.
Außerdem können Sie vom Arbeitsgericht überprüfen lassen, ob der Arbeitgeber überhaupt ein berechtigtes geschäftliches Interesse daran hatte, mit Ihnen eine solche Regelung zu vereinbaren, oder ob er Sie nur will-

kürlich von weiteren Tätigkeiten fernhalten wollte.
Aber auch hier folgt:
Vorsicht beim Unterschreiben eines Arbeitsvertrages!
Sie können dadurch Verpflichtungen eingehen, die Sie möglicherweise auf Jahre nach Beendigung des Vertrages noch beeinträchtigen!
Studieren Sie also sorgfältig den Arbeitsvertrag und holen Sie möglicherweise Rat bei einem Rechtsanwalt ein!
Insbesondere sind viele Arbeitgeber auch bereit, von solchen Klauseln abzuweichen, wenn sie ein Interesse daran haben, Sie als Arbeitnehmer zu gewinnen.

Verbesserungsvorschläge des Arbeitnehmers

Der Gesetzgeber hat in einem speziellen Gesetz, dem Arbeitnehmererfindungsgesetz, geregelt, welche Rechte dem Arbeitnehmer zustehen, wenn er im Betrieb eine Erfindung macht, die seinem Arbeitgeber zugute kommt.
Zu unterscheiden ist zwischen Erfindungen, für die ein Patent oder ein Gebrauchsmuster eingetragen werden kann, und bloßen Verbesserungsvorschlägen, die nicht patent- oder gebrauchsmusterfähig sind. Macht der Arbeitnehmer eine Erfindung, so steht dem Arbeitgeber grundsätzlich das Verwertungsrecht zu.
Für Ihre Ansprüche kommt es dann entscheidend darauf an, ob der Arbeitgeber die Erfindung unbeschränkt in Anspruch nimmt oder ob eine bloß beschränkte Inanspruchnahme gegeben ist. Diesbezüglich muß sich der Arbeitgeber innerhalb von vier Monaten, nachdem er Kenntnis von der Erfindung erlangt hat, entscheiden.
Bei der unbeschränkten Inanspruchnahme der Erfindung gehen alle Rechte auf den Arbeitgeber über. Als Gegenleistung dafür können Sie aber eine angemessene Vergütung verlangen.
Die beschränkte Inanspruchnahme bedeutet, daß der Arbeitgeber zwar ein Verwertungsrecht an der Erfin-

dung erlangt, daß Sie aber ebenfalls Nutzen aus der Erfindung ziehen können.
In diesem Fall können Sie dann eine angemessene Vergütung verlangen, wenn der Arbeitgeber die Diensterfindung tatsächlich benutzt.
Die Höhe der Vergütung richtet sich nach der wirtschaftlichen Verwertbarkeit der Erfindung, den Aufgaben und der Stellung des Erfinders im Betrieb sowie danach, wieviel Anteil der Betrieb an der Erfindung hatte.
Waren mehrere Arbeitnehmer an der Erfindung beteiligt, ist die Vergütung für jeden getrennt festzulegen.
Folgende Voraussetzungen müssen aber für diesen Vergütungsanspruch gegeben sein:
Sie müssen die Erfindung während der Dauer des Arbeitsverhältnisses gemacht haben.
Die Erfindung muß patent- oder gebrauchsmusterfähig sein.
Weiter muß es sich um eine sogenannte Diensterfindung handeln, d.h., sie muß entweder maßgeblich auf Erfahrungen oder Arbeiten des Betriebes beruhen oder aus der dem Arbeitnehmer im Betrieb obliegenden Tätigkeit entstanden sein.

Freie Erfindungen

Den Gegensatz zur sogenannten „Diensterfindung" stellt die freie Erfindung dar.
Dies sind Erfindungen, die ausschließlich im privaten Bereich des Arbeitnehmers entstanden sind und keinerlei Betriebsbezug haben.
Aber selbst diese freien Erfindungen muß der Arbeitnehmer seinem Arbeitgeber zur Verwertung anbieten, wenn die Erfindung in den Arbeitsbereich des Betriebes fällt.
Für die Abgrenzung, ob eine Diensterfindung oder eine freie Erfindung vorliegt, kommt es nicht darauf an, ob der Arbeitnehmer die Erfindung während seiner

Dienststunden oder während seiner Freizeit gemacht hat.
Entscheidend ist nur, ob ein Bezug zur betrieblichen Tätigkeit bestand.
Völlig frei in der Verwertung einer Erfindung sind Sie nur dann, wenn Ihnen eine freie Erfindung gelungen ist, die nicht in den Arbeitsbereich Ihres Arbeitgebers fällt.

Welche Rechte entstehen aus Verbesserungsvorschlägen?

Technische Verbesserungsvorschläge sind Erfindungen, die sich nicht als Patent oder Gebrauchsmuster verwerten lassen.
Aber auch aus einem solchen können Sie Rechte herleiten, soweit er dem Arbeitgeber zugute kommt:
In vielen Betrieben gibt es konkrete Richtlinien, aus denen sich ergibt, wann und in welcher Höhe Ihnen ein Vergütungsanspruch zusteht.
Besteht in Ihrem Betrieb ein Betriebsrat, hat dieser ein Mitbestimmungsrecht bei der Aufstellung von Grundsätzen über das typisch betriebliche Vorschlagswesen. Ihr Betriebsrat kann Sie dann auch darüber unterrichten, welche Ansprüche Ihnen zustehen.
Wenn keine spezielle Regelung in Ihrem Unternehmen existiert, können Sie von Ihrem Arbeitgeber dennoch eine angemessene Vergütung für den technischen Verbesserungsvorschlag verlangen, wenn dieser ihn tatsächlich verwertet hat.
Laut Bundesarbeitsgericht haben Arbeitnehmer auch bei „sonstigen Verbesserungsvorschlägen" (z.B. im kaufmännischen oder organisatorischen Bereich) einen Vergütungsanspruch, wenn der Arbeitgeber diesen verwertet.
Grund dafür ist, daß er für den Arbeitgeber einen nicht unerheblichen Vorteil bringt, und es sich um eine Sonderleistung des Arbeitnehmers handelt, d.h. solche Vor-

schläge nicht gerade in seinen Tätigkeitsbereich fallen.
Ein hochbezahlter „Controller" allerdings, der von seinem Tätigkeitsbereich her bereits zur Verbesserung der kaufmännischen Buchhaltung eingesetzt ist, wird daher von seinem Arbeitgeber in der Regel keine zusätzliche Vergütung verlangen können, wenn es ihm gelingt, die Buchhaltung effizienter zu gestalten.
Daneben gibt es in vielen Arbeitsverträgen bzw. Betriebsvereinbarungen spezielle Regeln, welche dem einzelnen Arbeitnehmer einen Anspruch geben.

Strafe kann sein – Betriebsbußen

Ein großer Problembereich im täglichen Arbeitsablauf ergibt sich aus den sogenannten „Betriebsbußen". Dies sind betriebsinterne Strafen, die Ihnen der Arbeitgeber auferlegen kann, wenn Sie gegen Pflichten aus dem Arbeitsvertrag verstoßen haben.
Aber keine Angst, völlig willkürlich darf sich der Arbeitgeber auch im Bereich der Betriebsbußen nicht aufführen.
Das Bundesarbeitsgericht hat sehr hohe Anforderungen an ein solches „betriebsinternes Strafverfahren" angelegt.
Die Bußordnung muß rechtswirksam begründet worden sein, also in einem Tarifvertrag vereinbart oder als Betriebsvereinbarung mit dem Betriebsrat beschlossen worden sein.
Des weiteren muß der Arbeitnehmer immer die Möglichkeit haben, von der Bußordnung Kenntnis zu nehmen, indem sie z.B. am Schwarzem Brett ausgehängt ist.
In diesem Aushang muß genau festgelegt sein, was dem einzelnen Arbeitnehmer bei welchem Verstoß droht!
Also z.B.: „20,– DM Geldstrafe beim Rauchen innerhalb der Lebensmittelabteilung".
Die Höhe der Betriebsbußen ist nach oben hin begrenzt und darf materiell einen Tagesverdienst umfassen.

Das Bundesarbeitsgericht hat entschieden, daß sie maximal bis zu einem Tagesverdienst gehen dürfen!

Schutz im Bußgeldverfahren

In einem innerbetrieblichen Bußgeldverfahren sind Sie Ihrem Arbeitgeber nicht schutzlos ausgeliefert. Insbesondere muß das Verfahren rechtsstaatlich ordnungsgemäß ablaufen, d.h., der Arbeitgeber muß Ihnen die vorgeworfenen Verstöße auch nachweisen.
Des weiteren haben Sie den aus dem Grundgesetz gewährleisteten Anspruch auf rechtliches Gehör, d.h., Sie müssen unbedingt angehört werden.
Der Betriebsrat ist nicht nur bei der Erstellung der Bußordnung zu beteiligen, sondern auch bei der Verhängung einer jeden Strafe.
Falls Sie sich trotz dieser Hilfen im Bußordungsverfahren gegen Ihren Arbeitgeber nicht durchsetzen konnten, steht Ihnen daneben selbstverständlich noch der Weg zu den Arbeitsgerichten offen!

Welche Ansprüche besitzen Sie als Arbeitnehmer?

Nach dieser umfangreichen Aufzählung ihrer Pflichten kommen wir nun zu Ihren Rechten gegenüber dem Arbeitgeber, die mit dessen Pflichten korrespondieren.
Die wesentlichen Pflichten des Arbeitgebers bestehen in der Lohnzahlungspflicht, der Fürsorgepflicht und der Pflicht zur Gewährung von Erholungsurlaub.

Der Lohn

Die Lohnzahlungspflicht des Arbeitgebers

Beim Arbeiter nennt man es „Lohn", beim Angestellten „Gehalt", gemeint ist aber immer die Arbeitsvergütung.
Wenn sie tarifgebunden sind, d.h. Mitglied einer Gewerkschaft, und auch Ihr Arbeitgeber dem tarifschließenden Arbeitgeberverband angehört, steht Ihnen der Gehaltsanspruch aus dem geltenden Tarifvertrag zu.
In dem Tarifvertrag ist grundsätzlich aber nur der Mindestlohn geregelt, so daß Sie mit Ihrem Arbeitgeber durchaus ein höheres Entgelt vereinbaren können!
Sind Sie hingegen nicht tarifgebunden, so können Sie mit dem Arbeitgeber entweder die Anwendung eines Tarifvertrages vereinbaren oder eine individuelle Lohnvereinbarung treffen.
Eine solche Vereinbarung muß nicht unbedingt schriftlich geschlossen werden, sondern kann auch mündlich begründet werden.

Zur Absicherung empfiehlt es sich aber immer, einen schriftlichen Vertrag abzuschließen!
Falls überhaupt keine Vereinbarung mit dem Arbeitgeber getroffen worden ist, die Arbeitsleistung den Umständen nach aber nur gegen eine Vergütung zu erwarten ist, muß der Arbeitgeber die ortsübliche Vergütung zahlen, d.h. in der Regel in der Höhe, die ein entsprechender Tarifvertrag festlegt.
Dem Arbeitgeber ist es grundsätzlich freigestellt, welche Lohnhöhe er mit den einzelnen Arbeitnehmern vereinbart.
Nach einer Entscheidung des Bundesarbeitsgerichts darf er selbst bei gleicher Arbeit unterschiedliche Lohnhöhen zwischen verschiedenen Arbeitnehmern vereinbaren. Auch aus dem arbeitsrechtlichen Gleichbehandlungsgrundsatz folgt kein anderes Ergebnis.
Verboten ist es dem Arbeitgeber allerdings, Frauen nur wegen ihres Geschlechts einen geringeren Lohn zu zahlen!
Dies hat der Gesetzgeber ausdrücklich bestimmt.

Können Sie von Ihrem Arbeitgeber eine Lohnerhöhung verlangen, wenn allgemein im Betrieb die Löhne erhöht werden?

Laut Bundesarbeitsgericht können Sie in diesem Fall aufgrund des arbeitsrechtlichen Gleichbehandlungsgrundsatzes ebenfalls eine Lohnerhöhung verlangen!
Diese Frage tritt regelmäßig auf, wenn gewerkschaftsfeindliche Arbeitgeber nur Gewerkschaftsangehörige von der allgemeinen Lohnerhöhung ausnehmen.
Diese Ungleichbehandlung ist aber unzulässig, da kein sachlicher Grund für eine solche vorliegt. Auch wegen verschiedener religiöser oder politischer Anschauungen darf der Arbeitgeber bei der allgemeinen Lohnerhöhung zwischen den Arbeitnehmern nicht differenzieren.

In neuerer Rechtsprechung sagt das Bundesarbeitsgericht, daß der Arbeitgeber Arbeitnehmern mit unzureichender Leistung die allgemeine Lohnerhöhung nicht zukommen lassen muß. Dies wäre somit ein sachlicher Grund für eine Ungleichbehandlung im Betrieb. Auch außertariflich angestellte Arbeitnehmer haben unter bestimmten Voraussetzungen das Recht, an einer allgemeinen Lohnerhöhung im Betrieb teilzunehmen. Nur wenn besondere sachliche Gründe vorliegen, können sie von der allgemeinen Lohnerhöhung ausgeschlossen sein.

Arbeitnehmerinnen benachteiligt?

Immer wieder treten Unklarheiten bei der Frage der Entlohnung von Arbeitnehmerinnen auf. Nach dem Gesetz ist es dem Arbeitgeber verboten, Frauen nur wegen ihres Geschlechts geringer zu entlohnen. Dies gilt nicht nur für die Lohnzahlung, sondern auch für alle Nebenleistungen.
Allerdings kann die Frau nur dann den gleichen Lohn wie ihr männlicher Kollege beanspruchen, wenn sie tatsächlich eine gleiche oder gleichwertige Arbeit geleistet hat.
In der Praxis ergeben sich daraus deshalb Probleme, weil in Tarifverträgen Tarifgruppen mit unterschiedlichen körperlichen Belastungsanforderungen gebildet werden, die auch zu dementsprechenden Vergütungsansprüchen führen. Mit anderen Worten:
Frauen landen oft in den sogenannten „Leichtlohngruppen", worunter man Tarifgruppen mit körperlich leichter Arbeit versteht.
Begründet wird dies vom Arbeitgeber meist damit, daß die Frauen körperlich nicht in der Lage seien, schwerere Arbeiten durchzuführen.
Nach neuerer höchstrichterlicher Rechtsprechung ist

bei der Tarifeingruppierung nicht nur die Muskelbeanspruchung entscheidend, sondern es müssen auch noch andere Umstände berücksichtigt werden.

Insbesondere sei auch von Bedeutung, wie sich die äußeren Arbeitsumstände auf den einzelnen Arbeitnehmer auswirken.

Da sich die Schwere der Arbeit für einen Arbeitnehmer nach seiner Belastbarkeit richte, und Frauen und Männer unterschiedlich belastbar seien, gebiete es der Gleichheitssatz des Grundgesetzes, daß für Frauen und Männer die Schwere ein und derselben Arbeit unter Berücksichtigung ihrer jeweiligen Belastbarkeit getrennt bewertet werde.

Wenn Sie Fragen zu Ihrer Eingruppierung bzw. zu Entlohnungsgrundsätzen und Entlohnungsmethoden in Ihrem Betrieb haben, sollten Sie sich an Ihren Betriebsrat wenden. Dieser berät Sie nicht nur bei ihren persönlichen Problemen, sondern er hat auch ein Mitbestimmungsrecht bei der Aufstellung der entsprechenden Grundsätze.

Lohnfortzahlung an Feiertagen?

Als Arbeitnehmer haben Sie auch für die ausgefallene Arbeit an gesetzlichen Feiertagen einen Anspruch auf Lohnfortzahlung.

Dies gilt aber nur für gesetzliche Feiertage, nicht hingegen für die kirchlichen Feiertage. Nach dem sogenannten Lohnausfallprinzip können Sie von Ihrem Arbeitgeber den Lohn verlangen, den Sie verdient hätten, wenn Sie an diesem Tag gearbeitet hätten.

Nach dem Bundesarbeitsgericht können Sie damit auch Überstundenentlohnung verlangen, wenn diese an dem Feiertag angefallen wäre.

Wird in Ihrem Betrieb bei einer Fünftagewoche der ausgefallene Feiertag am Samstag nachgeholt, können Sie sowohl für den Feiertag Entlohnung verlangen als auch für den Samstag.

Blaue Wochenenden und ihre Folgen

Das Feiertagslohnzahlungsgesetz enthält eine besondere Sanktion gegen Arbeitnehmer, die aus dem Feiertag ein verlängertes Wochenende machen:
Der Anspruch auf die Feiertagsbezahlung entfällt nämlich, wenn der Arbeitnehmer am Tag vor oder nach dem Feiertag unentschuldigt der Arbeit fernbleibt!

Feiertagslohn für Kurzarbeiter?

Auch als „Kurzarbeiter" haben Sie einen Anspruch auf Feiertagslohn, nämlich in Höhe des üblichen Kurzarbeitergeldes.
Selbstverständlich sind auch die auf einen bewilligten Urlaub entfallenden Feiertage vom Arbeitgeber zu entlohnen.
Das Bundesarbeitsgericht verlangt dies selbst dann, wenn sich Ihre Kollegen in einem Arbeitskampf befinden und demnach keinen Anspruch auf Feiertagsentlohnung haben.

Welche Lohnzuschläge stehen Ihnen zu? Überstunden, Mehrarbeit...

Nach der gesetzlichen Regelung können Sie bei sogenannter „Mehrarbeit" einen Zuschlag in Höhe von 25% von Ihrem Arbeitgeber verlangen. Mehrarbeit liegt aber nur dann nach dem Gesetz vor, wenn in der Woche mehr als 48 Stunden gearbeitet werden. Lassen Sie sich von den 48 Stunden nicht beeindrucken. Das Gesetz schließt Samstagsarbeit mit ein.

Normalerweise können Sie von Ihrem Arbeitgeber Überstundenzuschläge verlangen, wenn diesbezüglich eine Regelung in den geltenden Tarifverträgen, Betriebsvereinbarungen oder in Ihrem Einzelvertrag vereinbart wurde.

Achten Sie deshalb immer darauf, daß mit dem Arbeitgeber eine solche Vereinbarung über die Ableistung von Überstunden getroffen wurde, da Ihnen nur dann überhaupt ein Anspruch zusteht. Zwar muß die Vereinbarung nicht unbedingt schriftlich getroffen worden sein, sondern kann auch aus den äußeren Umständen abgeleitet werden, aber aus Beweisgründen bietet sich eine schriftliche Vereinbarung an.

Überhaupt keine Zuschläge können jedoch leitende Angestellte verlangen. Bei diesen gelten die Überstunden als durch das normale Gehalt abgegolten.

Nach welchen Grundsätzen bestimmt sich der Lohn?

Sie können mit Ihrem Arbeitgeber eine Zeitentlohnung, eine Akkordentlohnung oder ein Mischsystem vereinbaren.

Zeitentlohnung
Bei der reinen Zeitentlohnung werden Sie zwar grundsätzlich nicht danach bezahlt, ob Sie viel oder wenig in dieser Zeit geleistet haben.
Zur völligen Untätigkeit sind Sie damit aber natürlich dennoch nicht berechtigt!
Sie müssen im Rahmen Ihrer Möglichkeiten das leisten, was von einem Arbeitnehmer in Ihrer Position üblicherweise erwartet werden kann. Ansonsten setzen Sie sich Ansprüchen des Arbeitgebers aus, die sogar zur fristlosen Kündigung führen können.

Akkordlohn
Beim Akkordlohn richtet sich die Entlohnung nach der

Menge der geleisteten Arbeit. Akkordlohn gibt es als sogenannten „Geldakkord" und „Zeitakkord". Da bei der genaueren Ausgestaltung der Akkordbedingungen der Betriebsrat mitzubestimmen hat, wenden Sie sich bei Fragen bitte an diesen!

Ihre Bezahlung kann auch aus einer sogenannten Provision bestehen, d.h. eine Zahlung, die umsatzabhängig ist. Diese kann kombiniert sein mit einem sogenannten Fixum.
Weiter ist es zulässig, daß Sie eine Gewinnbeteiligung oder eine Prämie von Ihrem Arbeitgeber erhalten.
Alle diese Lohngestaltungsformen können selbstverständlich auch kombiniert werden.

Wann und in welcher Form ist der Lohn vom Arbeitgeber auszuzahlen?

Der Gesetzgeber des Bürgerlichen Gesetzbuches war dem Arbeitnehmer gegenüber mißtrauisch:
„Ohne Arbeit kein Lohn". Der Arbeitnehmer hat also grundsätzlich erst nach getaner Arbeit einen Lohnanspruch gegen den Arbeitgeber.
Die Praxis weicht heute davon aber regelmäßig ab, indem Tarifverträge, Betriebsvereinbarungen oder der Einzelarbeitsvertrag regeln, daß der Lohn bereits am Monatsanfang oder am 15. des Monats gewährt wird.
Bezüglich der Lohnauszahlung enthalten Betriebsvereinbarungen oder Tarifverträge regelmäßig Klauseln, die festlegen, daß Ihnen der Lohn bargeldlos überwiesen wird und der Arbeitgeber für alle Kosten aufkommt, die in diesem Zusammenhang entstehen.
Besteht eine solche Vereinbarung nicht, müssen Sie entsprechend der gesetzlichen Regelung den Lohn bei Ihrem Arbeitgeber abholen!

Zuviel Lohn überwiesen – ein Grund zum Feiern?

Falls Ihnen irrtümlich ein solcher „Segen" zukommt, gilt folgendes:
Wußten Sie von vornherein, daß Ihnen die Zahlung nicht zusteht, müssen Sie diese auf jeden Fall zurückzahlen!
Wenn Sie aber z.B. von einer Lohnerhöhung ausgingen, haben Sie Glück gehabt, wenn das Geld bereits ausgegeben wurde.
Haben Sie das Geld allerdings noch oder haben Sie Anschaffungen damit getätigt, müssen Sie die Leistung an den Arbeitgeber zurückzahlen.
Der Rückzahlungsanspruch ist ausgeschlossen, wenn der Arbeitgeber den Arbeitnehmer jeweils bewußt überzahlt, um durch einen hohen Rückzahlungsanspruch die Betriebsbindung des Arbeitnehmers zu erreichen, also seine Kündigungsmöglichkeiten zu beschränken.
Auch für einen solchen Fall enthalten Tarifverträge, Betriebsvereinbarungen oder Ihr persönlicher Arbeitsvertrag häufig Spezialregeln.

Gratifikation

Immer wieder Probleme
mit den sogenannten Gratifikationen!

Gratifikationen sind Sonderzuwendungen Ihres Arbeitgebers, die aufgrund eines besonderen Anlasses zusätzlich zum laufenden Lohn gezahlt werden.
Wichtigste Beispiele sind die Weihnachtsgratifikation und die Gratifikation bei Jubiläen.
Fassen Sie die Gratifikation nicht etwa als ein Geschenk des Arbeitgebers auf, sondern sehen Sie sie als ein zu-

sätzliches Entgelt, welches als Anerkennung für geleistete und als Anreiz für weitere Dienste von Ihrem Arbeitgeber gezahlt wird!
Diese Sonderzahlungen können einerseits so ausgestaltet sein, daß Sie als Arbeitnehmer einen festen Anspruch darauf haben, der ensprechend gerichtlich durchsetzbar ist.
Die andere in Betracht kommende Möglichkeit ist die, daß es sich lediglich um freiwillige Zahlungen des Arbeitgebers handelt, zu denen er nicht verpflichtet ist und die auch nicht einklagbar sind.
Ein durchsetzbarer Rechtsanspruch ist grundsätzlich dann gegeben, wenn sich eine entsprechende Klausel aus einem für Sie geltenden Tarifvertrag, einer Betriebsvereinbarung, Ihrem Individualarbeitsvertrag oder gemäß der sogenannten „betrieblichen Übung" ergibt.
Das Bundesarbeitsgericht hat zur „betrieblichen Übung" entschieden, daß Ihnen ein Anspruch auf die entsprechende Gratifikation zusteht, wenn der Arbeitgeber diese Leistung zuvor bereits mindestens dreimal vorbehaltlos geleistet hat. Dann hat jeder Arbeitnehmer, also auch die neu in den Betrieb eintretenden, die diese Leistung bisher noch nicht erhielten, einen Anspruch auf die Gratifikation!
Aufgrund der Treuepflicht des Arbeitnehmers gegen den Arbeitgeber und dem grundsätzlichen Interesse an der Erhaltung von Arbeitsplätzen folgert das Bundesarbeitsgericht aber, daß solche Gratifikationsansprüche dann entfallen können, wenn ansonsten die Existenz des Betriebes gefährdet wäre, er also durch die Zahlung in den Konkurs getrieben werden könnte.
Macht der Arbeitgeber allerdings deutlich, daß er sich auf Dauer nicht zu der entsprechenden Leistung verpflichten möchte – Klausel: „Leistung kann jederzeit eingestellt werden" – haben Sie keinen Anspruch auf diese Gratifikation, wenn der Arbeitgeber diese einstellt.

Die Höhe der Gratifikation richtet sich nach der ausdrücklichen Vereinbarung, die getroffen wurde, oder nach der bisher herrschenden betrieblichen Übung.

Gleiche Gratifikation für alle?

Es ist durchaus zulässig, daß der Arbeitgeber die Gratifikation aufgrund sachlicher Gründe unterschiedlich gestaltet.
So darf er sie z.B. nach der Dauer der Betriebszugehörigkeit, des Alters, der Art und Schwere der Arbeit, der sozialen Umstände der Arbeitnehmer und insbesondere der Kinderzahl differenzieren. Dies ist vom Bundesarbeitsgericht ausdrücklich so zum Ausdruck gebracht worden.

Wie steht es mit sogenannten Anwesenheitsprämien?

Im betrieblichen Alltag werden Gratifikationszahlungen häufig mit den sogenannten „Anwesenheitsklauseln" verbunden.
Durch diese wird seitens des Arbeitgebers versucht, die Höhe der Gratifikation von der Anzahl der Fehltage pro Jahr abhängig zu machen. Die Arbeitsgerichte haben hierzu unterschiedliche Auffassungen vertreten.
Teilweise stehen die Gerichte auf dem Standpunkt, daß derartige Klauseln unbeschränkt zulässig sind. Neuerdings tendiert die Rechtsprechung aber wohl dahin, daß der Arbeitgeber die Gratifikation nur bei unberechtigtem Fernbleiben von der Arbeit mindern darf, nicht aber bei berechtigtem.
Die Folge ist, daß ein erkrankter Arbeitnehmer Anspruch auf die Anwesenheitsprämie hat, auch wenn er der Arbeit fernbleibt.
Dies ist auch die Ansicht des Bundesarbeitsgerichts.

Man kann also davon ausgehen, daß aus diesen Gründen die rechtliche Bedeutung der Anwesenheitsprämien in Zukunft wegfällt.

Rückzahlungsklauseln

Häufig werden in Einzelarbeitsverträgen auch die sogenannten Rückzahlungsklauseln vereinbart.
Nach diesen Regelungen ist der Arbeitnehmer verpflichtet, bei vorzeitiger Kündigung des Arbeitsverhältnisses die Gratifikation zurückzuzahlen.
Das Bundesarbeitsgericht hat detaillierte Anforderungen für deren Zulässigkeit aufgestellt:
Weihnachtsgratifikationen bis 200,– DM:
Bei Weihnachtsgratifikationen bis 200,– DM ist eine Rückzahlungsklausel unzulässig, d.h., Sie dürfen das Weihnachtsgeld in jedem Fall behalten, auch wenn Sie kurz darauf kündigen.

Weniger als ein Monatsgehalt
Wenn die Weihnachtsgratifikation mehr als 200,– DM, aber weniger als ein Monatsgehalt beträgt, dürfen Sie durch die Rückzahlungsklausel nur bis zum 31. März des Folgejahres an Ihren Arbeitgeber gebunden werden. Sollten Sie vorher ausscheiden, müssen Sie das Weihnachtsgeld zurückzahlen.
Nach dem 31. März dürfen Sie aber ausscheiden, ohne zur Rückzahlung verpflichtet zu sein.

Ein Monatsgehalt
Wenn die Weihnachtsgratifikation genau ein Monatsgehalt beträgt, dürfen Sie frühestens die erste Kündigungsmöglichkeit nach dem 31. März in Anspruch nehmen, um die Gratifikation behalten zu dürfen. Dies bedeutet bei einem Angestellten in der Regel, daß er wegen der bestehenden Kündigungsfristen bis zum 30. Juni des Folgejahres an den Arbeitgeber gebunden ist, wenn er seine

Weihnachtsgratifikation nicht verlieren möchte. Beträgt die Kündigungsfrist nur einen Monat, ist der Arbeitnehmer lediglich bis zum 30. April gebunden.

Zwei Monatsgehälter
Beträgt die Weihnachtsgratifikation zwei Monatsgehälter, so ist es zulässig, wenn Sie bei einem Ausscheiden bis zum 31. März des Folgejahres zur Rückzahlung von eineinhalb Monatsgehältern, beim Ausscheiden bis zum 30. Juni zur Rückzahlung von einem Monatsgehalt und beim Ausscheiden zum 30. September zur Rückzahlung von einem halben Monatsgehalt verpflichtet sind.
Also Vorsicht bei der Auswahl Ihres Kündigungszeitpunktes, da es sonst teuer werden kann!

Ruhegeld

Was bedeutet betriebliches Ruhegeld?

Betriebliches Ruhegeld ist eine Versorgungsleistung Ihres Arbeitgebers, die Ihnen neben dem Rentenanspruch zusteht und einen zusätzlichen Lohnbestandteil darstellt. Dieses Ruhegeld kann Ihnen der Arbeitgeber durch eine unmittelbare Zuwendung auszahlen. Er kann aber auch eine Betriebskasse einrichten, die als Pensions- oder Unterstützungskasse die Leistung an Sie erbringt. Manche Arbeitgeber schließen auch Lebensversicherungsverträge für Ihre Arbeitnehmer ab.
Ein Rechtsanspruch auf ein solches Ruhegeld besteht nur dann für Sie, wenn Ihnen der Arbeitgeber im Arbeitsvertrag, in einer Betriebsvereinbarung oder einem Tarifvertrag ein Ruhegeld zugesagt hat. Auch durch die sogenannte „betriebliche Übung" kann ein Ruhegeldanspruch entstehen, also dann, wenn es in Ihrem Betrieb bisher üblich war, daß Arbeitnehmer ein Ruhegeld

erhalten und dies vom Arbeitgeber mehrmals vorbehaltlos gewährt wurde.
In Zweifelsfällen können Sie Aufklärung bei Ihrem Betriebsrat erhalten. Auch Ihr Arbeitgeber wird Ihnen diese Unterlagen zur Verfügung stellen.

Ruhegeld überall gleich?

Je nach Betrieb gibt es einerseits sich unterscheidende Regelungen für die Dauer der Betriebszugehörigkeit, die für den Betriebsrentenanspruch erforderlich ist, sowie andererseits für die Höhe der Betriebsrente und sonstige Detailregelungen.
Es kann auch individuell vereinbart sein, daß Ihr ursprünglich entstandener Betriebsrentenanspruch beim Ausscheiden aus dem Betrieb entfällt.
Der Gesetzgeber hat allerdings geregelt, daß Ihnen in bestimmten Fällen eine sogenannte „Anwartschaft" zusteht, d.h., daß unter bestimmten Bedingungen auch beim Ausscheiden aus dem Betrieb der Betriebsrentenanspruch nicht untergeht.
Das ist dann der Fall, wenn Sie zum Zeitpunkt des Ausscheidens aus dem Betrieb mindestens 35 Jahre alt sind und eine Versorgungszusage mindestens 10 Jahre besteht.
Es reicht aber ferner bereits aus, wenn die Zusage erst seit drei Jahre gegeben ist, Sie aber mindestens seit 12 Jahren im Betrieb beschäftigt sind.
Nach Entstehung der Anwartschaft ist es gleichgültig, aus welchen Gründen Sie aus dem Betrieb ausscheiden.
Also selbst bei einer fristlosen Kündigung durch den Arbeitgeber bleibt Ihnen der Betriebsrentenanspruch unter den obigen Voraussetzungen erhalten.
In welchen Fällen Sie die Betriebsrente erhalten, bestimmt sich wiederum nach der jeweiligen betrieblichen Regelung.
Es ist möglich, das Ruhegeld von einer bestimmten Al-

tersgrenze oder dem Fall der Invalidität abhängig zu machen. Eine Klausel, bei der nach dem Tod des Arbeitnehmers die Hinterbliebenen eine Leistung vom Arbeitgeber erhalten, ist ebenso denkbar.

Gibt es Ansprüche auf Ruhegeld?

Obwohl im Zivilrecht generell der Grundsatz der Vertragsfreiheit gilt, ist der Betriebsinhaber hingegen im Arbeitsrecht zur Gerechtigkeit verpflichtet, worunter insbesondere auch der sogenannte arbeitsrechtliche Gleichbehandlungsgrundsatz zu zählen ist.
Dieser Grundsatz gebietet dem Arbeitgeber, alle seine Leistungen möglichst gerecht zu vergeben und nur dann seine Arbeitnehmer ungleich zu behandeln, wenn dafür sachliche Gründe vorliegen.
Insbesondere darf der Arbeitgeber damit auch bei der Ruhegeldzusage Frauen nicht benachteiligen. Einen Verstoß gegen diesen Grundsatz würde es ebenso darstellen, wenn der Arbeitgeber ausländische Arbeitnehmer von dem Ruhegeld ausnehmen würde.
In einem solchen Fall wäre allerdings nicht die gesamte Ruhegeldvereinbarung unwirksam, sondern lediglich soweit die ausländischen Arbeitnehmer ungleich behandelt werden, d.h., auch die Ausländer hätten aufgrund des Gleichbehandlungsgrundsatzes einen entsprechenden Anspruch.
Das Bundesarbeitsgericht hat in einer neuen Entscheidung ausgeführt, daß es zulässig sei, Ruhegeld nur solchen Arbeitnehmern zukommen zu lassen, die bei Beginn des Arbeitsverhältnisses ein bestimmtes Höchsteintrittsalter noch nicht überschritten hätten.
Auch sei es dem Arbeitgeber erlaubt, Frührentner von einer Versorgung auszuschließen. Ferner könne die Invalidenrente unter der Bedingung zugesagt werden, daß die Invalidität nach Vollendung des 50. Lebensjahres eintrete.

Ist ein Widerruf
von Ruhegeldzusagen möglich?

Ein Widerrufsvorbehalt kann in allen Versorgungsregelungen enthalten sein, also den Betriebsvereinbarungen, den Tarifverträgen oder dem Einzelvertrag.
Der Gesetzgeber läßt aber einen solchen Widerruf nur dann zu, wenn die Gründe so schwer wiegen, daß die Berufung auf die Versorgungszusage durch den Arbeitnehmer arglistig erscheinen würde.
Beispielhaft steht hier der Fall, daß sich der Arbeitgeber auf eine wirtschaftliche Notlage beruft und darlegt, daß sein Betrieb bei Erfüllung der Ruhegeldzusagen Pleite ginge.
Eine wirtschaftliche Notlage kann der Arbeitgeber aber nicht einfach behaupten, sondern er muß durch ein Sachverständigengutachten den entsprechenden Nachweis führen.
Selbst dann ist aber eine völlige Einstellung der Zahlung nur möglich, wenn es nicht andere Mittel gibt, den Betrieb zu sanieren.
Es wäre in diesem Zusammenhang denkbar, die Ruhegeldzahlung eine gewisse Zeit zu stunden oder nur anteilig auszuzahlen.

Bei Auftreten einer derartigen Situation der Zahlungsunfähigkeit des Arbeitgebers sollten Sie den Pensionssicherungsverein auf Gegenseitigkeit in 5000 Köln 51, Oberländerufer 72, einschalten!
Dieser Verein übernimmt dann die Ihnen zustehenden Ruhegeldleistungen.

Können Ruhegelder durch
Sozialversicherungsrenten gekürzt werden?

Betriebliche Versorgungsregelungen sind häufig so aufgebaut, daß dem Arbeitnehmer ein gewisser Prozent-

satz des letzten Gehalts als Gesamtversorgung zugebilligt wird.
Diese Gesamtversorgung besteht dann aus der gesetzlichen Rente, die durch die betriebliche Versorgung auf diesen Gesamtprozentsatz aufgestockt wird.
Nun könnte man denken, daß bei einer Steigerung der gesetzlichen Rente das betriebliche Ruhegeld immer mehr abnimmt, weil der Gesamtprozentsatz eine bestimmte Höhe ja nicht übersteigen soll.
Dem hat der Gesetzgeber aber einen Riegel vorgeschoben!
Es ist demnach nicht zulässig, daß Ihr Anspruch auf betriebliches Ruhegeld durch die Steigerung der Sozialversicherungsrente gekürzt wird, wenn diese Steigerung auf einer Anpassung an die wirtschaftliche Entwicklung beruht.
Der Gesetzgeber will also, daß Ihre oft hart erarbeitete Betriebsrente erhalten bleibt!
Auf dieser Linie liegt auch das Bundesarbeitsgericht, das die Arbeitgeber dazu verpflichtet, die Betriebsrenten dem jeweiligen Kaufkraftverlust anzupassen, d.h. sie in Höhe der jeweiligen Inflationsrate zu steigern.

Vermögensbildung

Können Sie von Ihrem Arbeitgeber verlangen, daß er zu Ihrer Vermögensbildung beiträgt?

Die klare Antwort ist: nein!
Das Vermögensbildungsgesetz regelt lediglich die Möglichkeit, einen Teil des Verdienstes vom Arbeitgeber an eine Bank zur vermögenswirksamen Anlage abführen zu lassen.
Ein Anspruch auf zusätzliche Leistungen gegen Ihren Arbeitgeber folgt daraus aber nicht. Grundsätzlich wird

also nur ein Teil Ihres Lohnes auf diese Weise angelegt.
In der Praxis sehen aber viele Tarifverträge, Betriebsvereinbarungen oder Einzelarbeitsverträge vor, daß der Arbeitgeber einen Teil dieser vermögenswirksamen Leistungen zusätzlich zum Lohn aufbringt.
In der Regel bedeutet für Sie der Bereich vermögenswirksamer Leistungen daher eine doppelte Fremdleistung: Zum einen erhalten Sie den vertraglichen Zuschuß Ihres Arbeitgebers, zum anderen vom Staat die sogenannte Arbeitnehmersparzulage.
Die Arbeitnehmersparzulage ist eine Leistung des Staates, die einen Anreiz zum Sparen geben soll. Sie wird maximal auf einen Betrag bis zu einer Höhe von 936,- DM im Jahr gewährt.
Da insbesondere das Risikosparen gefördert werden soll, beträgt die Sparzulage bei Kapitalbeteiligungen wie z.B. Aktien oder Investmentzertifikaten 20%.
Anlagen in Bausparverträgen werden mit 10% vom Staat gefördert.
Nicht jeder Arbeitnehmer hat aber einen Anspruch auf die Sparzulage, sondern nur Unverheiratete, die bis zu 27000,- DM im Jahr verdienen bzw. Verheiratete, die nicht mehr als 54000,- DM verdienen.

Verzicht auf tarifvertraglich fixierte Rechte möglich? – die Ausgleichsquittung

Ausgleichsquittung – was ist das?

Nahezu täglich werden die Arbeitsgerichte mit den sogenannten Ausgleichsquittungen konfrontiert.
Darunter versteht man schriftliche Erklärungen des Ar-

beitnehmers, mit denen er bestätigt, keine Ansprüche mehr gegen seinen Arbeitgeber zu haben. Solche Vereinbarungen werden dann getroffen, wenn der Arbeitnehmer aus dem Betrieb ausscheidet.

Sie sollen klare Verhältnisse zwischen Arbeitnehmer und Arbeitgeber schaffen und zukünftigen Streit vermeiden.

Zum Schutz der Arbeitnehmer stellt das Bundesarbeitsgericht allerdings hohe Anforderungen an solche Ausgleichsquittungen.

Immer wieder Ärger mit den Ausgleichsquittungen!

Unproblematisch ist der Fall, daß der Arbeitnehmer in einer solchen Quittung lediglich den Erhalt aller seiner Arbeitspapiere bestätigt.

Probleme treten dagegen in der Praxis immer dann auf, wenn der Arbeitgeber dem Wortlaut einer solchen Vereinbarung einen Verzicht auf Ansprüche entnimmt, die dem Arbeitnehmer in Wirklichkeit zustehen.

Grundsätzlich kann jeder Arbeitnehmer zwar auf seine Ansprüche verzichten.

Die Arbeitsgerichte lassen jedoch nur in wenigen Fällen einen solchen Verzicht zu.

Zur Wirksamkeit ist erforderlich, daß sich dem Wortlaut der Ausgleichsquittung eindeutig ein Verzicht des Arbeitnehmers auf alle Rechte entnehmen läßt und er durch einen besonderen Hinweis auf die Folgen dieses Verzichts aufmerksam gemacht wurde.

Unverzichtbare Ansprüche

Auf manche Ansprüche kann der Arbeitnehmer aber grundsätzlich überhaupt nicht verzichten, so daß eine entsprechende Erklärung unwirksam ist.

Alle Ansprüche, die auf einem Tarifvertrag beruhen,

sind grundsätzlich unverzichtbar. Wie bei allen tariflichen Ansprüchen ist aber auch hier Voraussetzung, daß Arbeitgeber und Arbeitnehmer tarifgebunden, also Mitglieder des Arbeitgeberverbandes und der Gewerkschaft sind.
Auch Ansprüche, die aus einer Betriebsvereinbarung herrühren, sind grundsätzlich unverzichtbar.
Auf diese kann ausnahmsweise nur mit Zustimmung des Betriebsrates verzichtet werden.
Problematisch wird es im Bereich der gesetzlichen Urlaubs- und Urlaubsabgeltungsansprüche.
Auf diese Ansprüche kann grundsätzlich nicht verzichtet werden, auch nicht nach einem beendeten Arbeitsverhältnis.
Ein Verzicht ist aber dann möglich, wenn die tatsächlichen Voraussetzungen des Urlaubsanspruchs streitig sind, also z.B. darüber gestritten wird, wieviel Urlaub bereits genommen wurde. Dann können Sie mit dem Arbeitgeber diesbezüglich in der Ausgleichsquittung eine Vereinbarung treffen.
Dies alles gilt jedoch nur für gesetzliche Urlaubsansprüche.
Für Zusatzurlaub, der aus einer einzelvertraglichen Zusage Ihres Arbeitgebers herrührt, ist dagegen ein Verzicht möglich.

Verzicht auf Lohnfortzahlung und qualifiziertes Zeugnis

Schwierig ist auch die Rechtsfrage, ob auf Ansprüche auf Lohnfortzahlung verzichtet werden kann.
Das Bundesarbeitsgericht unterscheidet zwischen einem Verzicht, der während eines noch bestehenden Arbeitsverhältnisses erklärt wurde, und einem Verzicht nach Beendigung des Arbeitsverhältnisses.
Während des Arbeitsverhältnisses kann der Arbeitnehmer grundsätzlich nicht auf Lohnfortzahlung verzich-

ten, da er möglicherweise unter Druck zu einer solchen Erklärung gezwungen wurde.
Nach der Beendigung des Arbeitsverhältnisses steht es dem Arbeitnehmer allerdings frei, eine solche Erklärung abzugeben.
Gemäß der Rechtsprechung muß dem Arbeitnehmer während eines bestehenden Arbeitsverhältnisses ein sogenanntes „qualifiziertes Zeugnis" ausgehändigt werden. Qualifizierte Zeugnisse sind solche, die nicht nur Auskunft über Ihre Betriebszugehörigkeit und Ihre Tätigkeit im Betrieb geben, sondern auch Ihre Führung und Leistung bewerten.
Da solche Zeugnisse für den Arbeitnehmer immer sehr bedeutend sein können, kann er darauf nur verzichten, wenn das Arbeitsverhältnis bereits beendet ist.
Alle anderen Ansprüche kann der Arbeitnehmer grundsätzlich auch schon während des Arbeitsverhältnisses aufheben.
Bevor Sie aber eine entsprechende Erklärung unterschreiben, sollten Sie sich genau überlegen, worauf Sie verzichten, und sich nicht unter Druck setzen lassen!
Wenn Ihnen die Bedeutung einer Ausgleichsquittung, die Ihnen vom Arbeitgeber zur Unterschrift vorgelegt wurde, nicht klar ist, sollten Sie in jedem Fall zunächst fachkundigen Rat einholen!

Lohn ohne Arbeit – die Lohnfortzahlung

Wenn Ihr Arbeitgeber Sie nicht arbeiten läßt – Lohnzahlung bei Annahmeverzug

Einen Anspruch auf Lohn haben Sie, obwohl Sie nicht gearbeitet haben, wenn ein sogenannter Annahmeverzug seitens Ihres Arbeitgebers vorliegt.
Der Annahmeverzug setzt voraus, daß Sie Ihre Arbeits-

leistung ordnungsgemäß anbieten, der Arbeitnehmer Sie aber nicht annimmt.

In der Praxis wird dies häufig relevant, wenn die Beendigung des Arbeitsverhältnisses bevorsteht. Wenn Ihnen der Arbeitgeber also zum 30.06. fristgerecht kündigt, Sie aber bereits die letzten 4 Wochen entläßt, weil das Verhältnis gestört ist, haben Sie dennoch einen Anspruch auf Lohnzahlung für diese Zeit.

Lohnzahlung können Sie auch dann verlangen, wenn Ihr Arbeitgeber Sie während eines Kündigungsschutzprozesses, den Sie gegen ihn führen, nicht weiterbeschäftigt und Sie anschließend diesen Prozeß gewinnen.

Ebenso kann der Arbeitnehmer Lohnweiterzahlung verlangen, wenn er vom Arbeitgeber mit der Begründung nach Hause geschickt wird, „daß es heute nichts zu tun gebe" bzw. „das Material nicht gekommen sei". In solchen Fällen sind Sie als Arbeitnehmer grundsätzlich auch nicht verpflichtet, die Arbeit nachzuholen!

Auch eine Klausel in Ihrem Arbeitsvertrag, die regelt, daß nur Ihre tatsächliche Leistung bezahlt wird, ändert an dieser Rechtslage nichts.

Ihr Anspruch bleibt bestehen!

In den Fällen der Lohnzahlung ohne Arbeit müssen Sie sich allerdings anrechnen lassen, was Ihnen durch die gewonnene Freizeit zu Gute kam:

Zum Beispiel stehen hier nicht aufgetretene Fahrtkosten für den Weg zur Arbeit sowie eine Bezahlung für eine Ersatztätigkeit in der entsprechenden Zeit.

Lohnfortzahlung bei Verhinderung

Auch wenn Sie als Arbeitnehmer nur vorübergehend an der Erfüllung Ihrer Arbeitspflicht gehindert waren, bleibt Ihr Anspruch auf Lohnzahlung grundsätzlich bestehen.

Voraussetzung ist allerdings, daß es sich nur um eine geringfügige Zeit des Arbeitsausfalles handelt, der Grund

in Ihrer Person lag und ein Verschulden Ihrerseits nicht gegeben war.
Ein Verhinderungsgrund in der Person des Arbeitnehmers liegt unter anderem dann vor, wenn ihm nach Treu und Glauben die Arbeitserfüllung nicht zumutbar war. Dies kann z.B. gegeben sein, wenn ein Sterbefall in der Familie des Arbeitnehmers auftritt, er als Zeuge oder Beisitzer vor Gericht geladen ist, er heiratet oder Silberhochzeit hat, seine Eltern Goldene Hochzeit feiern, er zur Musterung oder zu einer wichtigen Prüfung erscheinen muß oder ein Arztbesuch für den Arbeitnehmer dringend und unverschiebbar ist.
Viele Tarifverträge enthalten aber Spezialregeln über die Dauer der Freistellung:
Im öffentlichen Dienst können die Angestellten z.B. bei Eheschließung zwei Tage Arbeitsbefreiung beanspruchen. Auch in vielen sonstigen Tarifverträgen gilt ähnliches.
Wenn Ihre Abwesenheit aber nicht von einer solchen Regel erfaßt ist, gilt der Grundsatz:
Abwesenheit immer auf das unbedingt notwendige Maß beschränken!

Lohnzahlung bei Krankheit

Wird ein Arbeitnehmer nach Beginn der Beschäftigung infolge Krankheit arbeitsunfähig, kann er von seinem Arbeitgeber maximal sechs Wochen Lohnfortzahlung verlangen.
Voraussetzung ist allerdings, daß er die Arbeitsunfähigkeit nicht verschuldet hat.
Das bedeutet, daß der Arbeitnehmer weder vorsätzlich noch durch grobe Fahrlässigkeit seine Arbeitsunfähigkeit herbeigeführt hat.
Grobe Fahrlässigkeit liegt in diesem Zusammenhang dann vor, wenn der Arbeitnehmer grob gegen das von einem verständigen Menschen im eigenen Interesse zu erwartende Verhalten verstoßen hat.

Zu beachten ist hier, daß die Rechtsprechung äußerst zurückhaltend bei der Beurteilung ist, ob im Einzelfall grobes Verschulden vorliegt.
Laut Bundesarbeitsgericht kann von einer solchen groben Fahrlässigkeit, die also den Anspruch auf Lohnfortzahlung ausschließen würde, nicht schon dann gesprochen werden, wenn der Arbeitnehmer eine risikoreiche Sportart betreibt und sich dabei verletzt hat.
Nur wenn der Arbeitnehmer in besonders risikoreicher Weise den Sport betrieben hat und für jedermann erkennbar war, daß er seine Kräfte und Fähigkeiten deutlich übersteigt, ist der Anspruch auf Lohnfortzahlung ausgeschlossen.
Besonders gefährliche Sportarten werden in der Praxis kaum noch als solche anerkannt, sogar Drachenfliegen, Wildwasserkanufahren, Boxen, Skifahren und Bergsteigen werden nicht als übermäßig gefährlich eingestuft.

Risikosportarten – Fingerhakeln und Lohnfortzahlung

In diesem Zusammenhang hat sich das Landesarbeitsgericht Baden-Württemberg mit der Frage der selbstverschuldeten Verletzung beim Fingerhakeln befaßt. Da es sich dabei um eine zumindest in bayerischen Gebieten übliche Art des Zeitvertreibs handele, entschied das Gericht, daß die hierbei erlittenen Verletzungen nicht als selbstverschuldet im Sinne des Lohnfortzahlungsrechts anzusehen seien.
Anders wäre die Sachlage nur dann zu beurteilen, wenn der Verletzte besonders schwache Fingerknochen hatte und ihm dieses bekannt war.

Sonstige mögliche Hinderungsgründe

Bei üblichen Erkältungs- und Infektionskrankheiten sowie bei alters- und anlagebedingten Krankheiten liegt

im allgemeinen ebenfalls kein Verschulden vor.
Das gilt in gleichem Maße für eine rechtmäßige Sterilisation und einen rechtmäßigen Schwangerschaftsabbruch.
Bei Trunkenheitsfahrten im Straßenverkehr, die zu einer Verletzung des Arbeitnehmers führen, ist der Lohnfortzahlungsanspruch in der Regel ausgeschlossen.
Denken Sie also nicht nur an Ihren Führerschein, sondern auch an die Lohnfortzahlung!
Gleiches gilt für besonders risikoreiches Fahren, wie z.B. Wenden auf der Autobahn, deutlich überhöhte Geschwindigkeit oder auch eine Geisterfahrt, die zu einer Arbeitsunfähigkeit führt.
Fährt der Arbeitnehmer ohne Sicherheitsgurt oder Sturzhelm, kann ihm im allgemeinen wegen der Schwere der Verletzung der Verschuldensvorwurf gemacht werden.

Alkoholabhängigkeit kann Lohnfortzahlung hemmen!

Seit Jahren umstritten ist die Frage, ob die Lohnfortzahlung auch dann entfällt, wenn der Arbeitnehmer infolge einer Alkoholabhängigkeit keine Arbeit leistet.
Neuerdings vertritt das Bundesarbeitsgericht dazu die Ansicht, daß der Lohnfortzahlungsanspruch nicht zwangsläufig ausgeschlossen sei.
Die Tatsache des Alkoholismus an sich müsse grundsätzlich als Krankheit aufgefaßt werden. Entscheidend für die Lohnfortzahlung sei, ob der Arbeitnehmer durch grobes Verschulden alkoholabhängig wurde.
Es kommt also auf die Hintergründe an, die zum Alkoholismus führten.
Dies ändert aber nichts an der Verpflichtung des Arbeitnehmers, sich Entziehungskuren oder sonstigen Heilungsmaßnahmen zu unterziehen.
Macht er dies nicht und tritt demzufolge Arbeitsun-

fähigkeit ein, scheidet sein Lohnfortzahlungsanspruch aus.
Wird der Arbeitnehmer aber nach einer vollzogenen Entziehungskur rückfällig, wird ihm das in der Regel als Verschulden zugerechnet.

Wer hat Anspruch auf Lohnfortzahlung?

Der Anspruch auf Lohnfortzahlung besteht im allgemeinen für alle Arbeitnehmer. Unterschiedlich sind nur die gesetzlichen Grundlagen.
Arbeiter können Lohnfortzahlung aus dem Lohnfortzahlungsgesetz verlangen, während die Lohnfortzahlung für Angestellte im Bürgerlichen Gesetz, dem Handelsgesetzbuch oder der Gewerbeordnung geregelt ist.
Keinen Anspruch auf Lohnfortzahlung im Krankheitsfall haben Arbeiter in einem Arbeitsverhältnis von höchstens vier Wochen Dauer sowie teilzeitbeschäftigte Arbeiter mit einem Arbeitsvertrag mit höchstens 10 Wochenstunden oder maximal mit 45 Monatsstunden.
Auch „Azubis" können von ihrem Arbeitgeber Lohnfortzahlung verlangen.
Voraussetzung für den Anspruch ist allerdings immer, daß Arbeitsunfähigkeit vorliegt.
Das ist dann der Fall, wenn der Arbeitgeber nicht oder doch nur mit der Gefahr, seinen Zustand zu verschlechtern, fähig ist, seiner Arbeit nachzukommen.

Wiederholte Erkrankungen

Bei wiederholten Erkrankungen entsteht der Lohnfortzahlungsanspruch erneut für eine Zeit von höchstens sechs Wochen.
Eine wiederholte Erkrankung ist dann gegeben, wenn medizinisch gesehen eine neue andere Krankheit vorliegt, unabhängig davon, ob die gleichen Organe betrof-

fen sind. Bei Überschneidung unterschiedlicher Erkrankungen läuft die Sechswochenfrist aber nur einmal.

Das Gesetz regelt darüberhinaus für Arbeiter folgendes:
Wird ein Arbeiter innerhalb einer Frist von zwölf Monaten, gerechnet vom Zeitpunkt der ersten Erkrankung, infolge derselben Krankheit erneut arbeitsunfähig, so hat er laut Gesetz nur für die Dauer von sechs Wochen einen Anspruch auf Lohnfortzahlung.
War er zwischen zwei Krankheitsphasen mehr als sechs Monate ganz oder teilweise arbeitsfähig, so erlangt er einen neuen Anspruch für sechs Wochen.

Pflicht zur Vorlage einer ärztlichen Arbeitsunfähigkeitsbescheinigung für Arbeiter

Durch besondere Vereinbarungen wird in der Praxis sehr häufig ausdrücklich diese Problematik geregelt.
Als Arbeiter sind sie bei Fehlen entsprechender Regelungen gesetzlich verpflichtet, Ihrem Arbeitgeber ohne schuldhaftes Zögern Ihre Arbeitsunfähigkeit infolge von Krankheit anzuzeigen.
Dies muß in der Regel am Morgen des ersten Arbeitstages geschehen, wobei für diese Anzeige keine besondere Form vorgeschrieben ist.
Darüberhinaus besteht für Sie die Pflicht, die Arbeitsunfähigkeit durch eine ärztliche Arbeitsunfähigkeitsbescheinigung nachzuweisen, die jedoch keine Diagnose enthalten muß.
Dies ist vor Ablauf des dritten Kalendertages nach Krankheitsbeginn erforderlich.
In der nachgereichten ärztlichen Bescheinigung muß die voraussichtliche Dauer der Arbeitsunfähigkeit angegeben sein. Dauert Ihre Arbeitsunfähigkeit länger, müssen Sie dem Arbeitgeber eine neue Bescheinigung nachreichen.

Zweifelhaftes Attest

Wenn Ihr Arbeitgeber ernsthafte und begründete Zweifel an der ärztlich attestierten Arbeitsunfähigkeit hat, kann er bei der zuständigen Krankenkasse anregen, daß Sie von einem Vertrauensarzt der Krankenkasse untersucht werden.
Er kann sie jedoch nicht zum firmeneigenen Betriebsarzt schicken!
Eine solche vertrauensärztliche Untersuchung ist aber nur in besonderen Fällen möglich, nämlich wenn berechtigte und erhebliche Zweifel an der Glaubwürdigkeit des ärztlichen Attests bestehen.
Bei Ankündigung der Krankheit durch den Arbeitnehmer ist dies wohl der Fall. Ebenso verhält es sich, wenn der Arbeitnehmer eine strapaziöse und längere Reise während des „Krankfeierns" angetreten hat, oder wenn er dauernd wegen leichter Erkrankungen fehlt.
Auch wenn es innerbetrieblich vorher zu Streitigkeiten gekommen war und der Arbeitnehmer am nächsten Tag prompt fehlt, ist eine solche Untersuchung in der Regel angezeigt.
Der Arbeitgeber kann auch dann eine vertrauensärztliche Untersuchung durch die Krankenkasse anregen, wenn sich aus dem ärztlichen Attest Zweifel an der Arbeitsunfähigkeit des Arbeitnehmers ergeben.
Ein dafür sprechender Anhaltspunkt ist gegeben, falls der attestierende Arzt allgemein für „Gefälligkeitsatteste" bekannt ist.
Mangelt es der Arbeitsunfähigkeitsbescheinigung an einer eindeutigen Diagnose oder ergeben sich Widersprüche aus der ärztlichen Bescheinigung, kann eine Untersuchung durch den Vertrauensarzt möglich sein.
Bei einem negativen Ergebnis der vertrauensärztlichen Untersuchung durch die Krankenkasse ist der Anspruch auf Lohnfortzahlung selbstverständlich ausgeschlossen.

Von großer Bedeutung ist in der Praxis auch die Beweislage.
Aus dem Vorliegen einer ärztlichen Arbeitsunfähigkeitsbescheingung ergibt sich in der Regel, daß dem Arbeitnehmer der Lohnfortzahlungsanspruch zusteht.
Nur wenn es dem Arbeitgeber gelingt, ernsthafte und begründete Zweifel an der Arbeitsunfähigkeit und dem ärztlichen Attest vorzubringen, ist es Sache des Arbeitnehmers, die Arbeitsunfähigkeit zu beweisen.
Wichtig ist überdies, daß auch ausländische Atteste grundsätzlich ausreichend sind. Voraussetzung ist allerdings, daß sich der Bescheinigung eines ausländischen Arztes entnehmen läßt, daß der Arbeitnehmer nicht nur erkrankt, sondern arbeitsunfähig erkrankt ist.

Anzeigepflicht für Angestellte

Auch Angestellte müssen ihrem Arbeitgeber bei Arbeitsunfähigkeit unverzüglich eine Anzeige zuführen.
Die Art der Erkrankung muß der Angestellte zwar grundsätzlich nicht angeben, die voraussichtliche Dauer der Arbeitsunfähigkeit muß er allerdings mitteilen.
Eine gesetzliche Regelung über die Vorlage einer ärztlichen Bescheinigung besteht für Angestellte nicht.
Laut Bundesarbeitsgericht muß der Angestellte seine Arbeitsunfähigkeit nur dann durch ärztliches Attest nachweisen, wenn die Zeit der Arbeitsunfähigkeit nicht ganz unerheblich ist, d.h. etwa nach dem zweiten Tag der Erkrankung. Spezialregeln gibt es hierzu aber auch in vielen Tarifverträgen.
Da Sie Ihre Lohnfortzahlung riskieren, sollten Sie sich diesbezüglich in jedem Fall gut informieren!
Insbesondere ist zu beachten, daß der genaue Inhalt der Unterrichtungspflicht regelmäßig in Tarifverträgen, Betriebsvereinbarungen oder Einzelarbeitsverträgen enthalten ist.

In welcher Höhe können Sie Lohnfortzahlung verlangen?

Grundsätzlich soll der Arbeitnehmer durch die Lohnfortzahlung genau das erhalten, was er erhalten hätte, wenn er gearbeitet hätte. Regelmäßig anfallende Überstunden oder sonstige Zulagen erhält er also auch im Rahmen der Lohnfortzahlung.

Der Arbeitnehmer soll weder besser noch schlechter durch die Lohnfortzahlung gestellt werden!

Das bedeutet auch, daß er keinen Anspruch auf Auslösungen, Schmutzzulagen und ähnliche Leistungen des Arbeitgebers hat, die davon abhängen, ob dem Arbeitnehmer Aufwendungen entstanden sind.

Da hier während der Arbeitsunfähigkeit diese Aufwendungen nicht gemacht worden sind, werden sie ihm auch nicht ersetzt.

Von Bedeutung für Sie ist, daß Sie während eines bestehenden Arbeitsverhältnisses grundsätzlich nicht auf den Anspruch auf Lohnfortzahlung verzichten können.

Auch durch eine tarifvertragliche Regelung kann dieser Anspruch nicht beeinträchtigt werden. Entgegenstehende Vereinbarungen, die z.B. in einer Ausgleichsquittung getroffen sind, sind daher unwirksam.

Vereinbarungen bezüglich der Lohnfortzahlung, die zugunsten des Arbeitnehmers gehen, sind allerdings uneingeschränkt zulässig. In der betrieblichen Praxis ist dies auch häufig der Fall.

In vielen Betrieben wird die Lohnfortzahlung nicht nur für sechs Wochen gewährt, sondern teilweise erheblich darüber hinaus.

Insbesondere leistet der Betrieb in vielen Fällen den Unterschiedsbetrag zwischen dem gesetzlichen Krankengeld, welches Sie nach Beendigung der Lohnfortzahlung von der gesetzlichen Krankenkasse erhalten, und Ihrem letzten Nettogehalt.

Über solche in Ihrem Betrieb geltenden Bestimmungen sollten Sie sich bei Ihrem Arbeitgeber informieren!

Gibt es auch während einer Kur Lohnfortzahlung?

Auch bei Kuren kann der Arbeiter oder Angestellte Gehaltsfortzahlung für sechs Wochen verlangen, wenn die Behandlung zur Erhaltung, Besserung oder Wiederherstellung seiner Erwerbsfähigkeit dient. Voraussetzung ist allerdings bei Arbeitern und Angestellten gleichermaßen, daß eine Bewilligung eines gesetzlichen Versicherungsträgers vorliegt. Bei einer ärztlich vorgeschriebenen Schonzeit im Anschluß an die Kur hat lediglich der Angestellte auch dann Anspruch auf Gehaltsfortzahlung, wenn er nicht arbeitsunfähig ist.
Dies verhält sich bezüglich der „Schonzeit" bei Arbeitern anders.
Diese können für die Zeit nach der Kur nur dann eine Gehaltsfortzahlung verlangen, wenn sie während der Schonzeit arbeitsunfähig erkrankt waren.
Arbeiter können auch für die Dauer einer sechswöchigen Kur Gehaltsfortzahlung beanspruchen, wenn ein Sozialleistungsträger die Kur bewilligt hat und die Kosten übernimmt.
Dann kommt es nicht darauf an, ob der Arbeitnehmer während der Kur tatsächlich arbeitsunfähig ist.
Selbstverständlich können Sie Lohnfortzahlung nur dann verlangen, wenn Sie sich der Kur tatsächlich unterziehen.
Nach einer Entscheidung des Bundesarbeitsgerichts haben Sie allerdings keinen Anspruch auf Lohnfortzahlung, wenn Sie zwar eine bewilligte Kur antreten, diese aber nicht auf Heilung gerichtet ist, sondern Sie währenddessen lediglich einen Erholungsurlaub verbringen.
Hier wäre es unbillig, Lohnfortzahlung dem Arbeitgeber aufzubürden.
Inwieweit die Krankenkasse Krankengeld zahlen muß, ist eine andere Frage.
Wissenswert ist auch, daß Ihre Kur oder Schonzeit nicht etwa zu einer Kürzung Ihres Urlaubsanspruches führt.

Lohnzahlung bei Betriebsstörung

Eine weitere Ausnahme von dem Grundsatz „Ohne Arbeit kein Lohn" ergibt sich dann, wenn der Arbeitnehmer zwar zur Arbeit angetreten ist, ihm eine Beschäftigung aufgrund betrieblicher Probleme aber nicht möglich war.

Diese Konstellation tritt z.B. beim sogenannten „Wirtschaftsrisiko" des Arbeitgebers auf.

Darunter versteht man die Fälle, bei denen die Arbeit zwar technisch hätte erbracht werden können, der Arbeitgeber aber wegen Auftrags- oder Absatzmangels den Arbeitnehmer nicht beschäftigen konnte.

Dieses Wirtschaftsrisiko hat immer der Arbeitgeber zu tragen, so daß Ihr Lohnanspruch in vollem Umfang bestehen bleibt.

Auch in anderen Fällen, in denen der Betrieb zeitweise nicht fortgeführt wurde, muß der Arbeitgeber den Lohn fortzahlen.

Als Beispiel ist hier zu nennen, daß eine Werkshalle abgebrannt ist oder durch eine Überschwemmung die Produktionsanlagen außer Betrieb gesetzt wurden.

Auch kann ein Kellner Weiterzahlung seines üblichen Lohnes verlangen, wenn das Nachtlokal, in dem er beschäftigt war, wegen einer behördlichen Anordnung vorübergehend schließen muß.

Der Lohnweiterzahlungsanspruch ist nur in Extremfällen ausgeschlossen, und zwar dann, wenn die Weiterzahlung des Lohns die Existenz des Betriebes gefährden würde.

Arbeitskampf und Lohn?

Etwas anderes gilt nur beim Arbeitskampf, also einem Streik oder einer Aussperrung.

Die streikenden Arbeitnehmer selbst haben selbstverständlich von Anfang an keinen Lohnzahlungsanspruch.

Problematisch ist im Streikfall nur der Anspruch der Arbeitnehmer, die gewillt sind, trotz des Streiks weiterzuarbeiten, dies aber deshalb nicht können, weil durch den Streik der gesamte Betriebsablauf unterbrochen ist. Auch die arbeitswilligen Arbeitnehmer können keine Lohnfortzahlung vom Arbeitgeber verlangen, wenn sie zumindest indirekt von dem Streik profitieren. Wäre dies nämlich nicht der Fall, könnten die Gewerkschaften einen „billigen Streik" auf Kosten des Arbeitgebers führen.

Durch das Bestreiken nur weniger Schwerpunktbereiche würde das gesamte Unternehmen lahmgelegt, der Arbeitgeber hätte aber die meisten Löhne weiterzuzahlen.

Daher entfällt grundsätzlich für alle Arbeitnehmer des bestreikten Betriebes der Anspruch auf Lohnzahlung.

Es ist demnach z.B. denkbar, daß in einer Firma nur wenige Arbeitnehmer gewerkschaftlich unterstützt streiken, daß aber Tausende von Arbeitnehmern ihren Lohnzahlungsanspruch gegen den Arbeitgeber verlieren.

Nach Ansicht der Rechtsprechung des Bundesarbeitsgerichts gelten diese Grundsätze auch für arbeitswillige Beschäftigte in anderen Betrieben.

Wenn Arbeitnehmer in anderen Betrieben streiken und deshalb ihre Beschäftigung wegen der Streikwirkungen in ihrem Betrieb nicht möglich ist, verlieren auch sie ihren Lohnzahlungsanspruch gegen ihren Arbeitgeber, auch wenn sie zumindest mittelbar durch den Streik profitieren.

Anders ausgedrückt: arbeitswillige Arbeitnehmer in einem Automobilwerk verlieren beispielsweise ihren Anspruch auf Lohnzahlung, wenn im Zuliefererwerk gestreikt wird und infolgedessen die Automobilproduktion stillsteht.

Der Grund dafür liegt darin, daß die den Arbeitskampf führende Gewerkschaft in beiden Betrieben in diesem Fall identisch ist.

Der Lohnzahlungsanspruch des Arbeitnehmers entfällt in allen diesen Fällen allerdings nur, wenn der Streik bereits eine gewisse Zeit fortdauert.
Der Arbeitgeber ist nämlich verpflichtet, eine ausreichende Vorratshaltung in seinem Betrieb an Zuliefermaterialien zu betreiben, so daß zumindest für einige Tage die Weiterarbeit gesichert werden kann.

Wie lange können Sie Ihren Lohnanspruch geltend machen?

Nach der gesetzlichen Regelung beträgt die Verjährungsfrist bei Lohnansprüchen grundsätzlich zwei Jahre.
Zu laufen beginnt die Frist allerdings erst am Ende des Jahres, in dem der Anspruch entstanden ist. Ist der Lohnanspruch somit am 01. Februar 1990 entstanden, beginnt die zweijährige Verjährungsfrist erst am 01. Januar 1991 und endet am 31. Dezember 1992 um 0 Uhr.
Erst ab diesem Zeitpunkt ist der Anspruch verjährt, wenn der Arbeitgeber dies geltend macht. Entscheidend ist also, ob der Arbeitgeber sich auf die Verjährung beruft.
Ist dies nicht der Fall, können Sie den Anspruch unbegrenzt geltend machen.
Bei tarifgebundenen Arbeitnehmern greifen regelmäßig kürzere sogenannte „Ausschlußfristen" ein.
Das sind tarifvertragliche Regelungen, die besagen, daß Lohnansprüche in der Regel innerhalb eines halben Jahres nach ihrer Entstehung geltend gemacht werden müssen.
Solche tarifvertraglichen Ausschlußfristen sind rechtswirksam. Erreicht werden soll damit, daß im Bereich des Arbeitsrechts Rechtsklarheit besteht.
Das Bundesarbeitsgericht wendet in seinen Entscheidungen diese Grundsätze aber auch auf nichttarifgebundene Arbeitsverhältnisse an.

Rechtsverlust wegen Zeitablaufs

Nach den Umständen des Einzelfalles kann nach einer bestimmten Zeit eine sogenannte „Verwirkung" der Ansprüche eintreten, nach der der Lohnanspruch verfällt. Ab wann dies der Fall ist, läßt sich allgemein nur schwer bestimmen.

Erforderlich ist, daß eine gewisse Zeit seit Fälligkeit des Anspruchs vergangen ist und der Arbeitgeber den Eindruck gewinnen konnte, daß der Arbeitnehmer ihm zustehende Ansprüche nicht mehr geltend machen wird.

Sie sollten Ihre Ansprüche gegen den Arbeitgeber also möglichst frühzeitig anmelden!

Dieselben kurzen Fristen gelten selbstverständlich auch für Ansprüche, die dem Arbeitgeber gegen seine Arbeitnehmer zusteht.

Lohnsicherung

Lohnpfändung – was ist das?

Einer sogenannten „Lohnpfändung" liegt folgender Sachverhalt zugrunde:

Ein Arbeitnehmer hat sich bei einem Gläubiger verschuldet (z.B. bei einer Bank wegen eines nicht zurückgezahlten Ratenkredits). Nun kann die Bank nach einem Gerichtsurteil oder einem Vollstreckungsbescheid gegen den Arbeitnehmer vorgehen.

Sie kann dessen Lohnforderung gegen seinen Arbeitgeber pfänden lassen. Dies geschieht durch einen sogenannten „Pfändungs- und Überweisungsbeschluß", der vom zuständigen Amtsgericht erlassen wird.

Durch diesen Pfändungs- und Überweisungsbeschluß wird der Arbeitgeber verpflichtet, den Lohn oder einen

Teil des Lohns an den Gläubiger, also die Bank abzuführen.
Die Bank kann aber natürlich nicht den gesamten Lohn pfänden.

Pech für den Gläubiger

Nützlich ist es für den Arbeitnehmer auch zu wissen, daß sein Lohn nur beschränkt pfändbar ist. Das Gesetz sieht vor, daß dem Arbeitnehmer ein bestimmtes Existenzminimum immer erhalten bleiben muß.
Nach einer Gehaltspfändung soll der Arbeitnehmer immer noch in der Lage sein, für seinen Unterhalt und den seiner Familie zu sorgen.
Gewisse Teile des Arbeitseinkommens sind daher unpfändbar.
Dies ist der Fall bei der Hälfte der Mehrarbeitsvergütung (das ist nicht etwa jede Überstundenvergütung, sondern Mehrarbeit ist nur die Zeit, die 48 Wochenstunden übersteigt), bei Treuegeldern, Aufwandsentschädigungen, Auslösungsgeldern, Gefahrenzulagen, Schmutz- und Erschwerniszulagen, Weihnachtsgratifikationen bis zu einem Betrag von 470,- DM und Heirats- und Geburtsbeihilfen.
Bei der Berechnung Ihres Nettogehaltes, das für eine Pfändung zur Verfügung steht, sind diese Beträge also vorab abzuziehen. Auch sind von Ihrem Arbeitseinkommen die Lohnsteuer und die Beiträge zur Sozialversicherung abzuziehen.
Nach Vornahme dieser Abzüge ergibt sich Ihr Nettolohn, der im gewissen Umfang unpfändbar ist. Ein Grundbetrag von 754,- DM monatlich, bzw. 174,- DM wöchentlich ist bei jedem Arbeitnehmer pfändungsfrei.
Dieser Freibetrag erhöht sich um 338,- DM monatlich für Personen, denen der Arbeitnehmer zur Gewährung von Unterhalt verpflichtet ist und diesen Unterhalt auch gewährt.

Hier kommen z.B. Ehegatten, frühere Ehegatten, Kinder oder Eltern des Arbeitnehmers in Betracht. Der Freibetrag erhöht sich um weitere 234,- DM monatlich für jede weitere vom Arbeitnehmer unterhaltene Person bis zu einem Gesamtbetrag von 2028,- DM monatlich.

Wenn der Arbeitnehmer mehr als fünf Personen Unterhalt schuldet, kann sich der Freibetrag maximal bis auf monatlich 3302,- DM erhöhen. Darüber hat dann aber das Gericht im Einzelfall zu entscheiden.

Der Betrag, der die Pfändungsfreigrenzen übersteigt, kann vom Gläubiger voll gepfändet werden.

Die Pfändungsfreigrenzen schützen den Arbeitnehmer auch dann, wenn das Gehalt bereits auf seinem Bankkonto eingegangen ist.

Dann ist das Bankguthaben nur in Höhe des Lohnanteiles zu pfänden, der pfändungsfrei ist. Nur so kann der Arbeitnehmer umfassend geschützt und vor wirtschaftlicher Existenznot bewahrt werden.

Bei der Berechnung der Höhe Ihres Lohns, der einer Pfändung zur Verfügung steht, spielt es auch keine Rolle, ob der Arbeitgeber bereits Lohnvorschüsse oder Abschlagszahlungen an Sie geleistet hat.

Auch diese Zahlungen sind in Ihr Arbeitseinkommen mit einzuberechnen und bei der Berücksichtigung der Pfändungsfreigrenzen zu beachten.

Weitergehender Lohnschutz

Auch darüberhinaus sind Sie vor einem Verlust Ihres unpfändbaren Lohns durch den Gesetzgeber umfassend geschützt.

Eine Abtretung der Lohnansprüche, die sich auf den umpfändbaren Lohnteil beziehen, ist unwirksam. Ebenso ist es nicht zulässig, daß der Arbeitgeber Forderungen, die er seinerseits gegen den Arbeitnehmer hat (z.B. aus Schadensersatzansprüchen) mit dem unpfändbaren Bestandteil des Lohnes verrechnet.

Eine solche Verrechnung, die der Gesetzgeber „Aufrechnung" nennt, ist ebenfalls nur in Höhe des pfändbaren Lohns wirksam.

Eine Ausnahme gilt nur dann, wenn der Arbeitgeber mit einer Schadensersatzforderung verrechnet, die auf einer vorsätzlichen Schädigung durch den Arbeitnehmer beruht (z.B. Diebstahl oder vorsätzliche Sachbeschädigung, denn, wenn der Arbeitnehmer willentlich (bewußt) dem Arbeitgeber Schaden zufügt, dann schützt ihn das Gesetz nicht).

Dann ist es nämlich nicht mehr gerechtfertigt, den Arbeitnehmer umfassend zu schützen.

Lohnsicherung im Konkursfall

Lohnanspruch im Konkurs bzw. im Vergleich?

Gerät der Arbeitgeber in Zahlungsschwierigkeiten oder wird er sogar zahlungsunfähig, kann auf Antrag ein Vergleichs- oder Konkursverfahren eingeleitet werden.

Durch das Vergleichsverfahren, welches gerichtlich oder außergerichtlich durchgeführt werden kann, soll der Betrieb grundsätzlich erhalten bleiben. Das Verfahren dient dazu, durch eine Vereinbarung mit den Gläubigern des Betriebes einen Teil der Schulden loszuwerden.

Im Gegensatz hierzu steht das Konkursverfahren. Dabei kommt es zu einer Zerschlagung des Betriebes.

Das Konkursverfahren dient dazu, die noch vorhandenen Vermögenswerte des Unternehmens geordnet zur Begleichung aller Schulden auf sämtliche Gläubiger aufzuteilen.

Nach Eröffnung des Konkursverfahrens müssen Sie Ihre Ansprüche gegen den Konkursverwalter geltend machen.

Es gibt eine gesetzliche Rangfolge, die vorschreibt, in welcher Reihenfolge Gläubiger Geld aus dem desolaten Unternehmen erhalten.
Das Gesetz schützt hier insbesondere auch rückständige Lohnforderungen der Arbeitnehmer.
Sie stehen also nicht völlig schutzlos im Konkurs da!
Das noch vorhandene Restvermögen des Betriebes wird in folgender Reihenfolge verteilt:

Ansprüche ersten Ranges
An erster Stelle stehen Ansprüche von Arbeitnehmern, die nach der Konkurseröffnung vom Konkursverwalter weiterbeschäftigt wurden. Vorrangig werden aber nur die Lohnansprüche, die nach der Konkurseröffnung entstanden sind, befriedigt.
Sie gehen also kein allzu großes Risiko ein, wenn „Ihr" Unternehmen in Konkurs geht und Sie aufgrund einer Vereinbarung mit dem zuständigen Konkursverwalter Ihre Arbeit fortsetzen.
Sie sollten sich jedoch erkundigen, ob überhaupt noch Vermögen zur Verfügung steht, welches Ihre Lohnansprüche befriedigen kann. Darüber wird Ihnen der Konkursverwalter bzw. der Betriebsrat Auskunft erteilen.
Ein gewisses Risiko bleibt bei Weiterarbeit allerdings immer!
Auch andere Ansprüche, die gegen den Konkursverwalter geltend gemacht werden, sind an erster Stelle aus der Konkursmasse abzudecken: Das gilt insbesondere für Forderungen von Geschäftspartnern des Unternehmens, die nach Eröffnung des Konkursverfahrens durch einen Vertrag mit dem Konkursverwalter entstanden sind.
Aber auch Forderungen aus Verträgen, die der Betriebsinhaber noch vor Konkurseröffnung geschlossen hat, sind an erster Stelle zu erfüllen, wenn der Konkursverwalter mit diesen Verträgen einverstanden war.
Ist das Vermögen insgesamt nicht mehr ausreichend, um diese erstrangigen Forderungen im ganzen zu befriedi-

gen, findet eine prozentual gleichmäßige Auszahlung an alle Gläubiger in der ersten Kategorie statt.
Wenn also z.B. erstrangige Verbindlichkeiten in Höhe von 500 000,- DM durch den Konkursverwalter entstanden sind, aber nur 400 000,- DM an Vermögensmasse zur Verfügung stehen, erhält jeder Gläubiger in der ersten Stufe nur 80% seiner Forderungen.
Auch Ihre Lohnansprüche für die Zeit nach der Konkurseröffnung würden demnach nur zu 80% erfüllt werden.
Erkundigen Sie sich also immer ganz genau, ob und wieviel Vermögen noch vorhanden ist!

Ansprüche zweiten Ranges
Ist das zur Verfügung stehende Vermögen allerdings größer als die Forderungen, die im ersten Rang geltend gemacht werden können, werden auch noch weitere zweitrangige Forderungen befriedigt.
Das gilt zunächst für die Gerichtskosten, die Ausgaben für die Verwaltung, Verwertung und Verteilung der Konkursmasse.
Bleibt danach immer noch Geld übrig, sind Sie als Arbeitnehmer wieder an der Reihe.
Dann können Sie nämlich Lohnrückstände für die letzten sechs Monate vor Eröffnung des Konkursverfahrens geltend machen. Auch Ansprüche auf Vertreterprovision, die in den letzten sechs Monaten vor Konkurseröffnung entstanden sind, werden in dieser Stufe des Konkursverfahrens erfüllt.
Da Sie aber im Falle eines Konkurses in der Regel vom Arbeitsamt Konkursausfallgeld erhalten und dies auch für die letzten 3 Monate vor Konkurseröffnung, sind dann nur noch die Ansprüche unabgedeckt, die zwischen dem 3. und dem 6. Monat vor Konkurseröffnung zustande gekommen sind.
Auch Ihre weiteren Lohnansprüche, die zwischen dem 6. und dem 12. Monat vor Konkurseröffnung entstanden sind, werden im Konkursverfahren vom Konkurs-

verwalter noch bevorzugt erfüllt. Voraussetzung ist natürlich, daß nach Begleichung der ihrem Grad nach bevorrechtigten Forderungen überhaupt noch Geld zur Verfügung steht.
Sollten Sie allerdings Lohn- und Gehaltsforderungen haben, die aus einer Zeit stammen, die mehr als ein Jahr vor Konkurseröffnung zurückliegt, werden Sie insoweit zuletzt befriedigt.
In diesem Stadium stehen Sie allen Gläubigern gleich, die Ihre Forderungen nicht besonders gesichert haben und vom Konkursverwalter Zahlungen nur in Höhe der Restquote erhalten. Das ist meist nicht mehr viel, bzw. häufig überhaupt nichts mehr.
Es ist deshalb abschließend zu betonen:
Ansprüche aus dem Arbeitsverhältnis sollten möglichst bald geltend gemacht werden!

Vorrang des betrieblichen Sozialplans

Sozialpläne sind Vereinbarungen zwischen Betriebsrat und Arbeitgeber, die dem Arbeitnehmer in der Regel eine Abfindung für den Verlust seines Arbeitsplatzes zusichern.
Auch diese Ansprüche werden vom Gesetzgeber dann besonders geschützt, wenn der Sozialplan nicht mehr ausreicht, um den Betrieb am Leben zu erhalten, und es zum Konkurs kommt.
Im Vermögensverteilungsverfahren des Konkurses werden diese Ansprüche aus Sozialplänen an relativ bevorzugter Stelle erfüllt, nämlich nach der Bezahlung der Kosten des Verfahrens gleichauf mit den Lohnansprüchen, die zwischen sechs und zwölf Monate vor Konkurseröffnung zurückliegen.
Dies gilt aber nur für Forderungen aus Sozialplänen, die während eines Konkurs- oder Vergleichsverfahrens festgelegt wurden oder maximal 3 Monate vor Eröffnung des Verfahrens.

An dieser bevorzugten Stelle im Rahmen der Vermögensverteilung werden auch nur bestimmte Höchstbeträge Ihrer Forderung aus einem Sozialplan abgedeckt, nämlich maximal das zweieinhalbfache Ihres früheren monatlichen Bruttoverdienstes.
Nach dem Gesetz darf auch an dieser Stelle des Vermögensverteilungsverfahrens nicht mehr als 1/3 der für die Verteilung an die Konkursgläubiger insgesamt zur Verfügung stehenden Konkursmasse verwendet werden.
Können Sie also an dieser bevorrechtigten Stelle Ihre gesamte Forderung auf Abfindung nicht durchsetzen, erhalten Sie für die Restforderung eine schlechtere Rangstelle im Konkurs. Diesbezüglich müssen Sie dann aber auch mit einer schlechteren Quote rechnen!

Konkursausfallgeld

Da viele Konkurse mangels Masse eingestellt werden bzw. nur ein geringes Vermögen zur Verfügung steht, gehen viele Arbeitnehmer mit ihren rückständigen Lohnansprüchen gegen den Arbeitgeber leer aus.
Gerade für diesen Fall erlangt das sogenannte „Konkursausfallgeid" besondere Bedeutung. Konkursausfallgeld ist eine Leistung, die dem Arbeitnehmer Ersatz für Lohnansprüche gewähren soll, die in den letzten drei Monaten vor Eröffnung des Konkursverfahrens vom Arbeitgeber nicht mehr erfüllt wurden.
Gezahlt wird das Konkursausfallgeld vom Arbeitsamt. Erforderlich ist aber in jedem Fall ein Antrag, selbst dann, wenn der Konkursantrag mangels Masse abgewiesen, oder die Betriebstätigkeit ohne Konkursantrag mangels Masse vollständig eingestellt wurde.
Es kommen auch immer wieder Fälle vor, in denen der Konkursantrag des Arbeitgebers mangels Masse abgelehnt wurde, der Arbeitnehmer darüber aber nicht informiert wurde.

Hat der Arbeitnehmer dann weitergearbeitet, ohne Lohnzahlung erhalten zu haben, gilt nach dem Gesetz folgendes:
Konkursausfallgeld kann er grundsätzlich nur für die letzten drei Monate vor Stellung des Konkursantrages verlangen. Dies war dem Arbeitnehmer aber hier überhaupt nicht möglich, da er von dem Konkursantrag ja nichts wußte.
Der Gesetzgeber regelt diesen Fall so, daß der Arbeitnehmer nur für die letzten drei Monate Konkursausfallgeld verlangen kann, die vor seiner Kenntnisnahme von dem Konkursantrag lagen.
Die Höhe des Konkursausfallgeldes bemißt sich nach dem, was er in den letzten drei Monate vor dem Konkursantrag netto verdient hätte.

Wichtig ist auch:
Konkursausfallgeld kann regelmäßig nur innerhalb von zwei Monaten nach Konkurseröffnung bei jedem Arbeitsamt beantragt werden!
Danach ist der Anspruch verfallen, wenn Sie nicht besondere Gründe anführen können, die Ihre Verspätung rechtfertigen.

Schutz des Arbeitnehmers

Schutz von Leben und Gesundheit des Arbeitnehmers

Der Arbeitgeber ist nicht nur zur Lohnzahlung verpflichtet, sondern daneben bestehen auch zahlreiche Fürsorgepflichten dem Arbeitnehmer gegenüber.
Solche Nebenpflichten sind entweder im Gesetz festgelegt, oder sie entstammen dem arbeitsrechtlichen Treueverhältnis zwischen Arbeitgeber und Arbeitneh-

mer. Eine der wichtigsten Nebenpflichten des Arbeitgebers besteht darin, für Leben und Gesundheit des Arbeitnehmers ausreichenden Schutz zu gewährleisten.
Sie können also von Ihrem Arbeitgeber verlangen, daß er die Räume, Vorrichtungen und die Gerätschaften, die er für die Arbeitserfüllung zur Verfügung stellt, in einem solchen Zustand unterhält, daß Risiken für Ihre Gesundheit oder gar Ihr Leben so weit wie möglich ausgeschlossen sind.
Der Arbeitgeber muß deshalb die Arbeitsbedingungen so gestalten, daß die Unfallverhütungsvorschriften der Berufsgenossenschaften eingehalten werden.
Diese schreiben z.B. vor, daß auf einer Baustelle erforderliche Sicherungsmaßnahmen durchgeführt werden müssen, damit eine Verletzung von Arbeitnehmern möglichst ausscheidet.
Auch besteht für den Arbeitgeber die Verpflichtung, dafür zu sorgen, daß seine Arbeitnehmer möglichst mit Schutzbekleidung ausgestattet sind.
Die Räumlichkeiten, in denen die Arbeit ausgeführt wird, sind vom Arbeitgeber in einem „menschenwürdigen" Zustand zu halten.
Es kann somit erwartet werden, daß sie gut beheizt und belüftet sind sowie Wasch- und Ankleideräume für die Arbeitnehmer enthalten.
Eine umfassende Darstellung der gesetzlichen Vorschriften zur Unfallverhütung und zur Gewährleistung der Sicherheit am Arbeitsplatz würde den Rahmen dieses Ratgebers sprengen.
Nähere Informationen für den konkreten Einzelfall erhalten Sie bei Ihrer für Sie zuständigen Berufsgenossenschaft oder bei Ihrem Betriebsrat.
Letzterer ist ohnehin von sich aus verpflichtet, die Einhaltung der Sicherheitsvorschriften zu überwachen. Er kann auch im Einvernehmen mit dem Arbeitnehmer bei konkreten Maßnahmen, welche die Sicherheit betreffen, mitbestimmen.

Sicherheitsvorkehrungen mangelhaft?

Zunächst sollten Sie sich genau informieren, inwieweit der tatsächliche Zustand von dem gesetzlich bestimmten abweicht.

Anschließend ist es ratsam, im Gespräch mit Ihrem Arbeitgeber auf eine Verbesserung der Verhältnisse hinzuwirken. Auch den Betriebsrat können Sie hierfür einschalten.

Nutzt dies alles nichts, stehen Ihnen noch zwei rechtliche Möglichkeiten zur Verfügung:

Zum einen können Sie den Arbeitgeber darauf verklagen, daß er die nötigen Sicherheitsmaßnahmen vornimmt. Zum anderen sind Sie aber auch berechtigt, die Arbeit einzustellen, ohne daß Ihnen der Arbeitgeber etwas vom Lohn abziehen darf.

Sind Ihre Vorwürfe berechtigt, darf Ihnen der Arbeitgeber wegen der Leistungsverweigerung selbstverständlich auch nicht kündigen.

Es gilt bei entsprechenden Fragen jedoch:

Sie sollten vor dem Einstellen Ihrer Arbeit erst alle anderen Möglichkeiten ausgeschöpft haben.

Bei fehlender Rechtfertigung Ihres Vorwurfes setzen Sie sich nämlich erheblichen Risiken aus (Lohnabzug, Kündigung!).

Es versteht sich ohnehin von selbst, daß bei der Anwendung der zuletzt erwähnten Möglichkeiten Ihr Verhältnis zum Arbeitgeber so stark gestört sein dürfte, daß eine zukünftige gedeihliche Zusammenarbeit nur noch in ganz seltenen Fällen erwartet werden kann.

Schadensersatz- oder Schmerzensgeldanspruch bei Arbeitsunfall?

Grundsätzlich ist ein derartiger Anspruch nur dann gegeben, wenn Ihr Arbeitgeber zumindest fahrlässig den Arbeitsunfall verursacht hat.

Davon kann dann ausgegangen werden, wenn der Arbeitgeber es mit den Unfallverhütungsvorschriften oder sonstigen Sicherheitsvorschriften „nicht so genau nahm" und es dadurch zu dem Arbeitsunfall kam.

Es ist aber zu beachten, daß trotz des Verschuldens des Arbeitgebers der Anspruch nicht gegen diesen besteht: Sie erhalten Ihren Personenschaden vielmehr von der Berufsgenossenschaft ersetzt.

Ein zweiter Ersatzanspruch gegen den Arbeitgeber besteht daneben nicht.

Aufgrund der Leistung der Berufsgenossenschaft können Sie auch kein Schmerzensgeld vom Arbeitgeber verlangen.

Handelt Ihr Arbeitgeber hingegen vorsätzlich, sieht es anders aus. Dann können Sie vollen Schadensersatz und Schmerzensgeld unmittelbar von ihm verlangen.

Muß der Arbeitgeber ein Rauchverbot erlassen?

Eine gesetzliche Regelung dieser Frage besteht nur in Ausnahmefällen, z.B. in Fällen feuergefährdeter gewerblicher Betriebe oder für die Fahrgastbeförderung.

In manchen Betrieben besteht eine Regelung aus Tarifvertrag, Betriebsvereinbarung oder Arbeitsvertrag.

Des weiteren läßt sich diese Frage nicht allgemein beantworten. Grundsätzlich ist der Arbeitgeber nach dem Gesetz verpflichtet, für ausreichend gesundheitlich zuträgliche Atemluft zu sorgen.

Daraus wird zumindest im Kantinenbereich ein Anspruch des Arbeitnehmers auf einen rauchfreien Bereich abgeleitet.

Es muß darüberhinaus jeweils im Einzelfall entschieden werden, ob die Atemluft am Arbeitsplatz so beeinträchtigt ist, daß sie für die Nichtraucher gesundheitlich abträglich ist.

Geheimhaltungspflicht des Arbeitgebers?

Genauso, wie Sie als Arbeitnehmer verpflichtet sind, Betriebsgeheimnisse zu wahren, so besteht auch für den Arbeitgeber Ihnen gegenüber die Verpflichtung, Informationen geheimzuhalten, die er über Sie erlangt hat.
Dies gilt, soweit sie deren Verbreitung in Ihrem Persönlichkeitsrecht verletzen würde.
Deshalb darf z.B. der Arbeitgeber keine Angaben über Ihren Gesundheitszustand, Ihre persönlichen Verhältnisse oder Ihr Einkommen weitergeben.
Er muß ferner über eine ihm bekannt gewordene Schwangerschaft schweigen. Dies hat der Gesetzgeber ausdrücklich im Mutterschutzgesetz geregelt.
Es spielt auch keine Rolle, wie der Arbeitgeber an die Informationen gelangt ist.
Die Verschwiegenheitspflicht des Arbeitgebers besteht sowohl innerhalb des Betriebes wie auch Dritten gegenüber.
Der wohl wichtigste Bereich der Geheimhaltungspflichten besteht im Rahmen der Arbeitnehmererfindungen.
Zwar hat der Arbeitgeber möglicherweise ein Recht daran, die Erfindungen seiner Arbeitnehmer in seinem Betrieb zu verwerten. Er muß dann allerdings den Arbeitnehmer angemessen entschädigen.
Unabhängig davon, ob der Arbeitgeber die Erfindung verwertet oder nicht, ist er aber zur Geheimhaltung über den Inhalt der Erfindung verpflichtet, solange ein berechtigtes Interesse des Arbeitnehmers dies erfordert.
Die Geheimhaltungspflicht des Arbeitgebers beinhaltet auch, daß er die Personalakten seiner Mitarbeiter entsprechend sicher aufzubewahren hat. Sie dürfen nicht allgemein, sondern nur den Personalsachbearbeitern zugänglich sein, für deren Verschwiegenheit der Arbeitgeber zu sorgen hat. Besonders sensible Informationen über die Arbeitnehmer muß der Arbeitgeber unter besonderen Schutz stellen.

Dies gilt z.B. für die Angaben, die sich auf den körperlichen, geistigen und seelischen Gesundheitszustand beziehen oder allgemeine Aussagen über die Persönlichkeit des Arbeitnehmers enthalten.
Solche Angaben dürfen nur einem ganz begrenzten Kreis von Personalsachbearbeitern offenstehen.

Betriebsinterne Überwachung oder „Der gläserne Arbeitnehmer"?

Manche Arbeitgeber versuchen ein immer perfekteres System der Arbeitnehmerüberwachung zu entwickeln: optische Überwachungseinrichtungen, Videokameras, Aufzeichnungsgeräte für Telefongespräche und sogar „Wanzen" sind Überwachungsinstrumente, die in nicht wenigen Betrieben vorhanden sind!
Dazu hat das Bundesverfassungsgericht entschieden, daß das allgemeine Persönlichkeitsrecht der Arbeitnehmer eines der höchsten Rechtsgüter unseres Staates darstellt.
Unmittelbar und zwingend ergibt sich daraus, daß das innerbetriebliche heimliche Abhören von privaten Telefongesprächen unzulässig ist.
Bei Dienstgesprächen sieht es allerdings anders aus. Diese können vom Arbeitgeber durchaus „mitgeschnitten" werden.
Auch das Anbringen von „Wanzen" seitens des Arbeitgebers im Betrieb ist rechtswidrig.
Die Folge ist, daß Sie nicht nur die Beseitigung dieser Abhörvorrichtungen vom Arbeitgeber verlangen können, sondern daß Ihnen überdies möglicherweise ein Schmerzensgeldanspruch wegen Verletzung Ihres allgemeinen Persönlichkeitsrechtes zusteht.
Wenn Sie der Anbringung der Abhörvorrichtung nicht zugestimmt haben, macht sich der Arbeitgeber sogar strafbar!

Bei optischen Überwachungseinrichtungen im Betrieb sieht es etwas anders aus:
Besteht ein sachlicher Grund, der die Anbringung von Überwachungskameras im Betriebsinteresse erforderlich erscheinen läßt, sind solche durchaus zulässig. Der Betriebsrat hat allerdings ein Mitbestimmungsrecht, wenn sich durch diese Überwachungsgeräte das Verhalten und die Leistung der Arbeitnehmer überwachen läßt.
Bei Fehlen eines sachlichen Grundes für die Anbringung der Überwachungseinrichtungen sind diese von Anfang an unzulässig.

Der Arbeitgeber als Schiedsrichter?

Aufgrund seiner Treuepflicht dem einzelnen Arbeitnehmer gegenüber kann der Arbeitgeber in manchen Situationen zum Schiedsrichter werden. Wenn es Streit unter Mitarbeitern gibt, muß der Arbeitgeber einschreiten.
Insbesondere ist er verpflichtet, den einzelnen Arbeitnehmer vor einer ungerechten Behandlung durch Vorgesetzte oder vor rechtswidrigen Handlungen von Arbeitskollegen (z.B. Beleidigungen, Körperverletzungen) in Schutz zu nehmen.
Diese Schutzpflicht des Arbeitgebers kann im Einzelfall sehr weit gehen.
Das Bundesarbeitsgericht hatte einen Fall zu entscheiden, in dem es darum ging, daß einem Arbeitnehmer betriebsintern eine begangene Straftat vorgehalten wurde. Bestätigt sich dieser Vorwurf nicht, kann nach Ansicht der Richter der Arbeitnehmer vom Arbeitgeber einen Widerruf in derselben Weise verlangen, in der die Anschuldigung erfolgt ist. Wenn also der Vorwurf einer Straftat am „Schwarzen Brett" angeschlagen war, muß auch der Widerruf in entsprechender Form dort ausgehängt werden.

Beschädigtes Arbeitnehmereigentum

Probleme zwischen Arbeitgebern und Arbeitnehmern erwachsen immer wieder daraus, daß Gegenstände des Arbeitnehmers beschädigt werden oder abhanden kommen.
Es stellt sich also die Frage, ob Sie Ersatz von Ihrem Arbeitgeber verlangen können, wenn Ihre neue Lederjacke, die im Umkleideraum hing, abends fehlt.
Dazu läßt sich sagen, daß sich der Arbeitgeber aufgrund seiner Fürsorgepflicht darum zu kümmern hat, daß seinen Arbeitnehmern möglichst kein Schaden an ihrem Eigentum entsteht.
Konkret bedeutet dies, daß der Arbeitgeber ausreichende Räumlichkeiten bzw. Schränke zur Verfügung stellen muß, in denen die Arbeitnehmer ihre persönlichen Gegenstände, die sie notwendiger- oder üblicherweise zur Arbeit mitbringen, einschließen können. Zu diesen üblichen Gegenständen zählen unter anderem Bekleidungsgegenstände, Uhren, Fahrräder, Werkzeuge etc..
Falls der Arbeitgeber die entsprechenden Räumlichkeiten bzw. Fächer nicht zur Verfügung stellt, haftet er seinem Arbeitnehmer auf Schadensersatz, wenn es zu einem Verlust kommt. Die Haftung bezieht sich aber nicht auf Gegenstände, die zur Berufstätigkeit in keinerlei Zusammenhang stehen.
Erhebliche Geldbeträge, wertvoller Schmuck oder eine Photoausrüstung, die der Arbeitnehmer zur Arbeit mitgebracht hat, sind ihm im Verlustfall vom Arbeitgeber nicht zu ersetzen.
Aber auch in den Fällen, in denen der Arbeitgeber grundsätzlich zum Ersatz verpflichtet ist (z.B. bei Kleidung, Brieftasche mit normalem Geldinhalt etc.) kann der Arbeitnehmer nicht immer vollen Ersatz verlangen.
Wenn er selbst dazu beigetragen hat, daß die Sachen abhanden kamen, muß er sich ein entsprechendes Mitverschulden anrechnen lassen. Die Zurechnung des eige-

nen Verschuldens kann sogar soweit gehen, daß der Schadensersatzanspruch gegen den Arbeitgeber völlig ausgeschlossen ist.

Läßt der Arbeitnehmer seine Brieftasche in einem unverschlossenen Raum liegen und wird diese gestohlen, kann er keinen Ersatz verlangen.

Anspruch auf einen Parkplatz?

Bereits mehrfach mußte sich das Bundesarbeitsgericht mit der Frage beschäftigen, ob der Arbeitnehmer einen Anspruch gegen seinen Arbeitgeber hat, ihm einen Parkplatz zur Verfügung zu stellen.

Die Fürsorgepflicht des Arbeitgebers gebietet dies nach Ansicht der Richter nur dann, wenn es dem Arbeitgeber unter Abwägung aller Umstände zumutbar ist, diese Parkplätze zur Verfügung zu stellen. Entscheidend kommt es bei der Abwägung darauf an, wo sich Ihr Arbeitsplatz befindet (Innenstadtlage oder „grüne Wiese"), mit welchen Kosten die Parkplätze zur Verfügung gestellt werden können, und wie es um die wirtschaftliche Lage des Betriebes bestellt ist.

Arbeitnehmer eines Einzelhandelsgeschäfts in Innenstadtlage werden also wohl kaum von ihrem Arbeitgeber die Bereitstellung eines Parkplatzes verlangen können. Anders sieht es bei einem Einkaufszentrum in Stadtrandlage aus.

Befinden sich im unmittelbaren Anschluß an das Betriebsgrundstück noch Freiflächen, die vom Arbeitgeber anderweitig nicht genutzt werden, können Sie die Schaffung von Parkplätzen verlangen, wenn sich dies in finanziell vertretbaren Grenzen hält.

Wichtig ist aber auch die allgemeine Verkehrssituation. Wenn Ihr Betrieb über einen guten Bus- oder S-Bahn-Anschluß verfügt, sich möglicherweise noch ein Parkhaus oder ein Bahnhof in der Nähe befindet, sieht es für Ihren betrieblichen Parkplatz schlecht aus!

**Unfall auf dem Betriebsparkplatz –
wer zahlt?**

Der Arbeitgeber haftet für Schäden, die an Ihrem PKW auf dem Betriebsparkplatz entstanden sind, wenn er seine sogenannte „Verkehrssicherungspflicht" verletzt hat. Das ist dann der Fall, wenn der Parkplatz so angelegt war, daß von vorneherein absehbar war, daß es zu Beschädigungen kommen mußte (unzureichende Entfernung zwischen den Abstellflächen bzw. keine ausreichende Sicherung des Parkplatzes gegen den vorbeifließenden Verkehr).
Die Verkehrssicherungspflicht ist auch dann verletzt, wenn der Arbeitgeber nicht für ausreichende Beleuchtung sorgt oder im Winter bei Glatteis seiner Streupflicht nicht nachkommt.
Die Haftung ist dabei unabhängig davon zu sehen, ob der Arbeitgeber verpflichtet war, den Parkplatz einzurichten, oder ob er dies freiwillig tat.
Der Arbeitgeber kann sich auch nicht herausreden, daß er einen Parkplatzwächter eingestellt habe, und der Schaden durch diesen verursacht worden sei.
Für solche Hilfspersonen bzw. deren Verstöße muß der Arbeitgeber einstehen.
In der Praxis kommt es auch häufig vor, daß Arbeitnehmer den Betriebsparkplatz nur gegen einen Unkostenbeitrag (z.B. 10,– DM im Monat) benutzen können. Dies ändert aber an der Haftungssituation nichts.
Wurde die Beschädigung an Ihrem PKW aber durch einen Kollegen oder eine betriebsfremde Person verursacht, haftet Ihr Arbeitgeber nicht, auch wenn sich der Vorfall auf dem Betriebsparkplatz ereignete.
Hierbei handelt es sich um ein allgemeines Lebensrisiko, das dem Arbeitgeber nicht zuzurechnen ist. In diesem Fall können Sie jedoch Ihre Ansprüche gegen den Schädiger selbst geltend machen.

Falsche Lohnabrechnung – und jetzt?

Aus einer falschen Lohnabrechnung können sich schwerwiegende Folgen ergeben. Es kommt immer wieder vor, daß ein Arbeitnehmer eine zu hohe Lohnsteuer oder einen zu hohen Sozialversicherungsbeitrag zahlt, also einen zu niedrigen Nettobetrag erhält. Diese Fehlberechnung kann auch zur Folge haben, daß sich möglicherweise Rentenansprüche verringern.
Daher sollten Sie Ihre Gehaltsabrechnung jeden Monat genau überprüfen!
Hat Ihr Arbeitgeber hingegen die Beiträge zur Rentenversicherung nicht ordnungsgemäß abgeführt, wird dadurch Ihr Rentenanspruch gegen den Rentenversicherungsträger niedriger ausfallen.
In einem solchen Fall können Sie von Ihrem Arbeitgeber Schadensersatz in Höhe des Unterschiedsbetrages verlangen.
Voraussetzung ist aber, daß der Arbeitgeber oder eine seiner Hilfspersonen in der Buchhaltung diese Fehlberechnung verschuldet hat.
Ein solcher Schadensersatzanspruch verjährt erst nach 30 Jahren.
Auch wenn es zu einer Fehlberechnung bei der Lohnsteuer kommt, treten rechtliche Probleme auf: Wurde Ihnen zuviel Lohnsteuer abgezogen, können Sie Ersatz vom Finanzamt verlangen, in jedem Fall aber auch von Ihrem Arbeitgeber, wenn dieser die Fehlberechnung verschuldet hat.
Überdies stehen Sie nicht völlig schutzlos, wenn Sie wegen einer Fehlberechnung Ihres Arbeitgebers jahrelang zu wenig Lohnsteuer bezahlt haben und plötzlich mit einer enormen Nachforderung des Finanzamtes konfrontiert werden.
Entstehen Ihnen durch die plötzliche Nachforderung besondere Aufwendungen (z.B. Kreditaufnahme, Notverkauf eines PKWs unter Wert) können Sie von Ihrem Arbeitgeber Ersatz für diese Schäden verlangen.

Um solche Probleme möglichst von Anfang an zu vermeiden, hat der Gesetzgeber den Arbeitgeber verpflichtet, seinen Arbeitnehmern die Berechnung des Lohnes zu erklären und ihnen die erforderlichen Unterlagen zur Verfügung zu stellen.

Besteht eine Beschäftigungspflicht des Arbeitgebers, oder kann er Sie beliebig vom Dienst suspendieren?

Sie von der Arbeit ausschließen und Ihnen gleichzeitig auch keinen Lohn zahlen kann der Arbeitgeber nur dann, wenn er Ihnen fristlos gekündigt hat oder wenn eine arbeitskampfbedingte Aussperrung vorliegt.
Wenn der Arbeitgeber Sie in sonstigen Fällen vom Dienst „suspendiert", steht Ihnen zumindest der Anspruch auf Lohnweiterzahlung zu.
Sie müssen sich eine solche „Suspendierung" aber nicht gefallen lassen!
Hierzu hat das Bundesarbeitsgericht entschieden, daß Arbeitnehmer grundsätzlich einen Anspruch auf Beschäftigung haben, da es eine Zumutung bedeute, wenn dem Arbeitnehmer trotz Fortbestehens des Arbeitsverhältnisses für längere Zeit die Beschäftigung in seinem Beruf verwehrt werde.
Nur wenn der Arbeitgeber ein besonders dringendes Interesse an der Nichtbeschäftigung hat, kann er den Arbeitnehmer vom Dienst suspendieren.
Ein solches kann z.B. bei Betriebsstockungen oder Stilllegung des Betriebes der Fall sein.
Der Anspruch auf Weiterbeschäftigung ergibt sich aus der Fürsorgepflicht des Arbeitgebers.
Besonders problematisch wird dieser Anspruch dann, wenn dem Arbeitnehmer gekündigt worden ist, dieser eine Kündigungsschutzklage erhoben hat (das ist eine Klage, welche die Unwirksamkeit der Kündigung aussprechen soll) und anschließend vom Arbeitgeber Weiterbeschäftigung fordert.

Bekommt der Arbeitnehmer in dem Kündigungsschutzprozeß recht, steht ihm ein Lohnanspruch für die Zeit bis Prozeßende zu, auch wenn er nicht gearbeitet hat.

Warum Ihr Weiterbeschäftigungsanspruch wichtig ist?

In manchen Berufsbereichen kann es für den Arbeitnehmer kritisch werden, wenn er nur wenige Monate aussetzen muß. Dies trifft nicht nur auf Fußballprofis oder andere Berufssportler zu, sondern auch auf Schauspieler, Redakteure, wissenschaftliche Angestellte oder Auszubildende, die möglicherweise kurz vor ihrer Abschlußprüfung stehen.

Aber auch andere Arbeitnehmer können durchaus ein Interesse daran haben, „einen Fuß im Betrieb zu behalten".

Ist nämlich erst einmal die eigene Stelle während des Kündigungsschutzprozesses, der möglicherweise Jahre dauern kann, durch einen anderen besetzt, kann selbst nach einem erfolgreichen Kündigungsschutzprozeß die Rückkehr an die Arbeitsstätte ausgeschlossen sein.

Aus diesen Erwägungen heraus sollten Sie im Falle der Kündigung nicht nur an die Kündigungsschutzklage denken, sondern auch an Ihr Recht auf Weiterbeschäftigung.

Voraussetzungen des Weiterbeschäftigungsanspruchs

Der Gesetzgeber hat im Betriebsverfassungsgesetz die Voraussetzungen aufgezählt, unter denen Sie Ihren Weiterbeschäftigungsanspruch durchsetzen können.

Danach ist der Weiterbeschäftigungsanspruch nur dann gegeben, wenn Ihnen ordentlich gekündigt wurde, Sie Kündigungsschutzklage erhoben und vom Arbeitgeber die Weiterbeschäftigung verlangt haben und überdies der Betriebsrat der ordentlichen Kündigung frist- und ordnungsgemäß widersprochen hat.

Der Betriebsrat kann Ihrer Kündigung widersprechen, wenn der Arbeitgeber bei der Auswahl des zu kündigenden Arbeitnehmers soziale Gesichtspunkte nicht oder nicht ausreichend berücksichtigt hat.

Ein Widerspruchsrecht besteht auch dann, wenn die Kündigung gegen eine innerbetriebliche Richtlinie verstieß, bzw. der Arbeitnehmer an einem anderen Arbeitsplatz im selben Betrieb oder in einem anderen Betrieb des Unternehmens weiterbeschäftigt hätte werden können.

Auch wenn die Weiterbeschäftigung des Arbeitnehmers nach zumutbaren Umschulungs- oder Fortbildungsmaßnahmen möglich ist, kann der Betriebsrat der Kündigung widersprechen.

Zuletzt ist Widerspruch auch möglich, wenn die Weiterbeschäftigung des Arbeitnehmers unter geänderten Bedingungen machbar ist, und der Arbeitnehmer sein Einverständnis hiermit erklärt hat.

Unter diesen Voraussetzungen haben Sie nach dem Betriebsverfassungsgesetz einen Anspruch auf Weiterbeschäftigung bis zum rechtskräftigen Abschluß des Rechtsstreits bei unveränderten Arbeitsbedingungen.

Nur wenn die Kündigungsschutzklage des Arbeitnehmers von Anfang an erfolglos erscheint, die Weiterbeschäftigung für den Arbeitgeber eine unzumutbare wirtschaftliche Belastung darstellen würde, oder der Widerspruch des Betriebsrats offensichtlich unbegründet wäre, könnte der Arbeitgeber durch eine einstweilige Verfügung Ihre Weiterbeschäftigung verhindern.

Anspruch auf Weiterbeschäftigung, wenn in Ihrem Betrieb kein Betriebsrat existiert?

Auch dann kann Ihnen möglicherweise ein Anspruch auf Weiterbeschäftigung an Ihrem angestammten Ar-

beitsplatz während des Kündigungsschutzprozesses zustehen.
Zu unterscheiden sind hier zwei Phasen:
Bis zum Urteil in der ersten Instanz hat der Arbeitnehmer grundsätzlich keinen Anspruch auf Weiterbeschäftigung.
Etwas anderes gilt nur dann, wenn die Kündigung offensichtlich unwirksam, also schikanös oder willkürlich war.
War der Arbeitnehmer in der ersten Instanz beim Arbeitsgericht mit der Kündigungsschutzklage erfolgreich, sieht es nach diesem Urteil für seinen Weiterbeschäftigungsanspruch besser aus.
Nun kann er in der Regel seinen Weiterbeschäftigungsanspruch durchsetzen und an seinem gewohnten Arbeitsplatz unter normalen Arbeitsbedingungen den Ausgang des Berufungs- oder sogar Revisionsverfahrens abwarten.
Dies kann jedoch Jahre dauern.
Der Arbeitgeber kann die Weiterbeschäftigung nur dann verhindern, wenn besonders schwerwiegende Gründe gegen diese sprechen:
Zum einen, wenn die Weiterbeschäftigung für den Arbeitgeber wirtschaftlich unzumutbar wäre.
Zum anderen, wenn der Arbeitnehmer im Verdacht stünde, Betriebsgeheimnisse verraten oder durch die Begehung von Straftaten dem Betrieb einen erheblichen Schaden zugefügt zu haben. Abgesehen von diesen Extremfällen hat der Arbeitnehmer also grundsätzlich dann einen Weiterbeschäftigungsanspruch, wenn er mit dem Kündigungsschutzprozeß in der ersten Instanz erfolgreich war.
Es gibt auch Fälle, in denen Arbeitgeber versuchen, Arbeitnehmer „aus dem Betrieb zu ekeln", indem sie ihnen keine Arbeit zuweisen.
In diesen Fällen kann der Arbeitnehmer selbstverständlich nicht nur Lohn fordern, sondern auch auf Weiterbeschäftigung klagen.

Gleichbehandlung

Der Fürsorgepflicht des Arbeitgebers entspricht es insbesondere, auf die Gleichbehandlung seiner Arbeitnehmer zu achten. Der Gleichheitsgrundsatz des Grundgesetzes findet zwar keine unmittelbare Anwendung im Arbeitsverhältnis, da er grundsätzlich nur auf das Verhältnis zwischen dem Staat und seinen Bürgern ausgelegt ist, indirekt gilt dieser Grundsatz aber auch im Verhältnis zwischen Arbeitgeber und Arbeitnehmer.
Der Gleichheitsgrundsatz ist dann verletzt, wenn eine Ungleichbehandlung von Personen stattfindet und diese Ungleichbehandlung aus vernünftigen, aus der Natur der Sache folgenden oder sonst einleuchtenden Gründen für die Unterscheidung nicht gerechtfertigt ist.
Ungleichbehandlung erfordert daher eine in irgendeiner Form willkürliche Handlung.
Der Gesetzgeber hat in diesem Bereich den Gleichbehandlungsgrundsatz zwischen Mann und Frau ausdrücklich formuliert.
Nach dem Bürgerlichen Gesetzbuch darf der Arbeitgeber einen Arbeitnehmer bei einer Vereinbarung oder Maßnahme, insbesondere bei der Begründung des Arbeitsverhältnisses, beim beruflichen Aufstieg, bei einer Weisung oder einer Kündigung nicht wegen seines Geschlechts benachteiligen. Eine unterschiedliche Behandlung wegen des Geschlechts ist jedoch zulässig, soweit eine Vereinbarung oder eine Maßnahme die Art der vom Arbeitnehmer auszuübenden Tätigkeit zum Gegenstand hat und ein bestimmtes Geschlecht unverzichtbare Voraussetzung für diese Tätigkeit ist.
Den Beweis dafür, daß ein sachlicher Grund für die Ungleichbehandlung zwischen Mann und Frau gegeben ist, muß der Arbeitgeber antreten.
Ein solcher wäre z.B. dann gegeben, wenn ein Theaterdirektor einen männlichen Schauspieler einstellt. Bei der Besetzung einer männlichen Schauspielerrolle liegt nämlich keine Geschlechterdiskriminierung vor, wenn

eine Bewerberin abgewiesen wird, weil sie eine Frau ist. Wenn, wie in diesem Fall, das Geschlecht des Bewerbers eine zwingende Voraussetzung für die Stellenbesetzung ist, darf der Arbeitgeber die Stelle einseitig ausschreiben.

Der Arbeitgeber darf aber bei einer Einstellung Frauen nicht ablehnen, weil Frauen generell kleiner, schwächer, gefühlsbetonter usw. als Männer seien.

Mag dies auch im Durchschnitt der Fall sein, kommt es doch immer auf die konkreten Umstände an. Der Arbeitgeber muß die Stelle also auch grundsätzlich Frauen anbieten, kann aber bei der einzelnen Bewerberin dann entscheiden, ob diese körperlich zu schwach ist oder aus anderen Gründen für die Stellenbesetzung ungeeignet erscheint.

Folgen einer geschlechterbedingten Diskriminierung

Wenn eine Frau sich um eine Stelle bewirbt und sie vom Arbeitgeber mit der Begründung abgewiesen wird, „Frauen stelle er grundsätzlich nicht ein", kann die abgelehnte Bewerberin vom Arbeitgeber Schadensersatz und Schmerzensgeld verlangen. Schadensersatz steht ihr dann zu, wenn der Arbeitgeber den Verstoß gegen das Benachteiligungsverbot des Bürgerlichen Gesetzbuches verschuldet hat.

Dann kann die Arbeitnehmerin Schadensersatz verlangen, der dadurch entstanden ist, daß sie darauf vertraute, daß es zu einer solchen Benachteiligung nicht kommen werde.

Darunter fallen z.B. Anreisekosten, Bewerbungskosten, Unterkunft oder sogar entgangener Lohn, falls die Bewerberin nachweisen kann, daß sie eine andere Stelle nicht oder erst später angetreten hat, da sie auf die Einstellung beim schadensersatzpflichtigen Arbeitgeber vertraute.

Auch Schmerzensgeld steht ihr zu, da ihr Persönlich-

keitsrecht verletzt wurde. Die Arbeitsgerichte billigen diskriminierten Arbeitnehmerinnen in der Regel ein Schmerzensgeld in Höhe von einem Monatslohn zu.
Also nehmen Sie Ihre Rechte wahr, wenn Sie den Eindruck haben, nur wegen Ihres Geschlechts benachteiligt worden zu sein!

Gleichbehandlung bei freiwilligen zusätzlichen Sozialleistungen des Arbeitgebers

Der Hauptanwendungsbereich des Gleichberechtigungsgrundsatzes im Betrieb liegt bei der Gewährung von Gratifikationen, Ruhegeldern oder sonstigen Sozialleistungen des Arbeitgebers. Diese Leistungen muß der Arbeitgeber grundsätzlich „gerecht" verteilen, d.h., er darf die Arbeitnehmer nicht willkürlich unterschiedlich behandeln.
Liegen allerdings sachliche Gründe für eine Ungleichbehandlung der Arbeitnehmer vor, ist eine solche auch zulässig.
Nach der Rechtsprechung des Bundesarbeitsgerichts ist dies bei der Gewährung von Gratifikationen der Fall, die von der Betriebszugehörigkeit abhängig gemacht werden.
Es ist also sachlich gerechtfertigt, daß der Arbeitnehmer, der bereits 5 Jahre im Betrieb ist, als Weihnachtsgeld einen vollen Monatslohn erhält, während der andere Betriebsangehörige, der lediglich 2 Jahre dem Betrieb zugehört, nur einen halben Monatslohn bekommt.
Auch aufgrund anderer sachlicher Gründe darf der Arbeitgeber Gruppierungen bei der Gewährung von freiwilligen Sozialleistungen vornehmen.
Nachdem dies geschehen ist, ist der Arbeitgeber aber auch an diese Eingruppierungen gebunden.
Er darf damit nicht einem Arbeitnehmer die Weihnachtsgratifikation streichen, weil er sich gerade über diesen geärgert hat.

Jeder Arbeitnehmer hat einen Anspruch auf Gewährung einer Weihnachtsgratifikation, die seiner Eingruppierung entspricht.

Anspruch auf Gleichbehandlung in der täglichen Betriebspraxis?

Auch im täglichen Arbeitsablauf können Sie von Ihrem Arbeitgeber verlangen, daß er seine Arbeitnehmer gleichbehandelt und keine willkürliche Ungleichbehandlung vornimmt. Allerdings ist der Arbeitgeber frei, im Rahmen seines Weisungsrechts verschiedenen Arbeitnehmern auch verschiedene Aufgaben zuzuweisen. Der angestellte Taxifahrer kann also nicht von seinem Arbeitgeber verlangen, daß auch dieser ihm ein neues Taxi anschafft, wie das bei seinem Kollegen geschehen ist.
In solch unternehmerischen Entscheidungen ist der Arbeitgeber grundsätzlich frei.
Wenn im Betrieb allerdings ein Rauchverbot verhängt ist, gewisse Torkontrollen vorgesehen sind oder es Grundsätze für die Heranziehung von Arbeitnehmern für Überstunden gibt, darf der Arbeitgeber seine Beschäftigten nicht willkürlich ungleich behandeln. Er darf deshalb nicht dem Arbeitnehmer A das Rauchen verbieten, während er X „ungeschoren" läßt.
Immer wieder treten in Betrieben Spannungen auf, wenn es allgemeine Grundsätze, (z.B. Rauchverbot oder sonstige Dienstvorschriften, Grundsätze über die Zahlung von Weihnachtsgeld etc.) gibt, der Arbeitgeber sich aber dennoch nicht daran hält. Hier ist folgendes zu beachten:
Es steht dem Arbeitgeber frei, einen einzelnen Arbeitnehmer entgegen der Richtlinie zu bevorzugen.
Die anderen Arbeitnehmer können weder verlangen, daß diese Bevorzugung zurückgenommen wird, noch daß sie selbst eine erhalten.

Beim Austeilen ist der Arbeitgeber also frei! Anders sieht es aus, wenn der Arbeitgeber entgegen der betrieblichen Grundsätze einzelnen Arbeitnehmern weniger gibt. Hier hat der einzelne einen Anspruch auf Gleichbehandlung.

Gibt es auch einen Anspruch auf gleichen und gerechten Lohn?

Das Bundesarbeitsgericht mußte sich bereits mehrfach mit der Frage beschäftigen, ob der Geichbehandlungsgrundsatz auch in bezug auf Lohn bzw. Gehalt anwendbar ist.

Die Richter sind der Auffassung, daß es dem Arbeitgeber grundsätzlich freisteht, nach welchen Grundsätzen und in welcher Höhe er Lohn gewährt. Sollte zum Beispiel ein Kollege von Ihnen, der ein mit Ihnen identisches Arbeitsfeld hat, einen höheren Lohn vom Arbeitgeber erhalten, z.B. weil er ihm besonders sympathisch ist, so haben Sie keinen Anspruch auf Lohnerhöhung.

Anders gestaltet sich der Fall, wenn der Arbeitgeber nicht das Gehalt Ihres Kollegen erhöht, sondern Ihres senkt.

Hier können Sie aufgrund des betrieblichen Gleichbehandlungsgrundsatzes die Weiterzahlung des ursprünglichen Lohns verlangen, solange Sie die gleiche Tätigkeit wie Ihr Kollege ausüben.

Vereinfacht kann man also sagen, im „Geben" ist der Arbeitgeber frei, im „Nehmen" hingegen an den betrieblichen Gleichbehandlungsgrundsatz gebunden. Diese Grundsätze gelten auch dann, wenn es zu Lohnerhöhungen kommt. Sollte Ihr Arbeitgeber Ihnen weniger geben als Ihrem Kollegen, so ist das unzulässig.

Alle Arbeitnehmer können somit die entsprechende Lohnerhöhung verlangen!

Anders sieht es aber dann aus, wenn es zu einer Tarif-

lohnerhöhung kommt, sie aber nicht der Gewerkschaft angehören.
In diesem Fall können Sie bei einer Lohnerhöhung leer ausgehen, es sei denn, es wäre die Anwendung der Tarifverträge auf Ihren Einzelarbeitsvertrag vereinbart, oder es würde eine sogenannte Allgemeinverbindlichkeitserklärung des Tarifvertrages erfolgen.
Allgemeinverbindlichkeitserklärungen können durch den Bundesminister für Arbeit- und Sozialordnung abgegeben werden, liegen in der Praxis aber nur ganz selten vor.

Gilt der Gleichbehandlungsgrundsatz auch bei Einstellung bzw. Kündigung?

Auch bei einer Einstellung ist der Arbeitgeber an die verfassungsrechtlichen Gebote der Gleichbehandlung gebunden:
Er darf also weder Mann und Frau willkürlich ungleich behandeln noch Bewerber wegen ihrer Abstammung, der Rasse, der Sprache, der Heimat und Herkunft, des Glaubens oder ihrer religiösen oder politischen Einstellung diskriminieren.
Darüberhinaus ist der Arbeitgeber bei der Einstellung frei!
Es kann also niemand seine Einstellung in einem Betrieb mit dem Argument erwirken, er sei der beste Bewerber, oder bereits früher seien vergleichbare Arbeitnehmer eingestellt worden.
In den unternehmerischen Grundentscheidungen, zu denen auch das Einstellungsverfahren gehört, muß der Arbeitgeber frei sein.
Auch bei Kündigungen ist der Gleichbehandlungsgrundsatz grundsätzlich nicht anwendbar. Mittelbar kommt ihm aber eine große Bedeutung zu, da eine Kündigung nur dann rechtswirksam ist, wenn im Einzelfall eine Abwägung aller Interessen stattgefunden hat. So-

wohl bei der ordentlichen wie auch bei der außerordentlichen fristlosen Kündigung fließt der Gleichbehandlungsgrundsatz in diesen Abwägungsvorgang mit ein.
Bei einer ordentlichen betriebsbedingten Kündigung, die wegen einer Teilstillegung eines Werkes durchgeführt wird, sind insbesondere die sozialen Verhältnisse aller Arbeitnehmer miteinander zu vergleichen.
Nur dem darf gekündigt werden, den es bei der Abwägung aller sozialen Gesichtspunkte bzw. seiner Betriebszugehörigkeit am wenigsten treffen würde.

Der Urlaub

Jeder Arbeitgeber ist verpflichtet, Ihnen Erholungsurlaub zu gewähren.
Darunter versteht man eine Freistellung des Arbeitnehmers von der Arbeit für eine bestimmte Zeit zum Zwecke der Erholung unter Fortzahlung des vollen Arbeitsentgeltes.
Es sind mehrere Rechtsgrundlagen vorhanden, aus denen sich der konkrete Urlaubsanspruch ergibt. Der Mindesturlaub und die gesetzlichen Regelungen, die damit in Zusammenhang stehen, ergeben sich aus dem Bundesurlaubsgesetz.
Darüberhinaus kann der Arbeitgeber aufgrund eines Tarifvertrages oder aufgrund einer einzelvertraglichen Vereinbarung verpflichtet sein, Ihnen weiteren Urlaub zukommen zu lassen.
In den seltensten Fällen finden sich auch in den Betriebsvereinbarungen Regelungen zum Urlaub.
Es muß jeweils im Einzelfall ermittelt werden, welche mögliche Anspruchsgrundlage durchgreift.
So kann es etwa sein, daß Kellner in zwei nebeneinanderliegenden Restaurants selbst bei gleichem Alter und gleicher Arbeitszeit unterschiedliche Ansprüche haben.
Sogar Arbeitskollegen, die in demselbem Unternehmen in vergleichbarer Position arbeiten, können von unterschiedlichen Urlaubsregelungen betroffen sein.
Die Mindesturlaubsregelung des Bundesurlaubsgesetzes steht allen zu!
Ob die Arbeitnehmer Ansprüche aus einem Tarifvertrag geltend machen können, kommt immer auf die konkreten Umstände an.

Wer hat Anspruch auf Urlaub?

Nach dem Bundesurlaubsgesetz haben grundsätzlich alle Arbeitnehmer, Aushilfskräfte sowie Arbeitnehmer,

die sich in der Berufsausbildung befinden, Anspruch auf Urlaub.
Zu den „Auszubildenden im Sinne des Bundesurlaubsgesetes" gehören Lehrlinge, Anlernlinge, Praktikanten, Volontäre, aber auch Umschüler, soweit die Umschulung nicht ausschließlich in einem Schulverhältnis durchgeführt wird.
Auch Schüler und Studenten, die während ihrer Ferien „jobben", haben einen Anspruch auf Urlaub. Das ist vielen überhaupt nicht bekannt, so daß hier häufig Ansprüche zugunsten der Arbeitgeber „verschenkt" werden.
Ebenso haben andere arbeitnehmerähnliche Personen, wie z.B. Künstler, Reporter, Mitarbeiter am Rundfunk und Heimarbeiter Anspruch auf Urlaub. Ein Urlaubsanspruch erfordert also immer, daß Sie als Arbeitnehmer beschäftigt sind, d.h. weisungsgebunden für einen Arbeitgeber tätig sind. Daraus folgt aber auch, daß Teilzeitkräfte, die vielleicht nur halbtags oder gar stundenweise am Tag oder in der Woche arbeiten, einen Anspruch auf Urlaub haben.
Auch Arbeitnehmer, die im Bereich der sogenannten „470,--DM-Regelung" beschäftigt sind (das sind Arbeitsverhältnisse, bei denen für den Arbeitnehmer keine Sozialversicherungsbeiträge anfallen und bei denen die Lohnsteuer pauschaliert wird), haben einen Anspruch auf Erholungsurlaub.
Das gleiche gilt selbstverständlich für Arbeitnehmer, die mehrere Berufe ausüben, bzw. einen Hauptberuf und einen Nebenberuf.
Diese „Mehrfachtätigen" haben Urlaubsansprüche gegen jeden Arbeitgeber.

In welcher Höhe besteht der Urlaubsanspruch?

Wenn Sie Ansprüche aus einem Tarifvertrag herleiten können, also entweder Gewerkschaftsmitglied sind,

oder der Tarifvertrag in Ihrem Arbeitsvertrag für anwendbar erklärt wurde, gelten die folgenden Überlegungen für Sie nicht, da die Tarifpolitik weit über den Minimalurlaub hinausgeht.
So beträgt bei 99% der tariflich erfaßten Arbeitnehmer der Urlaub 4 Wochen und mehr.
34% der Arbeitnehmer hatten im Jahr 1988 einen Urlaub von 5 Wochen und mehr. Bei nahezu 70% der tariflich erfaßten Arbeitnehmer betrug die Urlaubsdauer sogar 6 Wochen und mehr.
Kommt es aber doch einmal auf die gesetzliche Mindestregelung an, gilt folgendes:
Das Bundesurlaubsgesetz billigt dem Arbeitnehmer Erholungsurlaub von mindestens 18 Werktagen zu. Dabei bleiben gesetzliche Feiertage ebenso wie Sonntage bei der Berechnung des Urlaubs außer Betracht.
Fällt also z.B. ein Wochenfeiertag in den Urlaub, so verlängert sich der Urlaub um diesen Tag.
Das Gesetz geht allerdings bei der Urlaubsberechnung von einer Woche aus, die 6 Werktage umfaßt.
Arbeiten Sie schon im allgemeinen weniger als 6 Tage in der Woche, liegt Ihr Anspruch auf Mindesturlaub entsprechend niedriger.
Bei einer 5-Tage-Woche können Sie demnach nur einen Mindesturlaub von 15 Tagen im Jahr verlangen.
Beschränkt sich Ihre Arbeitswoche lediglich auf drei Tage (Teilzeitarbeit!), beträgt Ihr Mindesturlaub 9 Tage im Jahr.
Es entscheiden also immer die Werktage pro Woche!

Jugendliche haben es besser

Jugendliche, die zu Beginn des Kalenderjahres noch nicht 16 Jahre alt sind, haben einen Urlaubsanspruch von 30 Werktagen im Jahr. Jugendliche unter 17 Jahren können Mindesturlaub an 27 Werktagen im Jahr verlangen.

Jugendliche, die zu Beginn des Kalenderjahres das 18. Lebensjahr noch nicht erreicht haben, haben immerhin noch Anspruch auf 25 Werktage Urlaub.
Auch für Schwerbehinderte gelten Sonderregeln. Nach dem Schwerbehindertengesetz haben sie Anspruch auf einen zusätzlichen Urlaub von 5 Arbeitstagen im Jahr.

Können Sie Ihre neue Arbeitstätigkeit zugleich mit einem Urlaub beginnen?

Probleme treten in der Praxis immer wieder auf, wenn Arbeitnehmer im Sommer ihre Arbeitsstelle wechseln und möglichst bald ihren „Sommerurlaub" nehmen wollen.
Nach dem Gesetz ist dies nicht zulässig.
Sie müssen eine sog. „Wartezeit" von 6 Monaten nach Aufnahme des neuen Abeitsverhältnisses einhalten!
Bei der Berechnung der 6 Monate kommt es auf den rechtlichen Bestand des Arbeitsverhältnisses an, so daß Krankheitstage, einzelne Bummeltage oder Streiktage nicht abgezogen werden dürfen.
Nur in Extremfällen verlängert sich die Wartezeit. Ein solcher seltener Extremfall läge z.B. dann vor, wenn der Arbeitnehmer in den ersten drei Monaten der Arbeitstätigkeit nur zweimal erscheinen würde, weil er sich „geistig" auf die neuen Tätigkeiten umstellen muß.
Wenn diese Fehlzeiten nicht genügend entschuldigt werden, würde sich die 6monatige Wartezeit entsprechend verlängern.
Die daneben bestehende Berechtigung des Arbeitgebers zur Verweigerung des Lohns bzw. zur fristlosen Kündigung sei nur am Rande erwähnt.

Urlaubsansprüche bei Arbeitsplatzwechsel

Nach dem Gesetz soll es dem Arbeitnehmer nicht mög-

lich sein, bei einem Arbeitsplatzwechsel doppelten Jahresurlaub zu nehmen.
Das Bundesurlaubsgesetz schreibt insoweit vor, daß der beim alten Arbeitgeber genommene Urlaub von dem gegen den neuen Arbeitgeber bestehenden Urlaubsanspruch abgezogen wird.
Wenn Sie innerhalb eines Kalenderjahres Ihren Arbeitsplatz wechseln und bereits eine neue Arbeitsstelle haben, können Sie also weder von Ihrem alten Arbeitgeber die Abgeltung des restlichen Jahresurlaubs erhalten noch von Ihrem neuen Arbeitgeber verlangen, daß er Ihnen den gesamten Jahresurlaub gewährt.
Dabei handelt es sich jedoch nur um die gesetzliche Grundlage; etwas anderes können Sie selbstverständlich mit Ihrem Arbeitgeber aushandeln!
Anders liegt der Fall allerdings dann, wenn Sie gegen Ihren neuen Arbeitgeber noch keinen Anspruch auf Jahresurlaub haben, weil etwa die Wartezeit noch nicht abgelaufen ist.
Dann haben Sie einen Anspruch gegen Ihren bisherigen Arbeitgeber auf Abgeltung des restlichen Jahresurlaubs.
Damit der neue Arbeitgeber einen Überblick über den bisher gewährten Urlaub hat, ist Ihr alter Arbeitgeber verpflichtet, Ihnen bei Beendigung des Arbeitsverhältnisses eine Bescheinigung über den im laufenden Kalenderjahr bereits gewährten oder abgegoltenen Urlaub auszuhändigen.
Diese Frage wird besonders für solche Arbeitnehmer wichtig, die sich im Streit mit ihrem Arbeitgeber befinden und nur noch möglichst kurze Zeit im Betrieb arbeiten wollen.
Dann besteht regelmäßig kein Interesse daran, sich den Resturlaub auszahlen zu lassen. Solche Arbeitnehmer wollen den Betrieb möglichst schnell verlassen, d.h. den Resturlaub bis zum Kündigungstermin voll ausschöpfen.
Es stellt sich also die Frage: Wieviel Urlaub steht mir noch zu?

Dafür ist es entscheidend, zu welchem Zeitpunkt im Jahr Sie aus dem Betrieb ausscheiden.

Wenn Ihr Arbeitsverhältnis bereits mehr als 6 Monate bestand, also die Wartezeit erfüllt ist, und Sie in der zweiten Hälfte des Kalenderjahres aus dem Arbeitsverhältnis ausscheiden, muß Ihnen nach der gesetzlichen Regelung der Arbeitgeber noch den gesamten Jahresurlaub gewähren.

Hierbei müssen Sie aber berücksichtigen, daß in vielen Tarifverträgen geregelt ist, daß Sie nur noch den anteiligen Jahresurlaub für die Zeit der Tätigkeit in Ihrem Betrieb verlangen können. Solche Klauseln in Tarifverträgen sind auch zulässig.

Wenn Sie also nach einer fristgerechten Kündigung am 31.7. zum 31.10. ausscheiden und noch 28 Tage Jahresurlaub haben, können Sie nach der gesetzlichen Regelung im August und September noch die 28 Tage Urlaub nehmen!

Gilt für Sie eine tarifvertragliche Regelung, die Ihnen nur noch einen quotenmäßigen Resturlaub zubilligt, können Sie nur noch drei Viertel des Jahresurlaubes, also 21 Urlaubstage nehmen.

Scheiden Sie allerdings nach erfüllter Wartezeit in der ersten Hälfte des Kalenderjahres (also bis zum 30. Juni) aus dem Betrieb aus, haben Sie grundsätzlich in beiden Fällen nur einen quotenmäßigen Anspruch auf Resturlaub.

Verlassen Sie den Betrieb Ende März, können Sie lediglich drei Zwölftel des Jahrsurlaubs verlangen.

Ergibt sich bei dieser Berechnung ein Bruchteil eines Urlaubstages, der mindestens einen halben Tag ausmacht, ist dieser auf einen vollen Urlaubstag aufzurunden.

Zuviel Urlaub gewährt?

Von hoher praktischer Bedeutung ist der Fall, daß ein Arbeitnehmer z.B. in der ersten Jahreshälfte ausschei-

det, aber bereits im Januar und Februar für einen ausgedehnten Skiurlaub seinen gesamten Jahresurlaub genommen hat und sich nun einem entsprechenden Rückerstattungsanspruch des Arbeitgebers ausgesetzt sieht.
Das Gesetz ordnet dafür ausdrücklich an, daß es einen solchen Rückerstattungsanspruch für bereits gewährten Urlaub nicht gibt!
Sie haben also Glück gehabt!

Was bedeutet Teilurlaub?

Teilurlaub steht dem Arbeitnehmer dann zu, wenn er nicht das ganze Jahr über gearbeitet hat.
Jeden Monat, den er beschäftigt war, kann er dann von seinem Arbeitgeber 1/12 des Jahresurlaubs verlangen.
Dies gilt aber nicht, wenn der Arbeitnehmer nach erfüllter Wartezeit in der zweiten Hälte eines Kalenderjahres aus dem Arbeitsverhältnis ausscheidet.
Hier kann er den gesamten Jahresurlaub von dem Arbeitgeber verlangen!
Ein Teilurlaubsanspruch erfordert also ein Ausscheiden des Arbeitnehmers in der ersten Jahreshälfte.
Schließlich besteht ein Anspruch auf Teilurlaub dann, wenn der Arbeitnehmer in ein neues Arbeitsverhältnis eintritt und wegen Nichterfüllung der Wartezeit in diesem Kalenderjahr keinen vollen Urlaubsanspruch erworben hat.
Treten Sie also z.B. am 01. November in ein Arbeitsverhältnis ein, haben Sie einen Teilurlaubsanspruch in Höhe von 2/12 Ihres Jahresurlaubs.
Dabei müssen Sie aber beachten, daß nach der gesetzlichen Regelung nur volle Monate berücksichtigt werden.
Treten Sie beispielsweise am 15. August in ein neues Arbeitsverhältnis ein, bezieht sich Ihr Teilurlaubsanspruch nur auf 4 Monate. Die im August gearbeiteten zwei Wochen bleiben demnach unberücksichtigt.

Aus diesem Grund sollten neue Arbeitsverhältnisse möglichst am Monatsanfang aufgenommen werden!
Konnten Sie einen im abgelaufenen Jahr erworbenen Teilurlaubsanspruch nicht mehr nehmen, weil die Wartezeit noch nicht erfüllt war, können Sie von Ihrem Arbeitgeber verlangen, daß Ihnen der entsprechende Urlaub im nächsten Jahr gewährt wird.

Wann können Sie den Urlaub nehmen?

Grundsätzlich muß der Urlaub im laufenden Kalenderjahr genommen werden. Aus dem Weisungsrecht des Arbeitgebers läßt sich entnehmen, daß nicht etwa der Arbeitnehmer frei über die zeitliche Aufteilung des Urlaubs bestimmen kann, sondern daß es auf den Arbeitgeber ankommt.
Somit kann Ihnen der Arbeitgeber vorschreiben, daß Sie Ihren gesamten Jahresurlaub im Sommer am Stück nehmen sollen!
Völlig willkürlich kann der Arbeitgeber diesbezüglich aber auch nicht mit den Arbeitnehmern verfahren. Er muß nach der gesetzlichen Anordnung auf die Wünsche des Arbeitnehmers eingehen, es sei denn, daß dringende betriebliche Bedürfnisse oder die Urlaubswünsche anderer Arbeitnehmer, die aus sozialen Gründen vorrangig zu berücksichtigen sind, dem entgegenstehen.
Der gesunde, ledige und kinderlose Arbeitnehmer steht in der Rangordnung deshalb ganz hinten, wenn es darum geht, Wünsche bezüglich der Urlaubsplanung durchzusetzen. Ein solcher Arbeitnehmer kann also möglicherweise über Jahre hinweg keinen Anspruch auf einen Sommerurlaub haben, wenn in seiner Abteilung permanent ein Arbeitnehmer am Arbeitsplatz sein muß, alle seine Kollegen aber wegen ihrer Kinder ihren Urlaub immer auf die Sommermonate legen.
Können Sie sich mit Ihrem Arbeitnehmer nicht über die zeitliche Lage des Urlaubs im Kalenderjahr einigen, ist

es möglich, Hilfe vom Betriebsrat zu erhalten, wenn ein solcher besteht.
Dieser hat ein Mitbestimmungsrecht bei der Festlegung der zeitlichen Lage des Urlaubs für den einzelnen Arbeitnehmer.
Wenn auch zwischen Betriebsrat und Arbeitgeber keine Einigung über Ihren Urlaub zustandekommt, muß die betriebliche Einigungsstelle darüber entscheiden. Gegen deren Entscheidung kann dann möglicherweise sogar beim Arbeitsgericht geklagt werden.

Ungenehmigter Urlaubsantritt – was dann?

Grundsätzlich ist es unzulässig, daß Arbeitnehmer von sich aus ohne Zustimmung des Arbeitgebers in Urlaub gehen!
Sie sollten deshalb diesbezüglich äußerst vorsichtig sein, da Sie ansonsten sogar eine fristlose Kündigung riskieren.
Nur in ganz wenigen Ausnahmefällen ist es zulässig, daß der Arbeitnehmer eigenmächtig handelt.
Steht für den Urlaub nur noch die Kündigungsfrist oder der Rest des Urlaubsjahres zur Verfügung, und kam der Arbeitgeber dem verlangten Urlaubsgesuch ohne ausreichenden Grund nicht nach, so kann der Arbeitnehmer eigenmächtig seinen Urlaub antreten. Ein solches Vorgehen ist, obwohl es nach der Rechtsprechung des Bundesarbeitsgerichts zulässig ist, sehr risikoreich und sollte möglichst vermieden werden!
In einem derartigen Konfrontationsfall mit Ihrem Arbeitgeber sollten Sie den sicheren Weg einschlagen und eine einstweilige Verfügung beim Arbeitsgericht auf Gewährung des Urlaubs in der gewünschten Zeit erwirken. Dieses Vorgehen bietet eine höhere Gewährleistung dafür, daß Sie nachher nicht „draufzahlen" müssen.

Kann der Arbeitgeber die gewährte Urlaubsplanung widerrufen?

Dieses in der Praxis häufig auftauchende Problem begründet sehr viel Ärger.

Stellen Sie sich vor: Sie haben seit Jahren einen mehrwöchigen Karibikurlaub geplant, diesen vom Arbeitgeber auch genehmigt bekommen und die Reise bereits gebucht. Nun überlegt es sich der Arbeitgeber plötzlich anders.

Ist in Ihrem Betrieb ein Urlaubsplan erstellt worden, nachdem der „Karibikurlaub" vom Arbeitgeber genehmigt worden war, kann dieser die Urlaubserteilung grundsätzlich nicht einseitig widerrufen.

Aber keine Regel ohne Ausnahme:

In besonderen betrieblichen Notfällen ist der Arbeitgeber durchaus berechtigt, von Ihnen die Verlegung des langersehnten Urlaubs zu verlangen. Das wäre dann der Fall, wenn durch plötzliche, unvorhersehbare Ereignisse Ihre Anwesenheit im Betrieb unabdingbar würde.

Ein Beispiel dafür:

Überraschend scheiden mehrere Kollegen plötzlich aus dem Unternehmen aus oder erkranken längerfristig, und Ihr Arbeitgeber hat keinen geeigneten Ersatz. Dann sieht es schlecht aus für Ihren Urlaub. Der Arbeitgeber muß Ihnen jedoch zumindest die entstandenen Kosten (Stornokosten) ersetzen.

Müssen Sie Ihren Jahresurlaub in den Betriebsferien nehmen?

Legt der Arbeitgeber Teile des Unternehmens oder sogar den ganzen Betrieb für eine gewisse Zeit im Jahr still und schickt er währenddessen alle Arbeitnehmer in Urlaub, so spricht man von Betriebsferien.

Der Betriebsrat hat, falls vorhanden, bei der Festlegung der Betriebsferien ein Mitbestimmungsrecht.

Kommt es zu keiner Einigung zwischen Betriebsrat und Arbeitgeber, so entscheidet die betriebliche Einigungsstelle.

Aber auch dann, wenn kein Betriebsrat existiert, ist der Arbeitgeber nicht völlig frei in der Ausgestaltung der Betriebsferien.

Er muß die Interessen der Arbeitnehmer ausreichend bei der Festlegung berücksichtigen. Insbesondere muß er darauf achten, daß die Betriebsferien nicht etwa regelmäßig außerhalb der Schulferienzeit liegen. Auch wäre es nicht zulässig, wenn die gesamten Betriebsferien in die Wintermonate fallen würden.

Muß der Jahresurlaub zusammenhängend gewährt werden?

Grundsätzlich ist der Erholungsurlaub zusammenhängend zu gewähren. Eine Aufteilung ist nur dann zulässig, wenn dringende betriebliche oder in der Person des Arbeitnehmers liegende Gründe eine Teilung des Urlaubs erforderlich machen.

Kann der Urlaub dann aus diesen Gründen nichtzusammenhängend gewährt werden, so muß zumindest einer der Urlaubsteile mindestens zwölf aufeinanderfolgende Werktage umfassen, wenn der Arbeitnehmer Anspruch auf mehr als zwölf Werktage Urlaub im Jahr hat.

Dürfen Sie während des Urlaubs arbeiten?

Da der Sinn des Erholungsurlaubes gerade darin besteht, daß Sie sich entspannen und neue Kraft sammeln, ist eine Erwerbstätigkeit im Urlaub im allgemeinen unzulässig.

Dies ist aber nur dann der Fall, wenn die Erwerbstätigkeit dem Urlaubszweck widerspricht. Sie sehen schon

an der Formulierung, wie schwer es sein dürfte, diese Beurteilung im konkreten Fall durchzuführen.
Es können deshalb hier auch nur Beispiele vorgestellt werden, die Ihnen ein Gefühl für eine mögliche Lösung in Ihrem Fall geben.
Einem Maurer ist es etwa untersagt, während seines Urlaubs eine andere schwere körperliche Beschäftigung, die seiner täglichen Bautätigkeit entspricht, gegen Entgelt zu übernehmen.
Wenn der Maurer jedoch im Urlaub sein eigenes Haus baut oder aus Gefälligkeit bei einem Freund mithilft, so kann dies vom Arbeitgeber nicht untersagt werden.
Genauso zulässig wäre es, wenn der Maurer im Urlaub künstlerisch tätig und bildhauerisch Skulpturen fertigen würde, selbst wenn er diese im Anschluß gegen Entgelt verkaufen würde.
Das gleiche gilt, wenn ein Büroangestellter während des Urlaubs hobbymäßig eine Maurertätigkeit übernimmt.
Eine derartige Tätigkeit steht gerade wegen ihrer Andersartigkeit dem Urlaubszweck nicht entgegen.
Im Gegensatz zur Auffassung vieler Arbeitnehmer steht es Ihnen aber nicht völlig frei, was Sie während Ihrer Freizeit bzw. der Urlaubszeit machen!
Ein Verstoß gegen das Verbot der Urlaubsarbeit führt zwar nicht dazu, daß der Arbeitgeber das gezahlte Urlaubsentgelt zurückfordern kann, er kann Ihnen aber (eventuell mit Hilfe der Arbeitsgerichte) jede weitere berufsbezogene Tätigkeit im Urlaub verbieten.
Überdies können Sie sich durch einen entsprechenden Verstoß sogar schadensersatzpflichtig machen.
Sind Sie nämlich infolge der Urlaubsarbeit köperlich so geschwächt, daß Sie Ihre Arbeit nach dem Urlaub nur unzureichend erfüllen können, oder haben Sie sich etwa bei der verbotenen Urlaubsarbeit verletzt, so daß Sie eine gewisse Zeit bei Ihrem Arbeitgeber ausfallen, haften Sie dem Arbeitgeber für alle Schäden (Ersatzarbeitskräfte, Lohnfortzahlung etc.).

Sie riskieren ferner sogar eine Kündigung, wenn Sie während Ihres Urlaubs unzulässigerweise arbeiten.

Lohn während des Urlaubs?

Folgende Zahlungsansprüche existieren:
Das Urlaubsentgelt soll den Arbeitnehmer so stellen, als beziehe er den bisherigen Lohn weiter. Demgegenüber stellt das „Urlaubsgeld" eine „Extraleistung" dar.
Der Anspruch auf Urlaubsentgelt steht nach dem Gesetz jedem Arbeitnehmer zwingend zu.
Das sogenannte „Urlaubsgeld" können hingegen nur diejenigen Arbeitnehmer verlangen, zu deren Gunsten eine diesbezügliche Klausel in einem Tarifvertrag enthalten ist und die entweder Gewerkschaftsmitglied sind oder für die der entsprechende Tarifvertrag in ihrem Arbeitsvertrag für anwendbar erklärt worden ist.
Die Entgeltfortzahlungspflicht des Arbeitgebers während des Urlaubs ist grundsätzlich unabdingbar, d.h., dieser Anspruch kann durch Tarifverträge oder Ihren Einzelarbeitsvertrag nicht verschlechtert werden.
Die Höhe des Urlaubsentgeltes bemißt sich nach dem durchschnittlichen Arbeitsverdienst, der vom Arbeitnehmer in den letzten 13 Wochen vor dem Beginn des Urlaubs erzielt worden ist. Wird Ihr Gehalt monatlich abgerechnet, so sind die letzten drei Monate relevant.
Kommt es während dieser Bemessungszeit zu einer Lohnerhöhung, so ist von dem erhöhten Lohn auszugehen. Wurde der Lohn während Ihres Urlaubs erhöht, ist die Lohnerhöhung ebenfalls zu berücksichtigen, allerdings nur vom Zeitpunkt der Erhöhung an.
Bei der Lohnberechnung wird nicht nur der Grundlohn berücksichtigt, sondern auch die Überstundenvergütungen und sonstige Zulagen.
Dies gilt z.B. für Zeitzuschläge bei Nachtarbeit, Schmutzzulagen und Gefahrenzulagen.
Wenn Arbeitnehmer auf Provisionsbasis arbeiten, Prä-

mien oder Bedienungsprozente erhalten oder nach Akkord bezahlt werden, so ist der tatsächliche Verdienst der letzten drei Wochen vor Urlaubsantritt für die Bemessung des Urlaubsentgeltes entscheidend.
Auch Naturalentlohnungen, die z.B. bei Haushaltshilfen gezahlt werden, denen Verpflegung freisteht, erhöhen das Urlaubsentgelt entsprechend.
Der tatsächliche Wert dieser Sachleistungen wird dem Lohn hinzugerechnet.
Demgegenüber bleiben Verdienstkürzungen, die im Berechnungszeitraum vorlagen, außer Betracht, wenn sie auf Kurzarbeit, Arbeitsausfällen oder unverschuldeter Arbeitsversäumnis beruhen.
Mußten Sie in dem Berechnungszeitraum allerdings Lohnkürzungen hinnehmen, weil Sie die Arbeit unberechtigt und verschuldet versäumt haben, so vermindert sich auch Ihr Urlaubsentgelt entsprechend.
Wichtig ist für Sie auch zu wissen, daß laut Gesetz der Anspruch auf Urlaubsentgelt bereits vor Antritt des Urlaubs fällig wird.

Zuviel Urlaubsentgelt?

Sollte Ihnen Ihr Arbeitgeber irrtümlicherweise zuviel Urlaubsentgelt ausgezahlt haben, weil er sich z.B. bei den Überstunden verrechnet hat, kann er grundsätzlich von Ihnen die Rückzahlung verlangen.
Dies gilt aber dann nicht mehr, wenn Sie das Geld bereits ausgegeben haben. Grundsätzlich keinen Ersatz kann der Arbeitgeber von Ihnen verlangen, wenn er Ihnen irrtümlicherweise zuviel Urlaub zukommen ließ.

Krank im Urlaub?

Das Gesetz ordnet an, daß Ihnen Krankheitstage während des Urlaubs nicht auf den Jahresurlaub angerechnet werden.

Voraussetzung dafür ist allerdings, daß Sie den Nachweis der Arbeitsunfähigkeit durch ärztliches Zeugnis führen.

Wichtig zu wissen ist, daß sich der Urlaub nicht etwa automatisch um die Krankheitstage verlängert. Sie können also bei einem 3wöchigen Urlaub diesen nicht einseitig auf vier Wochen verlängern, wenn Sie zwischenzeitlich eine Woche erkrankt waren.

Hierfür ist die Zustimmung Ihres Arbeitgebers erforderlich, wie dies bei jeder Urlaubsgewährung der Fall ist.

Allerdings bleibt Ihnen der Anspruch auf Erholungsurlaub selbst dann erhalten, wenn Sie krankheitsbedingt über einen längeren Zeitraum arbeitsunfähig waren und im Urlaubsjahr nur eine geringe oder sogar gar keine Arbeitsleistung erbracht haben.

Sie können dann in den ersten drei Monaten des Folgejahres oder in manchen Fällen sogar darüberhinaus den Jahresurlaub des vergangenen Jahres nehmen. Aber auch hier gilt es wieder einen für Sie möglicherweise geltenden Tarifvertrag zu beachten, der eine davon abweichende Regelung treffen kann.

Kur und Jahresurlaub

Nach dem Gesetz dürfen Kuren und Schonzeiten nicht auf den Urlaub angerechnet werden, soweit ein Anspruch auf Fortzahlung des Arbeitsentgeltes nach den gesetzlichen Vorschriften über die Entgeltfortzahlung im Krankheitsfalle besteht. Insoweit können sich geringfügige Unterschiede daraus ergeben, ob Sie Arbeiter oder Angestellter sind.

Als Angestellter haben Sie den Anspruch auf Gehaltsfortzahlung während einer Kur dann, wenn diese von einem Versicherungsträger (privater Versicherungsträ-

ger oder Sozialversicherungsträger) bewilligt wird, oder Ihnen die Arbeitsleistung in dieser Zeit unzumutbar ist. Arbeitsunfähigkeit wird vom Gesetz nicht verlangt.
Wichtig ist allerdings, daß der Angestellte nur einen Anspruch auf Gehaltsfortzahlung während einer Heil-, Vorbeugungs- oder Genesungskur hat, nicht dagegen bei reinen Erholungskuren.
Auch die sogenannte „ärztlich verordnete Schonungszeit" ist nach dem Gesetz der Kur gleichgestellt und wird ebenfalls nicht auf Ihren Jahresurlaub angerechnet.
Zu bedenken ist allerdings, daß der Anspruch auf Gehaltsfortzahlung wegen derselben Krankheit nur einmal bis zur Dauer von 6 Wochen möglich ist. Danach findet also auch eine Anrechnung auf den Jahresurlaub statt.
Sollten Sie Arbeiter sein, gelten im allgemeinen die gleichen Regeln.
Wichtigste Voraussetzung dafür, daß der Jahresurlaub durch die Kur nicht gekürzt wird, ist also die Bewilligung der Kur von der Versicherung oder einem Sozialleistungsträger.
Da auch der Arbeiter keine „bloße Erholungskur" verlangen kann, wird dieser auf den Jahresurlaub angerechnet.
Ein wichtiger Unterschied zu den Angestellten ergibt sich aber daraus, daß eine sogenannte „Schonzeit" im Anschluß an eine Kur nur dann gewährt wird, wenn der Arbeiter arbeitsunfähig ist.
Dem arbeitsfähigen Arbeiter wird die Schonzeit also als Urlaub berechnet!
Wenn dieser keinen Erholungsurlaub in dieser Zeit nehmen möchte, kann er von seinem Arbeitgeber eine unbezahlte Freistellung verlangen.
Dies gilt auch für private und sonstige Kuren, für die keine Bewilligung eines Sozialversicherungsträgers oder einer sonstigen Versicherung vorliegt.

Dürfen Sie den Jahresurlaub von zwei Jahren sammeln?

Die Frage, inwiefern ein Urlaubsanspruch auf das nächste Kalenderjahr übertragen werden kann, ist von großer Bedeutung und gibt immer wieder Anlaß zu innerbetrieblichen Auseinandersetzungen.
Kaum etwas ist ärgerlicher als ein verfallener Urlaub!
Um den Verfall zu vermeiden, müssen Sie folgendes beachten:
Auf das gesamte nächste Jahr kann der Urlaub des vergangenen Kalenderjahres allein in dem Ausnahmefall übertragen werden, daß es Ihnen wegen Einhaltung der 6monatigen Wartefrist überhaupt nicht möglich war, Urlaub zu nehmen.
Dann wird der anteilige Urlaub des vergangenen Kalenderjahres dem neuen Jahresurlaub hinzugerechnet und kann während des gesamten Jahres genommen werden.
In den übrigen Fällen sieht es anders aus:
Der Gesetzgeber stellt nämlich den Grundsatz auf, daß Erholungsurlaub grundsätzlich an das zugehörige Kalenderjahr gebunden ist.
Wenn Sie Ihren Jahresurlaub für das Jahr 1991, also am 31.12.1991, noch nicht genommen haben, verfällt dieser.
Der Arbeitgeber ist auch nicht verpflichtet, Ihnen den verfallenen Jahresurlaub zu bezahlen.
Ausnahmsweise können Sie Ihren Jahresurlaub noch in den ersten drei Monaten des Folgejahres nehmen, wenn die „Urlaubsverschiebung" aus dringenden betrieblichen oder in der Person des Arbeitnehmers liegenden Gründen erforderlich war.
Dringende betriebliche Gründe sind dann gegeben, wenn Ihre Arbeitskraft für das Unternehmen unentbehrlich war, weil z.B. Arbeitskollegen durch Krankheit ausgefallen sind, oder wenn besonders dringende Terminarbeiten wegen widriger Umstände nicht rechtzeitig erledigt werden konnten.

In solchen Fällen darf Ihr Arbeitgeber Ihnen den Resturlaub im laufenden Jahr versagen, wenn Ihnen dies unter Abwägung aller Interessen zumutbar ist. Dann können Sie den Resturlaub in den ersten drei Monaten des Folgejahres nehmen.

Persönliche Gründe, die die Übertragung des Resturlaubs auf die ersten drei Monate des Folgejahres rechtfertigen, liegen z.B. dann vor, wenn Sie wegen einer Erkrankung nicht in der Lage waren, den Urlaub zu nehmen, oder Sie ein Krankheitsfall in der Familie daran hinderte.

Auch wenn ihre 6monatige „urlaubsfreie Wartezeit" erst im November endete, können Sie Ihren Jahresurlaub auch noch bis Ende März des Folgejahres nehmen. Liegt nun einer der aufgezählten Gründe vor, die eine Übertragung des Urlaubsanspruches auf das Folgejahr rechtfertigen, so geschieht diese Übertragung automatisch. Sie müssen die Übertragung also nicht beim Arbeitgeber beantragen!

In den ersten drei Monaten des Folgejahres müssen Sie den Urlaub allerdings nachholen, sonst ist er unwiderruflich verfallen.

Dies gilt sogar in dem Fall, daß der Arbeitnehmer während des gesamten vergangenen Jahres arbeitsunfähig erkrankt war und demzufolge der Urlaubsanspruch auf das Folgejahr überging.

Nur wenn Ihr Arbeitgeber Sie daran gehindert hat, den Urlaub zu nehmen, und dies auch aus betriebsbedingten Gründen nicht gerechtfertigt war, können Sie den „verhinderten Urlaub" bis zum 31. Dezember des Folgejahres nehmen.

Können Sie sich den Urlaub auszahlen lassen?

Nach der gesetzlichen Regelung haben Sie kein Wahlrecht zwischen der Inanspruchnahme des Urlaubs und der Auszahlung.

Die Abgeltung des Urlaubs ist nur dann möglich, wenn der Urlaub infolge der Beendigung des Arbeitsverhältnisses nicht mehr genommen werden kann.
Urlaubsabgeltung (Geld statt Urlaub) kommt also nicht in Betracht, solange Sie die Möglichkeit haben, den Urlaub tatsächlich zu nehmen.
Tun Sie dies nicht, verfällt der Anspruch.
Auch eine Abgeltung können Sie dann nicht mehr verlangen.
Der Abgeltungsanspruch wird also regelmäßig nur dann greifen, wenn das Arbeitsverhältnis durch eine außerordentliche Kündigung des Arbeitgebers oder des Arbeitnehmers endet. In diesem Fall ist es dem Arbeitnehmer dann nicht mehr möglich, den Resturlaub zu nehmen.
Wenn das Arbeitsverhältnis dagegen durch eine ordentliche Kündigung, durch einen Aufhebungsvertrag, wegen Zeitablaufs oder der Erreichung der Altersgrenze beendet wird, wird für den Arbeitnehmer grundsätzlich die Möglichkeit bestehen, den Urlaub noch vor Beendigung des Arbeitsverhältnisses zu nehmen.
Macht er dies nicht, hat er auch keinen Abgeltungsanspruch.
Nach einer neuen, allerdings sehr umstrittenen Entscheidung des Bundesarbeitsgerichts steht dem Arbeitnehmer auch dann kein Urlaubsabgeltungsanspruch zu, wenn er nach dauernder Arbeitsunfähigkeit aus dem Arbeitsverhältnis ausscheidet, ohne die Arbeitsfähigkeit wiedererlangt zu haben.
Die Richter begründen diese Ansicht damit, daß der Arbeitnehmer von Anfang an keine Möglichkeit hatte, den Urlaubsanspruch wahrzunehmen, da er überhaupt nicht gearbeitet hat. Dann bestehe aber auch kein Interesse an der Erholungsfunktion, die durch den Urlaub erfüllt werden soll.
Anders verhält es sich nach Ansicht der Bundesrichter nur dann, wenn die Arbeitsunfähigkeit nur eine vorübergehende war, dem Arbeitnehmer also die Inan-

spruchnahme des Erholungsurlaubs noch möglich gewesen wäre.

Wenn der Arbeitnehmer also so rechtzeitig wieder arbeitsfähig wird, daß er den Urlaub noch nehmen könnte (wenn die „Übertragung" zulässig ist, also bis 31. März des Folgejahres) dann kann der Arbeitnehmer auch Urlaubsabgeltung verlangen, wenn ihm die Inanspruchnahme des Urlaubs wegen der Beendigung des Arbeitsverhältnisses nicht mehr möglich war.

Sonstiges Wissenswertes zur Urlaubsabgeltung

Der Urlaubsabgeltungsanspruch kann nicht abgetreten werden. Deshalb entfällt der Anspruch auch mit dem Tod des Urlaubsberechtigten.

Etwas anderes gilt nur dann, wenn der Anspruch vor dem Todeszeitpunkt bereits bei Gericht geltend gemacht oder vom Arbeitgeber anerkannt wurde. Nur in diesem Fall können die Erben des verstorbenen Arbeitnehmers den Urlaubsabgeltungsanspruch geltend machen.

Wichtig ist es auch zu wissen, daß die Auszahlung einer Urlaubsabgeltung der Aufnahme eines neuen Arbeitsverhältnisses nicht im Wege steht:

Sie können also Urlaubsabgeltung beanspruchen und dennoch bereits am nächsten Tag eine neue Arbeit aufnehmen!

Die Höhe der Urlaubsabgeltung entspricht dem, was Sie als Urlaubsentgelt verlangen könnten.

Es ist also das Gehalt maßgebend, das Sie in den letzten drei Monaten vor dem Ausscheiden bzw. vor Urlaubsantritt durchschnittlich verdient haben. Überstunden und Zulagen sind einzurechnen.

Bezüglich des Urlaubsabgeltungsanspruches gibt es in der Praxis immer wieder Probleme mit den bereits erwähnten „Ausgleichsquittungen".

Hierzu ist festzustellen, daß diese Verzichtserklärungen auf die Geltendmachung von Ansprüchen aus dem Arbeitsverhältnis Ihren Urlaubsabgeltungsanspruch nicht betreffen.
Dies gilt unabhängig davon, ob die Erklärung während des Arbeitsverhältnisses oder nach Beendigung desselben abgegeben wurde.
Auf Urlaubsabgeltungsansprüche kann nicht verzichtet werden!
Beachten Sie auch, daß der Urlaubsabgeltungsanspruch wie die meisten Ansprüche, die im Zusammenhang mit einem Arbeitsverhältnis stehen, bereits nach zwei Jahren verjährt. Die Verjährung endet dabei immer zum 31. Dezember des übernächsten Jahres.
Ist Ihr Anspruch auf Urlaubsabgeltung am 15.07.1988 entstanden, können Sie ihn deshalb bis zum 31.12.1990 geltend machen.
Danach kann Ihr Arbeitgeber die Auszahlung verweigern.
Da diese kurze Frist in der Praxis häufig durch Tarifverträge noch wesentlich verkürzt wird (bis zu drei Monaten) sollten Sie Ihren Abgeltungsanspruch möglichst frühzeitig geltend machen!
Achten Sie also auf Ihren Arbeitsvertrag oder einen für Sie gültigen Tarifvertrag:
häufig ist darin auch die Schriftform für die Geltendmachung des Anspruches vorgesehen!
Schließlich sollten Sie auch noch wissen, daß der Urlaubsabgeltungsanspruch wie Lohn behandelt wird, d.h. sowohl lohnsteuer- als auch sozialversicherungspflichtig ist.
Auch beim Arbeitslosengeld kann eine Urlaubsabgeltung eine Rolle spielen.
Für die Zeit des abgegoltenen Urlaubs nach Beendigung des Arbeitsverhältnisses erhalten Sie kein Arbeitslosengeld!

Können Sie die Urlaubsbedingungen mit Ihrem Arbeitgeber frei aushandeln?

Hierbei ist zu unterscheiden, ob Sie eine Vereinbarung über den gesetzlichen Mindesturlaub treffen, der im Bundesurlaubsgesetz geregelt ist, oder ob es um Urlaub geht, der darüber hinaus gewährt wird.
Bezüglich des Mindesturlaubs können in Einzelarbeitsverträgen und Betriebsvereinbarungen nur Regelungen getroffen werden, die zu Gunsten des Arbeitnehmers vom Gesetz abweichen. Die wesentlichen Bestimmungen des Bundesurlaubsgesetzes können auch durch einen Tarifvertrag nicht zu Ihren Lasten anderweitig geregelt werden.
Bei dem Urlaub, der über den Mindesturlaub hinaus geregelt wird, sieht es anders aus. Hier sind alle Parteien grundsätzlich frei.
Für diesen Mehrurlaub können auch Regelungen vereinbart werden, die zu Lasten der Arbeitnehmer von den Schutzbestimmungen des Bundesurlaubsgesetzes abweichen. Es können also z.B. längere Wartezeiten vereinbart werden.
Auch die Regelung, daß bei der Urlaubsentgeltberechung Überstunden nicht berücksichtigt werden sollen, wäre bezogen auf den Mehrurlaub wirksam.

Können Sie von Ihrem Arbeitgeber auch Sonderurlaub verlangen?

Neben dem gesetzlichen Anspruch auf Erholungsurlaub gibt es in manchen Fällen auch einen Anspruch auf Sonderurlaub.

Folgendes ist dabei zu beachten:
Eine Kategorie von Sonderurlaub verpflichtet den Arbeitgeber zur Freistellung (= Beurlaubung) des Arbeitnehmers bei gleichzeitiger Lohnweiterzahlung, die an-

dere führt lediglich zu einem Anspruch auf Beurlaubung.
Wenn Sie Sonderurlaub verlangen, weil Sie für eine relativ kurze Zeit durch eine in Ihrer Person liegenden Grund ohne Ihr Verschulden verhindert sind, Ihrer Arbeitstätigleit nachzugehen, können Sie Freistellung und Lohnfortzahlung verlangen. Dies ist dann der Fall, wenn Sie aus familiären Gründen (Eheschließung, Goldene Hochzeit der Eltern, Niederkunft der Ehefrau, schwerer Krankheit oder Tod eines nahen Angehörigen) Sonderurlaub verlangen.
Ereignen sich diese Vorfälle allerdings innerhalb Ihres Erholungsurlaubes, haben Sie Pech gehabt! Freistellung können Sie dann nicht verlangen.
Bezahlten Sonderurlaub können Sie auch dann verlangen, wenn Sie sich nach der Kündigung Ihres Arbeitsverhältnisses innerhalb der Kündigungsfrist nach einer neuen Stelle umschauen.
Dieser Sonderurlaub erstreckt sich aber nur auf eine angemessene Zeit, die zum Aussuchen einer neuen Stelle unbedingt notwendig ist. Wenn Sie sich also z.B. aus München kommend in Hamburg um eine neue Stelle bewerben, können Sie vom Arbeitgeber Freistellung für etwa zwei Tage verlangen. Entscheidend sind hier immer die Umstände des Einzelfalles (Zugverbindung, Flugzeiten etc.), so daß auch ein Tag für die Bewerbung ausreichen kann.

Bildungsurlaub, was ist das?

Neben den Arten des bezahlten Sonderurlaubs gibt es auch noch eine Form unbezahlten Urlaubs.
Hier kann der Arbeitnehmer lediglich die Freistellung von der Arbeit für eine gewisse Zeit verlangen. Lohnanspruch steht ihm nicht zu.
Nach der Rechtsprechung des Bundesarbeitsgerichts kann der Arbeitnehmer diese unbezahlte Freistellung

vom Arbeitgeber nur dann verlangen, wenn betriebliche Bedürfnisse dem nicht entgegenstehen.
Es gibt in den einzelnen Bundesländern Bildungsurlaubsgesetze, die zum Inhalt haben, daß Arbeitnehmer unter bestimmten Voraussetzungen für eine gewisse Zeit von ihrem Arbeitgeber die Freistellung zum Zwecke eines Bildungsurlaubes verlangen können.
In manchen Bundesländern enthalten diese Gesetze auch Regelungen darüber, daß der Anspruchsberechtigte ein gewisses Alter nicht überschreiten darf, (z.B. Berlin: Arbeitnehmer und Auszubildende bis zum 25. Lebensjahr).
Auch die Bildungszwecke werden in den einzelnen Ländergesetzen näher ausgeführt.
In der Regel muß es sich um eine Fortbildung im staatsbürgerlich-politischen oder beruflichen Bereich handeln.
Zum Teil wird vorgeschrieben, daß die Bildungsstätte staatlich anerkannt sein muß.
Die Dauer des Freistellungsanspruchs ist in den verschiedenen Bundesländern unterschiedlich geregelt. Sie liegt zwischen 5 und 10 Arbeitstagen im Kalenderjahr.
In den meisten Ländergesetzen gibt es auch eine Wartezeit nach der Einstellung (in der Regel 6 Monate), nach welcher der Arbeitnehmer erstmalig Bildungsurlaub verlangen kann.
Eine Regelung im hessischen Bildungsurlaubsgesetz hat das Bundesverfassungsgericht für unwirksam erklärt. Darin hatte der hessische Gesetzgeber bestimmt, daß der Arbeitgeber z.T. zur Entgeltfortzahlung während des Bildungsurlaubs verpflichtet war.
Eine solche Regelung ist nach Ansicht der Richter unwirksam, wenn sie keinen Erstattungsanspruch des Arbeitgebers gegen öffentliche Kassen enthält.
Es läßt sich also festhalten: Anspruch auf Bildungsurlaub besteht regelmäßig, aber kein Lohnfortzahlungsanspruch!

Die Beendigung des Arbeitsverhältnisses

Grundsätzliches

Wie wird ein Arbeitsverhältnis beendet?

Für die Beendigung des Arbeitsverhältnisses gibt es verschiedene Möglichkeiten:
1.) Aufhebungsvertrag
   Eine Beendigung ist auch durch eine vertragliche Vereinbarung, den sogenannten „Aufhebungsvertrag" möglich. Hier einigen sich Arbeitnehmer und Arbeitgeber darauf, daß das Arbeitsverhältnis zu einem bestimmten Zeitpunkt enden soll, d.h., ein Arbeitsverhältnis, das zunächst unbefristet war, wird im nachhinein befristet.
2.) Befristung
   War ein Arbeitsvertrag befristet und diese Befristung rechtlich zulässig, endet das Arbeitsverhältnis mit Zeitablauf. In seltenen Ausnahmefällen gilt dies auch für eine Bedingung.

Am häufigsten enden Arbeitsverträge durch
3.) Kündigung.
Dabei ist zu unterscheiden:
   a) die fristgemäße oder ordentliche Kündigung und die
   b) fristlose bzw. außerordentliche Kündigung.
Die fristlose außerordentliche Kündigung kann sowohl vom Arbeitgeber wie auch vom Arbeitnehmer erklärt werden, sofern ein „wichtiger Grund" vorliegt.
Auch können sowohl Arbeitgeber wie auch Arbeitnehmer fristgemäß kündigen.

Hierbei wird der Arbeitnehmer allerdings durch die Regelung des Kündigungsschutzgesetzes besonders geschützt.

Wie wird eine Kündigung erklärt?

Bei Kündigungen (= Kündigungserklärungen) handelt es sich im Juristendeutsch um sogenannte einseitige, empfangsbedürftige Willenserklärungen des Bürgerlichen Rechts.

Einseitig bedeutet, daß eine Annahme der Kündigung durch den Kündigungsempfänger grundsätzlich nicht erforderlich ist. Teilt Ihnen Ihr Arbeitgeber also mündlich mit, daß Sie fristlos entlassen sind, so ist es für die Wirksamkeit der Kündigungserklärung ohne Bedeutung, ob Sie dieser zustimmen oder nicht.

Nehmen Sie allerdings eine Kündigungserklärung Ihres Arbeitgebers ausdrücklich an, indem sie ihr zustimmen, so haben Sie mit dem Arbeitgeber einen Aufhebungsvertrag vereinbart.

Das Arbeitsverhältnis endet dann also nicht mehr durch Kündigung, sondern durch vertragliche Vereinbarung.

Das kann für Sie folgenschwere Bedeutung erlangen, da Sie sich nicht mehr auf den Kündigungsschutz berufen können, Sie möglicherweise weitere Ansprüche verlieren und durch den Abschluß eines Aufhebungsvertrages in der Regel vom Arbeitsamt für 12 Wochen kein Arbeitslosengeld beziehen.

Deshalb sollten Sie bei einer Kündigung Ihres Arbeitgebers keine voreiligen Zugeständnisse machen.

In welcher Form muß die Kündigung erklärt werden?

Nach der gesetzlichen Regelung ist es nicht erforderlich, daß eine Kündigung, egal von welcher Seite sie ausgesprochen wurde, schriftlich erfolgt.

Grundsätzlich ist also eine mündliche Kündigung ausreichend. Die Schriftform wird für die Wirksamkeit der Kündigung nur im Bereich des Berufsausbildungsverhältnisses verlangt.
Erklärt also z.B. der Ausbildungsleiter eines Betriebes einem Auszubildenden am Telefon die Kündigung, da dieser mehrmals unentschuldigt gefehlt hat, so ist diese unwirksam.
In vielen Tarifverträgen, Betriebsvereinbarungen oder Einzelverträgen ist aber vorgesehen, daß die Kündigung schriftlich oder sogar per Einschreiben erfolgen soll.
Ob eine mündliche Kündigung in einem solchen Fall dennoch wirksam ist, muß im Einzelfall entschieden werden.
Ergibt sich aus dem Verhalten der beiden Parteien, daß sie auf die Einhaltung der Schriftform keinen Wert legen, ist die Kündigung, auch wenn sie nur mündlich erfolgte, wirksam.
Soll die Kündigung durch Einschreiben erklärt werden, ist ohne besondere weitere Umstände davon auszugehen, daß bei Nichteinhaltung die Kündigung unwirksam ist.
Auch bei ausdrücklicher Vereinbarung der Schriftform im Arbeitsvertrag kann in der Regel angenommen werden, daß nur die schriftliche Kündigung wirksam ist.

Wer kann eine Kündigung erklären?

Es versteht sich von selbst, daß sowohl der Arbeitgeber wie auch der Arbeitnehmer kündigen kann.
Probleme treten immer nur dann auf, wenn ein „Vertreter" die Kündigung für eine der Parteien erklärt. Eine solche Vertretung bei der Abgabe der Kündigungserklärung ist grundsätzlich zulässig.
Voraussetzung dafür ist allerdings, daß der Vertreter erkennbar für eine Partei (Arbeitgeber oder Arbeitnehmer) auftritt und er eine entsprechende Bevollmächtigung der Parteien besitzt.

Eine solche Bevollmächtigung muß zwar grundsätzlich nicht schriftlich vorliegen, allerdings wird der Vertreter in der Regel seine Bevollmächtigung durch eine entsprechende Vollmachtsurkunde nachweisen können.

Bei einem Personalabteilungsleiter oder Personen, die eine ähnliche Stellung innehaben, ist lt. Bundesarbeitsgericht davon auszugehen, daß eine entsprechende Bevollmächtigung vorliegt. Eine Vollmachtsurkunde muß daher von diesen nicht mehr beigebracht werden.

Erhalten Sie also die Kündigung nicht vom Betriebsinhaber selbst, sondern von einem Geschäftsführer, Prokuristen oder gar nur Angestellten der Personalabteilung, so ist es sinnvoll, sich immer eine Vollmachtsurkunde vorlegen zu lassen.

Erfolgt dies dann nicht, kann die Kündigung bereits aus diesem Grund unwirksam sein.

Kündigung bei Minderjährigen

Betrifft eine Kündigung einen Minderjährigen, sei es daß er die Kündigung erklärt oder daß er gekündigt wird, so gelten Sonderbestimmungen: Grundsätzlich ist bei Minderjährigen auf den gesetzlichen Vertreter abzustellen.

Die Kündigung eines minderjährigen Arbeitnehmers ist also nur dann wirksam, wenn seine gesetzlichen Vertreter zugestimmt haben.

Diese Zustimmung der Eltern sollte in schriftlicher Form erklärt werden, da der Arbeitgeber ansonsten die Kündigung des Minderjährigen zurückweisen kann.

Wird einem Minderjährigen gekündigt, so muß die Kündigung an die gesetzlichen Vertreter, also in der Regel die Eltern, gerichtet werden.

Nur ausnahmsweise kommt es bei einer Kündigung alleine auf den Minderjährigen an.

Dies ist dann der Fall, wenn die Eltern generell einer

Arbeitstätigkeit des Minderjährigen zugestimmt haben oder sie ihm sogar erlaubt haben, selbst ein Unternehmen zu betreiben.

Wenn der Minderjährige ein so hohes Maß an Selbständigkeit von den Eltern erlangt hat, sind alle Erklärungen, die er abgibt oder annimmt, auch ohne eine Zustimmung der Eltern wirksam. In einem Ausbildungsverhältnis gilt dies aber noch nicht.

Kündigung vor Beginn der Arbeitstätigkeit?

Nach Ansicht des Bundesarbeitsgerichts kommt es nicht darauf an, ob Sie Ihre Tätigkeit bei Ihrem neuen Arbeitgeber bereits ausüben.

Dieser kann Ihnen bereits nach Abschluß des Arbeitsvertrags die Kündigung aussprechen, also noch vor dem tatsächlichen Arbeitsantritt.

Laut Bundesarbeitsgericht ist auch eine ordentliche, fristgemäße Kündigung in dem Zeitraum zwischen Abschluß des Arbeitsvertrages und der tatsächlichen Arbeitsaufnahme möglich. Nach Ansicht der Richter beginnt der Lauf der Kündigungsfrist hier frühestens mit Abschluß des Arbeitsvertrages.

Es kommt somit auch bei der Kündigungsfrist nicht auf die tatsächliche Arbeitsaufnahme an.

Diese Überlegungen gelten gleichermaßen für die Kündigung des Arbeitnehmers. Auch Sie können also bereits vor Aufnahme eines neuen Arbeitsverhältnisses kündigen!

Wodurch wird eine Erklärung zur Kündigung?

Eine Erklärung kann nur dann als Kündigung ein Arbeitsverhältnis beenden, wenn sich eindeutig und klar erkennen läßt, daß dies gewollt ist.

Auf die Formulierung im einzelnen kommt es nicht an,

so daß insbesondere das Wort „Kündigung" nicht unbedingt auftauchen muß.
Erklärt der Arbeitgeber also z.B.: „Zum nächsten Ersten will ich Sie hier nicht mehr sehen!", so ist hinreichend deutlich, daß eine Beendigung des Arbeitsverhältnisses gewollt ist. Eine wirksame Kündigung liegt damit vor.

Kündigung muß deutlich sein

Erfolgt die Erklärung allerdings so unbestimmt, daß für den Arbeitnehmer nicht eindeutig ist, ob es zu einer Kündigung gekommen ist, kann im Zweifel davon ausgegangen werden, daß das Arbeitsverhältnis weiterbesteht.
Dies ist insbesondere dann der Fall, wenn die Kündigung unter einer Bedingung ausgesprochen wird. Erklärt Ihnen also der Arbeitgeber, „daß er das Arbeitsverhältnis für beendet halte, wenn Ihre Arbeitsleistung in den nächsten drei Wochen nicht deutlich besser wird", so ist diese bedingte Kündigung unwirksam.
Durch eine Kündigung sollen klare Verhältnisse geschaffen werden, hier entstände aber nur Unsicherheit! In manchen Fällen kann es sogar ausreichen, wenn überhaupt keine Aussage oder kein Kündigungsschreiben des Arbeitgebers vorliegt, sich aber aus den Umständen eindeutig ergibt, daß er das Arbeitsverhältnis beenden möchte.
Dies ist dann der Fall, wenn der Arbeitgeber Ihnen nach einer längeren unentschuldigten Betriebsabwesenheit Ihre Arbeitspapiere zuschickt! Dann müssen Sie von einer fristlosen Kündigung ausgehen.
Nur dann, wenn Zweifel bestehen bleiben, ob tatsächlich eine Kündigung gewollt ist und sich dies nicht mehr aufklären läßt, liegt keine wirksame Kündigungserklärung vor.

Kann der Arbeitgeber die Kündigung auch „bedingt" erklären?

Da durch eine Kündigung klare Verhältnisse geschaffen werden sollen, kann diese grundsätzlich nicht unter einer Bedingung erklärt werden. Die Androhung des Arbeitgebers, daß er seinen Mitarbeiter entlassen werde, falls dieser noch einmal zu spät käme, wäre also unwirksam.
Der Arbeitgeber müßte die Kündigung erneut (diesmal aber ohne eine Bedingung!) aussprechen.
Zulässig ist es aber, daß der Arbeitgeber eine sogenannte „vorsorgliche Kündigung" erklärt.
Eine solche liegt vor, wenn Sie wegen der schlechten betrieblichen Auftragslage eine fristgemäße Kündigung erhalten, die den Hinweis enthält, „Daß die Kündigung bei Besserung der Lage wieder zurückgenommen werden soll".
Hierbei handelt es sich aber um eine uneingeschränkte Kündigung, die lediglich eine Wiedereinstellung des Arbeitnehmers ankündigt, wenn sich die Auftragslage bessert.
Allein durch die verwirrende Erklärung des Arbeitgebers wird sie aber nicht zu einer unzulässigen bedingten Kündigung.

Ab wann soll die Kündigung gelten?

Wichtig ist, daß sich aus einer Kündigung der Zeitpunkt ihrer Wirksamkeit erkennen läßt.
Auch dies kann sich aus den näheren Umständen ergeben:
Wollen Sie Ihren Betrieb unverzüglich verlassen, weil der Arbeitgeber Sie vor Kollegen schwer beleidigt hat, dann liegt Ihrerseits eine wirksame fristlose Kündigung vor, wenn Sie von Ihrem Arbeitgeber „unverzüglich die Arbeitspapiere verlangt haben".

Läßt sich aber nicht eindeutig erkennen, ob die Kündigung fristlos oder unter Einhaltung der gesetzlichen Kündigungsfrist erfolgen sollte, ist im Zweifel immer davon auszugehen, daß die Frist eingehalten werden soll.
Hat es also im Betrieb Krach gegeben, und liegen wechselseitige Beleidigungen zwischen Arbeitgeber und Arbeitnehmer vor, demzufolge der Arbeitgeber erklärt: „Jetzt reicht es. Hiermit kündige ich Ihnen!" Dann haben wir es mit einer fristgebundenen Kündigung zu tun. Sie wären also in diesem Fall berechtigt, bis zum frühest möglichen Kündigungstermin weiter zu arbeiten und entsprechend auch weiterhin Lohn zu beziehen!

Muß sich aus der Kündigungserklärung der Kündigungsgrund ergeben?

Im Falle einer Kündigung haben Sie ein Recht darauf zu erfahren, aus welchem Grund die Kündigung erfolgte.
Dies bedeutet aber nicht, daß eine Kündigungserklärung, die den Kündigungsgrund nicht enthält, unwirksam wäre!
Nur in einem Berufsausbildungsverhältnis muß die Kündigung, die nach der Probezeit erfolgt, begründet werden. Ansonsten wäre die dem Auszubildenden erklärte Kündigung unwirksam.
Dies gilt auch für Kündigungen, die umgekehrt von dem Auszubildenden erklärt werden.
In allen anderen Fällen ist der Arbeitgeber lediglich auf Ihre Nachfrage hin verpflichtet, Ihnen Auskunft über den Kündigungsgrund zu gewähren. Unterläßt er dies und entstehen Ihnen dadurch Kosten, weil Sie aus diesem Grund z.B. schlecht vorbereitet eine Kündigungsschutzklage führen, muß er Ihnen den Schaden ersetzen!
Wenn sich allerdings die Pflicht zur Angabe von Kündigungsgründen neben der gesetzlichen Regelung noch aus einem Tarifvertrag, einer Betriebsvereinbarung

oder Ihrem Arbeitsvertrag ergibt, sieht es anders aus:
In solch einem Fall kann die Kündigung allein schon deswegen unwirksam sein, weil sie keine Angabe der Kündigungsgründe enthält!

Die Änderungskündigung

Was ist eine „Änderungskündigung"?

Einer der wichtigsten Grundsätze des Arbeitsrechts besagt, daß der Arbeitgeber nicht berechtigt ist, einseitig die Bedingungen Ihres Arbeitsvertrages zu ändern.
Es ist ebenfalls unzulässig, eine Kündigung nur auf einen Teil der Bedingungen des Arbeitsvertrages zu erstrecken:
Es gibt keine „Teilkündigung"!
Will Ihr Arbeitgeber Sie also z.B. vom Prokuristen zum Handlungsbevollmächtigten „degradieren", so darf er Ihnen nicht die „Prokura" kündigen, wenn in Ihrem Arbeitsvertrag eine Anstellung als Prokurist vereinbart war.
Auch diese „Teilkündigung" wäre unzulässig!
Der Arbeitgeber kann aber im Wege der sogenannten „Änderungskündigung" vorgehen. Das bedeutet, daß er grundsätzlich das gesamte Arbeitsverhältnis kündigt, Ihnen aber eine Weiterbeschäftigung zu den geänderten Vertragsbedingungen (also Tätigkeit als „Handlungsbevollmächtigter") anbietet.
In dieser Situation haben Sie zwei Möglichkeiten:
Sie können mit dem „Änderungsangebot" des Arbeitgebers einverstanden sein. Dann besteht Ihr Arbeitsverhältnis unter den geänderten Vertragsbedingungen weiter (von nun an also als „Handlungsbevollmächtigter").
Sollten Sie aber mit diesem „Angebot" nicht einverstanden sein, so gewährt Ihnen das Kündigungsschutz-

gesetz besonderen Schutz, in dem Sie eine sogenannte „Änderungskündigungsschutzklage" erheben können.

Was ist das Besondere an der Änderungskündigungsschutzklage?

Diese besondere Klage soll Sie bei einer Änderungskündigung davor schützen, Ihren Arbeitsplatz zu verlieren!

Wenn der Arbeitgeber Ihre Arbeitsbedingungen verändern möchte und eine Änderungskündigung erklärt, so erheben Sie die Änderungskündigungsschutzklage nur gegen diese Veränderung Ihres Arbeitsvertrages.

Für den Fall, daß das Gericht dem Arbeitgeber mit seiner Änderungskündigung allerdings recht geben sollte, erklären Sie sich vorsorglich von Anfang an mit den geänderten Arbeitsbedingungen einverstanden!

Der „Clou" dieser speziellen Klageart liegt also darin, daß Sie in einem solchen Prozeß nicht Ihren Arbeitsplatz riskieren, sondern lediglich die Änderung der Vertragsbedingungen (Degradierung zum Handlungsbevollmächtigten) angreifen.

Gewinnen Sie den Änderungskündigungsschutzprozeß, weil das Arbeitsgericht der Ansicht ist, daß die Änderung der Arbeitsvertragsbedingungen „sozialwidrig" ist, so bleibt alles beim alten!

Verlieren Sie den Prozeß, so können Sie unter den neuen Bedingungen weiterarbeiten.

Wichtig für Sie ist auch, daß Sie während der gesamten Prozeßdauer weiter im Betrieb beschäftigt bleiben.

Was gibt es noch bei der Änderungskündigungsschutzklage zu beachten?

Da es sich auch bei dieser Klage um eine normale Kündigungsschutzklage handelt, müssen Sie auf die Fristen

des Kündigungsschutzgesetzes achten, soweit dieses Gesetz auf Ihr Arbeitsverhältnis anwendbar ist.
Sie müssen Ihre „Annahme der geänderten Arbeitsbedingungen unter Vorbehalt" dem Arbeitgeber innerhalb der Kündigungsfrist, spätestens jedoch innerhalb von drei Wochen nach Erhalt der Kündigung mitteilen und innerhalb des gleichen Zeitraums die Kündigungsschutzklage erheben!
Hier gilt wie bei jeder Kündigung:
Schnelles Handeln ist geboten, sonst droht Fristablauf!
In Anbetracht der rechtlichen Schwierigkeiten ist juristischer Rat hier erforderlich, da sonst der Prozeßverlust droht!
Es muß wohl nicht extra erwähnt werden, daß eine Änderungskündigung für einen Arbeitnehmer weniger folgenschwer ist als eine endgültige Kündigung. Die Arbeitgeber sind deshalb grundsätzlich gehalten, es vor einer völligen Aufkündigung des Arbeitsverhältnisses soweit möglich mit einer Änderungskündigung zu versuchen!
Es gilt deshalb der Grundsatz:
Eine Änderungskündigung geht der Beendigungskündigung vor!

Übermittlung der Kündigung

Wann ist Ihnen die Kündigung zugegangen?

Da die Kündigung eine empfangsbedürftige Willenserklärung ist, kann sie nur dann Wirksamkeit erlangen, wenn sie dem Kündigungsempfänger auch tatsächlich zugegangen ist.
„Zugang" im rechtlichen Sinne bedeutet, daß die Erklärung so in den Machtbereich des Kündigungsempfängers gelangt sein muß, daß dieser „unter normalen

Verhältnissen von ihr Kenntnis nehmen kann." Einfacher ist der Fall gelagert, wenn sich derjenige, der die Kündigung erklärt, und der Kündigungsempfänger unmittelbar gegenüberstehen: (die Kündigung erfolgt „vor Ort in der Betriebshalle"):
Wird hier die Kündigung gegenüber einem körperlich Anwesenden (oder am Telefon) erklärt, so ist sie ihm dann zugegangen, sobald er sie vernehmen kann. Es hilft Ihnen also nichts, wenn der Personalchef die Kündigung ausspricht, sie sich aber einfach die Ohren zuhalten. In einem solchen Fall wäre die Kündigung trotzdem wirksam zugegangen.
Auch wenn die Kündigung vom Empfänger nicht bzw. falsch verstanden worden ist, ändert dies an der Wirksamkeit der Kündigung grundsätzlich nichts.
Schwierigkeiten können sich bei Kündigungen gegenüber einem Ausländer ergeben:
diesem ist die Kündigung erst dann zugegangen, wenn er sie inhaltlich verstehen konnte. Möglicherweise ist dafür eine Übersetzung erforderlich.

Wenn die Kündigung nicht direkt übermittelt wird

Größere rechtliche Probleme ergeben sich, wenn die Kündigung einem Abwesenden gegenüber z.B. durch einen Schriftsatz erklärt wird.
Auch hier kommt es darauf an, daß die Kündigungserklärung so in den Bereich des Kündigungsempfängers gelangt ist, daß dieser die Möglichkeit hatte, sie zur Kenntnis zu nehmen.
Die tatsächliche Kenntnisnahme ist nicht erforderlich!
Das bedeutet also, daß dem Arbeitnehmer, der eine Kündigung befürchtet und infolgedessen das Kündigungsschreiben überhaupt nicht liest, sondern sofort wegwirft, die Kündigung dennoch wirksam zugegangen ist.
Auch durch das Abhängen des Briefkastens, einen längeren Auslandsaufenthalt oder durch Postannahmever-

weigerung läßt sich der Zugang eines Kündigungsschreibens nicht verhindern.
Die Kündigung gilt dennoch als zugegangen!
Zu beachten ist allerdings, daß derjenige, der sich auf die Kündigung beruft, den Zugang auch beweisen muß. Wenn der Arbeitgeber also durch einen normalen Brief kündigt, muß er im Prozeß notfalls beweisen, daß dieser Brief im Briefkasten des Arbeitnehmers gelandet ist!
Da dieser Beweis häufig nicht zu führen ist, werden viele Kündigungen per Einschreiben erklärt.

Kündigung per Einschreiben

Auch hier gibt es Probleme. Nach der Rechtsprechung des Bundesarbeitsgerichts geht ein Einschreibebrief dem Arbeitnehmer erst dann zu, wenn ihm der Brief tatsächlich ausgehändigt wurde. Trifft der Briefträger den Arbeitnehmer aber nicht an und hinterläßt ihm lediglich den Benachrichtigungsschein, daß das Einschreiben beim Postamt abzuholen ist, gilt die Kündigung erst dann als zugegangen, wenn der Arbeitnehmer das Einschreiben bei der Post auch tatsächlich abholt.
Dadurch kann sich der Zugang der Kündigung erheblich verzögern. Auch der Einschreibebrief mit Rückschein bietet keine bessere Lösung, da sich hier dieselben Probleme ergeben können wie beim einfachen Einschreiben. Es können sich also auch in diesem Fall bis zum Abholen des Schreibens erhebliche Verzögerungen einstellen.

Wie kann man die Zustellungsprobleme vermeiden?

Am sichersten läßt sich der Zugang dadurch erreichen, daß man entweder persönlich oder durch einen Boten der anderen Seite, möglichst vor Zeugen, die Erklärung zustellt.

Wird dem Arbeitnehmer durch einen Boten des Arbeitgebers das Kündigungsschreiben in den Briefkasten geworfen, gilt die Kündigung in dem Moment als zugegangen, in dem üblicherweise mit der Leerung des Briefkastens zu rechnen ist.
Fand der Briefeinwurf also am Sonntag statt, ist der Zugang erst am Montag erfolgt.
Wurde der Brief gegen 23 Uhr eingeworfen, ist in der Regel davon auszugehen, daß das Schreiben am nächsten Tag zugeht.

Wirksame Kündigung im Urlaub?

Da es keine gesetzliche Regelung gibt, die eine Kündigung während des Urlaubs verbietet, kann Ihnen grundsätzlich auch während Ihres Urlaubs gekündigt werden!
Aber auch hier ist der Zugang der Kündigung dergestalt erforderlich, daß Sie unter normalen Umständen die Möglichkeit hätten, Kenntnis von der Kündigungserklärung zu nehmen. Nun können Sie zwar argumentieren, daß Sie frühestens bei der Rückkehr aus dem Urlaub Kenntnis von der Kündigung erlangen können; dies hilft Ihnen aber nichts! Sie sind nämlich grundsätzlich verpflichtet, dafür zu sorgen, daß sich jemand während Ihrer Abwesenheit um Ihre Post kümmert oder daß Ihnen Ihre Post in den Urlaub nachgeschickt wird!
Das Bundesarbeitsgericht hat hierzu entschieden, daß einem Arbeitnehmer eine Kündigung während des Urlaubs selbst dann zugegangen ist, wenn der Arbeitgeber wußte, daß sich der Arbeitnehmer zu einem längeren Urlaubsaufenthalt im Ausland aufhielt.
Nach Ansicht der Richter wäre es für den Arbeitgeber unzumutbar, dem Arbeitnehmer die Kündigung in dessen Urlaubsort hinterherzuschicken.
Besondere Bedeutung erlangt der Zeitpunkt des Zuganges der Kündigung auch dadurch, daß eine Kündigungsschutzklage gegen eine Kündigung i.d.R.(=wenn

das Kündigungsschutzgesetz Anwendung findet) nur innerhalb von drei Wochen ab Zugang der Kündigungserklärung beim Arbeitnehmer möglich ist.

Sind Sie also für vier Wochen „in die Karibik geflogen", so kann für Sie der Kündigungsschutzprozeß bereits beendet sein, bevor er überhaupt begonnen hat!
Nur in Ausnahmefällen wird Ihnen das Gericht auf Antrag eine Verlängerungsfrist zubilligen, die sogenannte „Wiedereinsetzung in den vorigen Stand".
Diese Wiedereinsetzung ist aber nur dann zulässig, wenn der Arbeitnehmer trotz Anwendung aller ihm nach Lage der Umstände zuzumutenden Sorgfalt verhindert war, die Klage innerhalb der „Drei-Wochenfrist" zu erheben.
Da Sie mit dieser „Fristverlängerung" aber nur selten rechnen können, sorgen Sie besser dafür, daß sich jemand während ihres Urlaubs um Ihre Post kümmert bzw. daß Ihnen die Post nachgeschickt wird!

Kann eine Kündigung auch zurückgenommen werden?

Da eine Kündigung mit Zugang beim Kündigungsempfänger wirksam geworden ist, kann sie einseitig nicht mehr vom Kündigenden zurückgenommen werden.
Widerruft also Ihr Arbeitgeber eine Kündigung, die er zuvor schriftlich oder mündlich gegen Sie formuliert hat, haben Sie zwei Möglichkeiten:
Sie können entweder mit der Rücknahmeerklärung der Kündigung einverstanden sein. Dann haben Sie mit dem Arbeitgeber einen Vertrag über die Fortsetzung des Arbeitsverhältnisses getroffen, so daß sich im Ergebnis nichts ändert.
Sie können allerdings auch Kündigungsschutzklage erheben, um ein Urteil herbeizuführen, aus dem sich ergibt, daß die Kündigung des Arbeitgebers unwirksam

war. Um das weitere Arbeitsverhältnis nicht zu belasten, ist dieser Schritt nicht zu empfehlen.

Aus welchen Gründen kann eine Kündigung unwirksam sein?

Wie jede andere Willenserklärung kann auch eine Kündigung unwirksam sein.
Davon ist auszugehen, wenn die Kündigung gegen die guten Sitten, gegen ein gesetzliches Verbot oder gegen Treu und Glauben verstößt, oder die Kündigungserklärung wegen Irrtums, Drohung oder Täuschung angefochten worden ist.
Ein Verstoß gegen die guten Sitten liegt z.B. dann vor, wenn ein Arbeitgeber bei seinen „Annäherungsversuchen" regelmäßig von einer weiblichen Mitarbeiterin eine „Abfuhr" erhielt und ihr deswegen kündigte.
Eine Kündigung, die gegen ein gesetzliches Verbot verstößt, ist ebenfalls unwirksam. Dies ist z.B. dann der Fall, wenn der Arbeitgeber einem Arbeitnehmer nur deswegen kündigt, weil dieser Gewerkschaftsmitglied ist oder die Gründung eines Betriebsrates angekündigt hatte.
Eine Kündigung, die nur wegen einer Betriebsveräußerung ausgesprochen wird, wäre aus gleichem Grund unzulässig.
In diesem Fall hat der Arbeitnehmer nach dem Gesetz nämlich die Möglichkeit, sein Arbeitsverhältnis mit dem neuen Betriebserwerber unter unveränderten Bedingungen fortzusetzen.
Eine Kündigung kann auch durch eine Anfechtung unwirksam gemacht werden.
Dies gilt sowohl für die Arbeitnehmer- wie auch für die Arbeitgeberkündigung.
Wenn Ihr Arbeitgeber Sie beispielsweise zur Kündigung des Arbeitsverhältnisses veranlaßt, indem er Ih-

nen droht, daß Sie sonst die Folgen schon zu spüren bekämen, können Sie Ihre Kündigungserklärung durch eine Anfechtung wegen „widerrechtlicher Drohung" aufheben.

Eine Anfechtung der Kündigungserklärung kommt auch in Betracht, wenn Sie eine Erklärung abgegeben haben, die nach außen hin als Kündigung erscheinen mußte, von Ihnen selbst aber überhaupt nicht so gewollt war.

Ebenso läßt sich eine Kündigung durch Anfechtung beseitigen, wenn der Arbeitnehmer einem Irrtum über die wesentlichen Gründe, die ihn zur Kündigung veranlaßt haben, erlegen war.

Beispiel:

Ihnen kommt zu Ohren, daß Ihr Arbeitgeber sich Dritten gegenüber negativ über Ihre Leistungen äußert. Wenn Sie daraufhin spontan erklären, daß jetzt Schluß sei, ist das als fristlose Kündigung zu werten.

Stellt sich nun aber heraus, daß der Arbeitgeber solche Äußerungen tatsächlich nicht getätigt hat, können Sie die Kündigungserklärung mittels Anfechtung beseitigen.

Allerdings kann in solchen Fällen möglicherweise ein Schadensersatzanspruch des Arbeitgebers (z.B. Inseratskosten für ihren „Nachfolger") auf Sie zukommen! Daher Vorsicht bei jeder Äußerung, die als Kündigung verstanden werden könnte!

Welche Rolle spielt der Betriebsrat bei einer Kündigung?

Hat der Betriebsrat bei einer Kündigung mitzubestimmen?

Nach dem Betriebsverfassungsgesetz muß der Arbeitgeber vor jeder Kündigung den Betriebsrat anhören!

Jede Kündigung, egal ob fristgemäße ordentliche oder fristlose außerordentliche Kündigung kann vom Arbeitgeber also erst dann ausgesprochen werden, wenn er den Betriebsrat dazu angehört hat.
Aus alledem ergibt sich aber, daß der Betriebsrat bei einer Kündigung grundsätzlich nicht mitzubestimmen hat!
Mit anderen Worten: Auch ohne die Zustimmung des Betriebsrates ist die Kündigung grundsätzlich wirksam!
Die Kündigung ist nur dann unwirksam, wenn der Arbeitgeber den Betriebsrat nicht ordnungsgemäß angehört hat.
In manchen Fällen hat der Betriebsrat allerdings auch ein Widerspruchsrecht, womit er eine Kündigung zu Fall bringen kann.
Dies ist dann der Fall, wenn es bei einer betriebsbedingten Kündigung um die richtige „Sozialauswahl" geht!
Danach ist die Kündigung auch dann sozial ungerechtfertigt und damit unwirksam, wenn
– die Kündigung gegen eine Richtlinie nach dem Betriebsverfassungsgesetz (Einstellungs-, Versetzungs- und Kündigungsrichtlinien!) verstößt;
– der Arbeitnehmer an einem anderen Arbeitsplatz im selben Betrieb oder in einem anderen Betrieb des Unternehmens weiterbeschäftigt werden kann;
– die Weiterbeschäftigung nach zumutbaren Umschulungs- oder Fortbildungsmaßnahmen möglich ist, oder
– eine Weiterbeschäftigung unter geänderten Arbeitsbedingungen möglich ist und der Arbeitnehmer sein Einverständnis erklärt hat.

In diesen Fällen ist die betriebsbedingte, ordentliche Kündigung unwirksam, wenn der Betriebsrat aus diesen Gründen der Kündigung innerhalb einer Woche schriftlich widersprochen hat. Entsprechendes gilt auch im öffentlichen Dienst.

Insoweit besteht also ausnahmsweise ein „echtes Mitbestimmungsrecht" des Betriebsrates bei einer Kündigung.

Wie lange hat der Betriebsrat Zeit, sich zur Kündigung zu äußern?

Damit die Anhörung ordnungsgemäß erfolgt, muß der Arbeitgeber dem Betriebsrat alle Gründe und Tatsachen mitteilen, auf die er die Kündigung stützt.
Kündigungsgründe, die der Betriebsrat in dieser Anhörung nicht erfährt, können die Kündigung nicht rechtfertigen!
Ist die Anhörung des Betriebsrats unterblieben, oder hat der Arbeitgeber erst nach Ausspruch der Kündigung den Betriebsrat angehört, so ist die Kündigung unwirksam!
Wenn der Betriebsrat gegen eine ordentliche Kündigung Bedenken hat, so hat er diese unter Angabe der Gründe dem Arbeitgeber spätestens innerhalb einer Woche schriftlich mitzuteilen.
Bei einer außerordentlichen Kündigung muß dies unverzüglich geschehen, spätestens jedoch innerhalb von drei Tagen!

Was passiert, wenn der Betriebsrat die Anhörungsfrist verpaßt?

Äußert der Betriebsrat sich nicht innerhalb dieser Frist zur Kündigung, gilt seine Zustimmung als erteilt.
Voraussetzung für diese „unterstellte" Zustimmung zur Kündigung ist allerdings, daß die Anhörung des Betriebsrates ordnungsgemäß erfolgte.
Dafür ist erforderlich, daß der Arbeitgeber dem Betriebsrat alle Kündigungsgründe mitteilt, auf die er sich beruft.

Auf andere Kündigungsgründe, die dem Arbeitgeber von Anfang an bekannt waren, dem Betriebsrat aber nicht vorgetragen wurden, kann die Kündigung später nicht mehr gestützt werden.
Bevor der Betriebsrat seine Stellungnahme gegenüber dem Arbeitgeber abgibt, sollte er aber auch den Arbeitnehmer angehört haben.
Das hier beschriebene Anhörungsverfahren gilt zwar nur für die private Wirtschaft, jedoch gelten im öffentlichen Dienst ähnliche Regelungen.
Allerdings heißt im öffentlichen Dienst der Betriebsrat „Personalrat", und die Anhörung ist nicht im Betriebsverfassungsgesetz geregelt, sondern im „Landespersonalvertretungsgesetz", wenn Sie Landesbeamter sind, bzw. im „Bundespersonalvertretungsgesetz", wenn Sie Bundesbeamter sind.

Was geschieht, wenn es in Ihrem Unternehmen keinen Betriebsrat gibt?

Betriebsräte können in Unternehmen gegründet werden, in denen durchschnittlich mindestens fünf Arbeitnehmer beschäftigt sind.
Ob es dann tatsächlich einen Betriebsrat gibt, ist allein Sache der Arbeitnehmer.
Der Arbeitgeber ist nicht verpflichtet, von sich aus zur Einrichtung eines Betriebsrates beizutragen.
Aus diesem Grund gibt es in vielen Unternehmen, wo dies an sich möglich wäre, keinen Betriebsrat!
In diesen Unternehmen ist dann selbstverständlich auch keine Anhörung des Betriebsrates bei einer Kündigung möglich oder erforderlich.

Die ordentliche Kündigung

Die ordentliche oder fristgemäße Kündigung regelt den „Normalfall" der Kündigung.
Grundsätzlich ist bei dieser Kündigung nur die Einhaltung der Kündigungsfrist erforderlich.
Ein „wichtiger Grund" wie bei der außerordentlichen Kündigung ist nicht Wirksamkeitsvoraussetzung.
Es muß also „an sich" auch keine Begründung der Kündigung erfolgen.
Dies ist allerdings anders, wenn das Kündigungsschutzgesetz zugunsten des Arbeitnehmers Anwendung findet.
Ein Ausschluß der ordentlichen Kündigung ist in Tarifverträgen oder in Einzelarbeitsverträgen grundsätzlich auch zulässig.
Das Arbeitsverhältnis kann dann nur durch außerordentliche Kündigung beendet werden.
Der Arbeitnehmer kann sich allerdings nach dem Gesetz für maximal fünf Jahre an den Arbeitgeber binden, danach steht ihm die ordentliche Kündigung mit einer sechsmonatigen Kündigungsfrist wieder zu. Damit soll verhindert werden, daß Sie in zu große Abhängigkeit geraten!
Beim Arbeitgeber sieht es allerdings anders aus: Für ihn kann die ordentliche Kündigung auf Dauer ausgeschlossen werden!

Kündigungsfristen bei Angestellten

Kündigungsfrist ist der Zeitraum, der zwischen dem Zugang der Kündigung und ihrem Wirksamwerden liegt.
Durch diese Frist soll Ihnen die Möglichkeit gegeben werden, sich eine neue Arbeitsstelle zu beschaffen.
Da es unterschiedliche Kündigungsfristen bei Arbeitern und Angestellten gibt, zunächst zu den Angestellten.
Für Angestellte beträgt die gesetzliche Kündigungsfrist 6 Wochen zum Ende eines Kalenderquartals.

Dies gilt sowohl für die Kündigung von Ihrer Seite als auch von Arbeitgeberseite.

Wenn Ihnen also Ihr Arbeitgeber zum 30. Juni die Kündigung aussprechen möchte, muß Ihnen spätestens am 19. Mai das Kündigungsschreiben zugegangen sein.

Erhalten Sie aber erst am 20. Mai Kenntnis von der Kündigung, ist diese nicht etwa unwirksam, sondern es liegt im Zweifel eine Kündigung zum nächstzulässigen Termin (= 30. September) vor. Nach einer Entscheidung des Bundesarbeitsgerichts wäre die Kündigung zum 30.06. auch dann fristgemäß erfolgt, wenn der 19. Mai ein Samstag, Sonntag oder ein staatlich anerkannter Feiertag wäre.

Sie sollten allerdings immer darauf achten, ob in Ihrem Arbeitsvertrag eine abweichende Regelung getroffen ist. In vielen Angestelltenarbeitsverträgen ist die Kündigungsfrist nämlich auf einen Monat zum Monatsschluß verkürzt.

Eine solche Regelung ist auch zulässig. Spätestens am 31. August kann Ihnen somit zum 30. September gekündigt werden.

Erfolgt die Kündigung allerdings am 02. September, würde diese das Arbeitsverhältnis erst am 31.10. beenden.

Eine kürzere Kündigungsfrist als ein Monat zum Monatsschluß kann bei Angestellten durch einen Einzelarbeitsvertrag nicht vereinbart werden.

In einem solchen Fall müssen Sie aber auf den für Sie gültigen Tarifvertrag achten, da darin auch eine kürzere Kündigungsfrist vereinbart werden darf.

Nach dem „Angestelltenkündigungsschutzgesetz" genießen Angestellte, die mindestens 30 Jahre alt sind und eine Beschäftigungsdauer von mehr als fünf Jahren haben, eine verlängerte Kündigungsfrist, wenn der Arbeitgeber in der Regel mehr als zwei Angestellte im Betrieb beschäftigt. Die Kündigungsfrist beträgt dann
 – bei einer Beschäftigungsdauer von mindestens fünf Jahren drei Monate,

- bei einer Beschäftigungsdauer von mindestens 8 Jahren vier Monate,
- bei einer Beschäftigungsdauer von mindestens 10 Jahren fünf Monate,
- bei einer Beschäftigungsdauer von mindestens 12 Jahren sechs Monate.

Die Kündigung darf jeweils nur zum Schluß eines Kalendervierteljahres erfolgen.
Soll Ihnen also z.B. nach 11jähriger Betriebszugehörigkeit zum 31.12. gekündigt werden, dann ist der 31.07. desselben Jahres der letztmögliche Zeitpunkt, an dem Ihnen die Kündigung zugehen darf.
Wichtig ist jedoch, daß diese gesetzliche Regelung über die verlängerten Kündigungsfristen nur zum Schutz von Angestellten dient!
Die verlängerten Fristen greifen deshalb nur dann, wenn der Arbeitgeber kündigt.
Kündigen Sie hingegen selbst, so bleibt es bei der gesetzlichen Kündigungsfrist (= 6 Wochen zum Quartalsende).
In Ihrem Arbeitsvertrag kann aber geregelt sein, daß auch Ihre Kündigung nur unter Berücksichtigung der verlängerten Fristen erfolgen kann.
Die verlängerten Kündigungsfristen für den Arbeitgeber können dagegen nicht durch Einzelvertrag, Betriebsvereinbarung oder Tarifvertrag verkürzt werden.

Kündigungsfristen bei Arbeitern

Nach der gesetzlichen Regelung ist die Kündigungsfrist für Arbeiter kürzer als für Angestellte, sie beträgt nur zwei Wochen (Angestellter = 6 Wochen zum Quartalsende).
In einer Entscheidung neuesten Datums hat das Bundesverfassungsgericht entschieden, daß diese kürzere Frist mit dem Gleichheitsgrundsatz des Grundgesetzes

nicht vereinbar sei, da ein sachlicher Grund für die Ungleichbehandlung von Arbeitern und Angestellten nicht erkennbar ist.
Da der Gesetzgeber noch keine Neuregelung der gesetzlichen Mindestkündigungsfrist bei Arbeitern getroffen hat, sollen zur Zeit die Regeln über die Kündigungsfristen der Angestellten entsprechende Anwendung auch für Arbeiter finden.
Die Mindestkündigungsfrist beträgt danach also auch für Arbeiter sechs Wochen zum Quartalsende, kann aber im Arbeitsvertrag auf vier Wochen zum Monatsschluß verkürzt werden.
Vergleichbar zur Regelung der Angestellten gibt es auch bei Arbeitern mit längerer Betriebszugehörigkeit verlängerte Kündigungsfristen:

- bei einer Beschäftigungsdauer von mindestens fünf Jahren ein Monat,
- bei einer Beschäftigungsdauer von mindestens 10 Jahren zwei Monate,
- bei einer Beschäftigungsdauer von mindestens 20 Jahren drei Monate.

Diese verlängerten Kündigungsfristen wirken jeweils bis zum Monatsende.
Nur die dreimonatige Kündigungsfrist wirkt zum Ende eines Kalendervierteljahres.
Die verlängerten Kündigungsfristen wirken jeweils nur zu Ihren Gunsten, d.h. wenn eine Arbeitgeberkündigung vorliegt.
Kündigen Sie dagegen Ihrem Arbeitgeber, sind Sie nicht an die verlängerten Fristen gebunden.
Bei der Berechnung der Beschäftigungsdauer werden Dienstjahre, die vor der Vollendung des 25. Lebensjahres liegen, nicht mitgerechnet.
Das Bundesverfassungsgericht hat dies angeordnet, da nur so eine Gleichbehandlung zwischen Arbeitern und Angestellten auch bei der Berechnung der Beschäfti-

gungsdauer erreicht werden kann.
Es wird wohl nicht mehr lange dauern, bis auch die verlängerten Kündigungsfristen zwischen Arbeitern und Angestellten angeglichen werden.
Diesbezüglich ist aber zur Zeit noch einiges im unklaren!
Wegen der zahlreichen Entscheidungen des Bundesverfassungsgerichts zu dieser Problematik sollten Sie sich zur Zeit nicht auf das Gesetz verlassen, sondern rechtskundigen Rat einholen, wenn Sie Fragen haben!

Kündigung während der Probezeit

Ein Probearbeitsverhältnis kann befristet abgeschlossen werden oder auf unbestimmte Dauer. Bei einem befristeten Probearbeitsverhältnis ist eine ordentliche Kündigung nur dann möglich, wenn dies ausdrücklich im Vertrag vereinbart worden ist.

Wie ist die Kündigungsfrist in der Probezeit vertraglich geregelt?

Der Regelfall ist allerdings das Arbeitsverhältnis auf unbestimmte Dauer, dem eine gewisse Probezeit vorgeschaltet ist.
Das Bundesarbeitsgericht geht davon aus, daß innerhalb der Probezeit die Kündigungsfrist grundsätzlich auf das gesetzliche Minimum (= ein Monat zum Monatsende!) reduziert werden soll.
Nach den neueren Entscheidungen des Bundesverfassungsgerichts kann angenommen werden, daß dieser Grundsatz sowohl für Arbeiter wie auch für Angestellte gilt.
Diesbezüglich sollten Sie auf jeden Fall Rechtsrat einholen, wenn Sie konkrete Fragen haben!

Welche Besonderheiten
gibt es sonst noch zu beachten?

Eine wichtige Sonderregelung gilt im Bereich eines Berufsausbildungsverhältnisses.

Insoweit ist geregelt, daß das Berufsausbildungsverhältnis während der Probezeit jederzeit ohne Einhaltung einer Kündigungsfrist gekündigt werden kann.

Auch bei Schwangerschaft gelten Sonderregeln: Während der Schwangerschaft und bis zum Ablauf von vier Monaten nach der Entbindung sowie während des Erziehungsurlaubes darf einer Schwangeren grundsätzlich nicht gekündigt werden!

Dies gilt auch, wenn die Schwangerschaft in die Probezeit fällt:

Der Schutz der Schwangeren geht immer vor!

Die außerordentliche Kündigung

Eine außerordentliche Kündigung beendet das Arbeitsverhältnis frühzeitig und ohne Beachtung der sonst geltenden Kündigungsfristen.

Ist die außerordentliche Kündigung
automatisch fristlos?

Die Annahme vieler Arbeitnehmer, eine außerordentliche Kündigung sei immer fristlos, ist nicht richtig.

Der Arbeitgeber kann außerordentlich kündigen, dem Arbeitnehmer aber dennoch z.B. eine Frist von 10 Tagen einräumen.

Auch im umgekehrten Fall einer außerordentlichen Kündigung von Ihrer Seite sind Sie nicht gezwungen, Ihre Tätigkeit sofort einzustellen.

Aus Rücksichtnahme auf Ihren Arbeitgeber können Sie

durchaus eine gewisse Zeit weiterarbeiten, wenn Sie z.B. einen größeren Auftrag erledigen wollen.

Kann das Recht zur außerordentlichen Kündigung beschränkt werden?

Das Recht zur außerordentlichen Kündigung kann weder durch Einzelvertrag, Tarifvertrag noch durch Betriebsvereinbarung ausgeschlossen oder übermäßig beschränkt werden.
Bei Vorliegen eines „wichtigen Grundes" muß jeder der Vertragspartner die Möglichkeit haben, das Arbeitsverhältnis fristlos beenden zu können.
Das Bundesarbeitsgericht hat entschieden, daß es auch unzulässig ist, wenn bestimmte Gründe für eine fristlose Kündigung zwischen Arbeitgeber und Arbeitnehmer vereinbart werden.
In dem zu entscheidenden Fall sollte eine fristlose Kündigung immer dann begründet sein, wenn in der Kasse des Kassierers ein Fehlbetrag auftritt.
Eine solche Vereinbarung ist nach Ansicht der Richter aber unzulässig, weil dies zu einer Umgehung der zwingenden Kündigungsfristen führen würde.

Wann liegt ein wichtiger Grund für eine außerordentliche Kündigung vor?

Dies bestimmt sich jeweils nach dem Einzelfall, so daß sich die Frage nicht generell beantworten läßt.
Allgemein läßt sich nur sagen, daß ein solcher Grund dann vorliegt, wenn der kündigenden Partei die Fortsetzung des Arbeitsverhältnisses bis zum nächsten ordentlichen Kündigungstermin unzumutbar ist.
Dabei sind alle Umstände des Einzelfalles zu berücksichtigen. Regelmäßig wird eine Kündigung durch den Arbeitgeber aber dann begründet sein, wenn der Ar-

beitnehmer Tätlichkeiten oder erhebliche Ehrverletzungen gegenüber dem Arbeitgeber begangen hat.
Auch Straftaten wie z.B. Diebstahl, Betrug, Untreue, Sachbeschädigung, die zum Nachteil des Arbeitgebers gehen, berechtigen diesen regelmäßig zu einer außerordentlichen Kündigung.
Des weiteren wurden Arbeitsversäumnis, Arbeitsverweigerung, Arbeitsunfähigkeit durch Trunkenheit während der Arbeitszeit, Teilnahme an einem rechtswidrigen Streik und der Verrat von Betriebsgeheimnissen durch den Arbeitnehmer von der Rechtsprechung für ausreichend gehalten, um eine außerordentliche Kündigung zu begründen. Selbst das Führen von unerlaubten privaten Telefongesprächen während des Dienstes kann im Einzelfall schon ausreichend sein.

Was der Arbeitgeber vor jeder außerordentlichen Kündigung beachten muß

Der Arbeitgeber darf die Kündigung nur als „letztes Mittel" einsetzen, d.h., wenn eine mildere Vorgehensweise möglich ist, um den Arbeitnehmer „wieder zur Vernunft" zu bringen, muß der Arbeitgeber diese zunächst anwenden.
Grundsätzlich muß daher regelmäßig eine Abmahnung erfolgen, bevor Ihnen gekündigt wird!
Auch kann es geboten sein, statt der Kündigung eine Versetzung oder eine Änderungskündigung vorzunehmen.
Dieser Grundsatz gebietet es ebenfalls, die ordentliche Kündigung gegenüber der außerordentlichen als milderes Mittel vorzuziehen!

Außerordentliche Kündigung wegen einer Erkrankung?

Eine außerordentliche Kündigung wegen einer Erkran-

kung wird allerdings nur in wenigen Fällen zulässig sein.
So z.B. bei einer ansteckenden Erkrankung oder einer unheilbaren Krankheit, die zu einer dauernden Arbeitsunfähigkeit führt.
In diesen Fällen ist die außerordentliche Kündigung durch den Arbeitgeber aber nur dann möglich, wenn ihm die Fortsetzung des Arbeitsverhältnisses bis zum nächstmöglichen Kündigungstermin nicht zuzumuten ist. Das wird selten der Fall sein!

Außerordentliche Kündigung bei Straftaten des Arbeitnehmers?

Wenn der Arbeitnehmer gegenüber seinem Arbeitgeber Straftaten (Untreue, Betrug, Diebstahl etc.) begangen hat, wird regelmäßig eine außerordentliche Kündigung begründet sein, weil ein „wichtiger Grund" vorliegt.
Hat der Arbeitnehmer die Straftaten einem Dritten gegenüber begangen und verbüßt er infolgedessen eine Freiheitsstrafe, so gilt folgendes:
Wenn sich das Fehlen des Arbeitnehmers auf den Betrieb besonders schädlich auswirkt, oder die Straftat als solche eine Weiterarbeit des Arbeitnehmers undenkbar erscheinen läßt, (z.B. ein Krankenpfleger wurde wegen Vergewaltigung verurteilt!), so kann auch in diesem Fall eine außerordentliche Kündigung durch den Arbeitgeber begründet und zulässig sein.
Wenn diese Voraussetzungen nicht erfüllt sind, darf der Arbeitgeber nicht fristlos kündigen!
Ihm bleibt dann nur die Möglichkeit einer fristgebundenen ordentlichen Kündigung.
Trennen müssen Sie davon aber die Frage der Lohnweiterzahlung. Denn der Arbeitgeber muß kein Gehalt zahlen, wenn der Arbeitnehmer „sitzt".

Außerordentliche Kündigung bei Verdacht – Verdachtskündigung

Im Einzelfall kann bereits der bloße Verdacht einer Straftatbegehung durch den Arbeitnehmer ausreichend sein, um eine außerordentliche Kündigung zu begründen! Hierbei spricht man von einer sogenannten „Verdachtskündigung".

Diese ist nur dann zulässig, wenn ein dringender Tatverdacht gegen den Arbeitnehmer vorliegt, der sich nicht nur auf Vermutungen stützt, sondern durch Tatsachen erhärtet wird.

Ist in einem solchen Verdachtsfall das Vertrauensverhältnis zwischen Arbeitgeber und Arbeitnehmer zerstört, kann die außerordentliche Kündigung im Einzelfall begründet sein. Daher ist die „Verdachtskündigung" in der Regel nur bei besonders schweren Straftaten möglich.

Auch muß der Arbeitgeber mit allen zumutbaren Mitteln versucht haben, den Verdacht aufzuklären!

Dafür ist selbstverständlich auch die Anhörung des betroffenen Arbeitnehmers erforderlich.

Erst nachdem alle diese Voraussetzungen erfüllt sind, darf der Arbeitgeber die außerordentliche „Verdachtskündigung" aussprechen.

Im weiteren Verlauf eines Kündigungsschutzprozesses, der gegen eine Verdachtskündigung geführt wird, gibt es dann zwei Möglichkeiten:

Bleibt der „Verdacht" im Prozeß bestehen, weil sich der Arbeitnehmer nicht entlasten kann, und sind die weiteren Voraussetzungen für eine „berechtigte Verdachtskündigung" gegeben, verliert der Arbeitnehmer den Prozeß.

Kann der Arbeitnehmer den Verdacht aber entkräften, so gewinnt er auf der ganzen Linie:

Er kann sowohl die Fortsetzung des Arbeitsverhältnisses verlangen wie auch die Lohnzahlung ab dem Zeitpunkt der unberechtigten Verdachtskündigung!

Der Arbeitgeber geht also ein großes Risiko ein, wenn

er eine Kündigung nur mit einem „Verdacht" begründet. Für alle anderen Fälle der außerordentlichen Kündigung gilt aber der Grundsatz uneingeschränkt: Der Kündigende muß die Tatsachen beweisen, auf die er seine Kündigung stützt!

Können auch Sie Ihrem Arbeitgeber außerordentlich kündigen?

In den meisten Fällen wird die außerordentliche Kündigung als Kündigung des Arbeitgebers ausgesprochen. Auch Ihnen steht aber ein „außerordentliches Kündigungsrecht" zu!

Dies wird relevant, wenn der Arbeitgeber die Vergütung an seine Mitarbeiter überhaupt nicht oder regelmäßig mit Verspätung auszahlt.

Das gleiche gilt, wenn der Arbeitgeber seiner Fürsorgepflicht Ihnen gegenüber nicht nachkommt.

Ein solcher Fall liegt z.B. vor, wenn der Arbeitgeber es mit den Sicherheitsbestimmungen im Betrieb nicht so genau nimmt!

Sehen Sie sich durch eine Verletzung von Arbeitsschutzbestimmungen konkret gefährdet, so können Sie Ihre Tätigkeit einstellen und fristlos kündigen!

Voraussetzung ist allerdings, daß Sie den Arbeitgeber auf die Mißstände im Betrieb hingewiesen haben, aber nichts von dessen Seite geschehen ist.

Selbstverständlich ist eine außerordentliche Kündigung auch dann denkbar, wenn Ihr Arbeitgeber Sie öffentlich beleidigt, oder es sogar zu Tätlichkeiten gekommen ist.

Sie sollten sich Ihrer Sache aber ganz sicher sein, wenn Sie Ihre Tätigkeit wegen einer fristlosen Kündigung einstellen.

Sollte sich in einem späteren Prozeß nämlich herausstellen, daß Sie unberechtigterweise Ihre Tätigkeit eingestellt haben, so kann der Arbeitgeber von Ihnen Schadensersatz verlangen, und zwar für die Zeit, die ihm bis zu Ihrem

frühestmöglichen (regulären) ordentlichen Kündigungstermin durch Ihre „Nichtarbeit" entstanden ist. Das kann im konkreten Fall ganz erheblich sein, wenn es wegen Ihres Fehlens zu Produktionsausfällen im Betrieb kam!
Also Vorsicht bei der außerordentlichen Kündigung!

Gibt es auch bei der außerordentlichen Kündigung Fristen zu beachten?

Bei der außerordentlichen Kündigung sind im wesentlichen zwei Fristen von Bedeutung:
Der Kündigende kann sich nur innerhalb von zwei Wochen, nachdem er Kenntnis von den die Kündigung betreffenden Tatsachen erlangt hat, auf diese berufen und die Kündigung erklären.
Hatten Sie also am 01.05. eine tätliche Auseinandersetzung mit Ihrem Arbeitgeber, der daraufhin erst einmal bis zum 15. Mai in Urlaub fuhr, so kann er Ihnen am 16. Mai nicht mehr außerordentlich kündigen!
Sein Kündigungsrecht ist „verwirkt".
Die zweite bedeutsame Frist im Zusammenhang mit einer außerordentlichen Kündigung ist im Kündigungsschutzgesetz geregelt.
Hat der Arbeitgeber Ihnen außerordentlich gekündigt, können Sie nur innerhalb von drei Wochen dagegen gerichtlich vorgehen.
Wenn Sie nicht innerhalb dieser Frist Klage bei dem zuständigen Arbeitsgericht eingereicht haben, ist die Kündigung sozial gerechtfertigt! Andere Rechtswidrigkeitsgründe können auch noch später geltend gemacht werden.

Außerordentliche Kündigung auch bei Arbeitnehmern, die unkündbar sind?

Die außerordentliche Kündigung ist grundsätzlich jedem Arbeitnehmer gegenüber möglich.

Auch Betriebsratsmitglieder sind diesbezüglich nicht besonders geschützt.
Allerdings darf der Arbeitgeber einem Betriebsratsmitglied nicht etwa deswegen kündigen, weil dieser sich einen Verstoß im Zusammenhang mit seiner Betriebsratstätigkeit zu schulden kommen ließ.

Außerordentliche Kündigung von Schwangeren bzw. Schwerbehinderten?

Besonderheiten gelten im Kündigungsrecht bei werdenden Müttern und bei Schwerbehinderten:
Hier ist eine außerordentliche Kündigung nur dann möglich, wenn die zuständige staatliche Stelle, die sogenannte Hauptfürsorgestelle, zustimmt.
Diese Arbeitnehmer sind also besonders vor einer außerordentlichen Kündigung geschützt.

Allgemeiner Kündigungsschutz

Das Kündigungsschutzgesetz

Das Kündigungsschutzgesetz findet auf Sie Anwendung, wenn Sie in einem Betrieb mit mehr als sechs Arbeitnehmern beschäftigt sind und Sie zusätzlich bereits länger als sechs Monate in diesem Unternehmen tätig waren.
Aus dem Kündigungsschutzgesetz ergibt sich, daß auch die ordentliche Kündigung nur dann zulässig ist, wenn sie „sozial gerechtfertigt" ist.
Es muß also auch bei der ordentlichen fristgemäßen Kündigung durch den Arbeitgeber eine Begründung erfolgen, da ansonsten die soziale Rechtfertigung nicht überprüfbar wäre.

Welche ordentlichen Kündigungen müssen sozial gerechtfertigt sein?

Damit eine „Sozialprüfung" durch die Arbeitsgerichte stattfinden kann, muß das Kündigungsschutzgesetz aber überhaupt anwendbar sein.
Dies ist nur dann der Fall, wenn Sie im Zeitpunkt der Kündigung in Ihrem Betrieb bereits länger als sechs Monate ohne Unterbrechung beschäftigt waren. Sollte der Arbeitgeber Ihnen also nach 5 Monaten und 3 Wochen ordentlich kündigen, so hilft Ihnen das Kündigungsschutzgesetz nicht!
In diesem Fall muß der Arbeitgeber die Kündigung überhaupt nicht begründen.
Das Kündigungsschutzgesetz gilt auch nur in Betrieben, die regelmäßig mehr als 5 Arbeitnehmer beschäftigen. Auszubildende werden dabei nicht mitgerechnet. Auch

„gering Beschäftigte", die weniger als 10 Stunden in der Woche oder 45 Stunden im Monat arbeiten, werden bei der Ermittlung der Arbeitnehmer nicht mitgezählt.
In „Kleinstbetrieben" genießen Sie also einen geringeren Kündigungsschutz!

Wann ist die ordentliche Kündigung sozial gerechtfertigt?

Das Kündigungsschutzgesetz sieht vor, daß die Kündigung durch den Arbeitgeber nur dann in Ordnung geht, wenn „personen-, verhaltens- oder betriebsbedingte Gründe" vorliegen.
Eine „personenbedingte Kündigung" liegt dann vor, wenn in der Person des Arbeitnehmers Kündigungsgründe vorliegen, die objektiv eine Kündigung rechtfertigen.
Verantwortlichkeit des Arbeitnehmers für diese Gründe im Sinne eines Verschuldens ist nicht erforderlich.
Der häufigste Fall der personenbedingten Kündigung ist gegeben, wenn eine Erkrankung des Arbeitnehmers vorliegt.

Kündigung wegen Krankheit (personenbedingte Kündigung)

Wann darf der Arbeitgeber Ihnen wegen einer Krankheit kündigen?

Eine personenbedingte Kündigung findet vor allem dann Anwendung, wenn eine Arbeitnehmer langfristig oder so häufig erkrankt, daß er für den Betrieb mögli-

cherweise nicht mehr zu tragen ist oder sogar wegen der anfallenden Kosten andere Arbeitsplätze gefährdet werden.
Der Gesetzgeber hat diesen Interessenkonflikt zum Teil im Kündigungsschutzgesetz geregelt.
Wenn Sie unter den Anwendungsbereich dieses Gesetzes fallen, steht Ihnen ein hoher Schutz vor einer „krankheitsbedingten" Kündigung zur Seite:
Das Bundesarbeitsgericht erkennt nur in wenigen Fällen eine solche personenbezogene Kündigung für rechtens an, in den meisten Fällen ist sie „sozialwidrig".
In folgenden Fällen kann Ihnen jedoch „krankheitsbedingt" gekündigt werden:

1. Bei absoluter Arbeitsunfähigkeit

Daß der Arbeitgeber sich in diesem Fall von Ihnen trennen kann, versteht sich von selbst.

2. Bei krankheitsbedingter Minderung der Leistungsfähigkeit

Auch in den Fällen, in denen Sie Ihrer geschuldeten Arbeitspflicht nicht mehr in vollem Umfang nachkommen können, da Sie durch eine Erkrankung daran gehindert werden, kann sich der Arbeitgeber von Ihnen durch eine Kündigung trennen.
Diese Kündigung stellt allerdings nur das letzte Mittel dar, das dem Arbeitgeber zur Verfügung steht.

Nach einer Entscheidung des Bundesarbeitsgerichts muß Ihr Arbeitgeber nämlich zunächst versuchen, Ihnen eine leichtere oder Ihrem Körperzustand sonst angemessene Arbeit zuzuweisen.
Sollten Sie jedoch dieser neuen Arbeit auch nicht mehr nachkommen können, darf Ihnen gekündigt werden.

3. Bei häufigen Kurzerkrankungen

Wenn Sie unter einer Krankheit leiden, die bereits in der Vergangenheit zu außerordentlich häufigen Krankheitszeiten führte, und auch in der Zukunft damit zu rechnen ist, daß Sie regelmäßig arbeitsunfähig sein werden, kann eine krankheitsbedingte Kündigung zulässig sein.
Aber selbst in dieser Situation ist Ihr Arbeitgeber bei der Kündigung nicht völlig frei. Die Kündigung ist nur dann gerechtfertigt, wenn die bisherigen und die in der Zukunft zu erwartenden Krankheitszeiten zu einer unzumutbaren betrieblichen oder wirtschaftlichen Belastung des Arbeitgebers führen.
Dies ist in einer umfassenden Interessenabwägung festzustellen.
Im Kündigungsschutzprozeß ergeben sich in der Praxis große Schwierigkeiten bei dieser „krankheitsbedingten Kündigung wegen häufiger Kurzerkrankungen".
Hierzu sollten Sie folgendes wissen:
Ihr Arbeitgeber ist grundsätzlich nicht verpflichtet, Sie über die Art der Erkrankung und die voraussichtliche Entwicklung Ihres Gesundheitszustandes anzuhören.
Er kann allein aus zahlreichen zurückliegenden Fehlzeiten darauf schließen, daß auch in Zukunft solche eintreten werden:
Nun ist es im Prozeß an Ihnen, das Gegenteil zu beweisen!
Indem Sie ärztliche Gutachten einholen, können Sie nachweisen, daß Ihre früheren Erkrankungen nichts darüber aussagen, daß auch künftig mit weiteren ständigen Erkrankungen zu rechnen ist.
Es würde auch schon ausreichen, wenn Sie Ihre Ärzte (Hausarzt etc.) von der ärztlichen Schweigepflicht entbinden und diesbezügliche für Sie günstige Aussagen von den Ärzten im Kündigungsschutzprozeß gemacht werden.

Ganz entscheidend bei dieser „krankheitsbedingten Kündigung wegen häufiger Kurzerkrankungen" ist also

die Prognose über die Häufigkeit zukünftiger Erkrankungen!
Ob es bei dieser Prognose auf den Zeitpunkt der Kündigung ankommt, oder ob spätere Umstände während des Kündigungsschutzprozesses noch berücksichtigt werden können, ist heftig umstritten.
Dieser Streit geht sogar so weit, daß verschiedene Senate des Bundesarbeitsgerichts hierzu unterschiedliche Meinungen vertreten!
Sie sollten deshalb, um bei einer Kündigungsschutzklage nichts falsch zu machen, in jedem Fall rechtskundigen Rat einholen!

4. „Krankheitsbedingte" Kündigung bei Dauererkrankung

Eine „krankheitsbedingte" Kündigung kann auch dann begründet sein, wenn zur Zeit der Kündigung feststeht, daß Ihre Erkrankung in absehbarer Zeit nicht zu beheben sein wird (Dauererkrankung) und wenn dies zu unzumutbaren Folgen für den Arbeitgeber führen würde.
Ein generelles Kündigungsrecht des Arbeitgebers ist aber auch bei Dauererkrankungen nicht gegeben. Wie bei jeder Kündigung, so ist auch hier der Grundsatz der Verhältnismäßigkeit zu berücksichtigen.
Ihr Arbeitgeber muß zunächst versuchen, durch zumutbare anderweitige Maßnahmen (z.B. Einstellung einer Aushilfskraft, vorübergehende Umorganisation oder vorübergehende Einführung von Überstunden) die Zeit Ihres krankheitsbedingten Arbeitsausfalls zu überbrücken!
Im Einzelfall kann es dem Arbeitgeber nach einer Entscheidung des Bundesarbeitsgerichts sogar zuzumuten sein, eine Aushilfskraft auf unbestimmte Zeit einzustellen.
Es kommt aber immer auf die Umstände des Einzelfalles an!
Auch die Frage, wie lange der Arbeitgeber Ihre Abwe-

senheit überbrücken muß, läßt sich nicht generell beantworten. Dabei spielt allerdings Ihre bisherige Betriebszugehörigkeit eine entscheidende Rolle:
Kurzzeitig Beschäftigte müssen auch nur kurzfristig ersetzt werden!
Langzeitbeschäftigte haben dagegen auch einen Anspruch auf längere Überbrückungsmaßnahmen!
Dies hat das Bundesarbeitsgericht ausdrücklich betont.

Muß der Arbeitgeber mit Ihnen vor der Kündigung über die Krankheit reden?

In der Praxis kommt es immer wieder vor, daß Arbeitnehmer im Kündigungsschutzprozeß vorbringen, daß ihnen der Arbeitgeber einfach gekündigt habe, ohne mit ihnen die näheren Umstände der Erkrankung bzw. die voraussichtliche Dauer zu besprechen. Dazu hat das Bundesarbeitsgericht entschieden, daß der Arbeitgeber zwar grundsätzlich eine diesbezügliche Erkundigungspflicht hat, daß die Kündigung aber nicht automatisch unwirksam ist, wenn er dagegen verstoßen hat.
Nach Ansicht der Richter ist eine krankheitsbedingte Kündigung wegen einer Dauererkrankung nur dann zulässig, wenn die Ungewißheit über die Wiederherstellung der Arbeitskraft zu unzumutbaren betrieblichen Auswirkungen führt.
Diese „unzumutbaren betrieblichen Auswirkungen" darzulegen, ist Sache Ihres Arbeitgebers!
Er muß konkret nachweisen, daß durch Ihre längere betriebliche Abwesenheit z.B. wesentliche Störungen im Arbeitsablauf, ein Produktionsausfall oder der Verlust von Kundenaufträgen droht.
Der Arbeitgeber kann die Kündigung auch damit begründen, daß ihm durch die voraussichtlichen Fehlzeiten erhebliche Kosten entstehen.
Dieses Argument gewinnt besonders in Kleinbetrieben Bedeutung, während in größeren Unternehmen vom

Arbeitgeber eher die Vorhaltung einer „Personalreserve" erwartet werden kann.

Da es bei jeder krankheitsbedingten Kündigung zu einer umfassenden Interessenabwägung kommen muß, sollten Sie untersuchen, ob folgende Argumente, die sich zu Ihren Gunsten auswirken könnten, in Ihrem Fall greifen:

Lebensalter, Dauer der Betriebszugehörigkeit, Unterhaltspflichten, Stellung im Betrieb, Situation auf dem Arbeitsmarkt, wirtschaftliche Lage des Unternehmens oder Ursache der Erkrankung können Argumente liefern, die gegen eine Entlassung sprechen!

Sind Sie z.B. das Opfer eines Betriebsunfalls und leiden Sie unter einer Betriebskrankheit, dann wird man Ihnen sicherlich erheblich weniger leicht kündigen können, als wenn Sie einen privaten Sportunfall erlitten haben.

Geht es dem Unternehmen wirtschaftlich besonders gut, so stehen Ihre Chancen im Kündigungsschutzprozeß besser, da es Ihrem Arbeitgeber eher zuzumuten ist, Sie weiterzubeschäftigen!

Kündigung wegen Alkoholabhängigkeit

Bei einer Kündigung wegen Problemen, die im Zusammenhang mit Alkohol stehen, ist zu unterscheiden:

Liegen ein- oder mehrmalige „Alkoholtaten" (z.B. Trunkenheit im Dienst, Fehlzeiten wegen Trunkenheit, Führerscheinentzug etc.) des Arbeitnehmers vor, so kann eine außerordentliche Kündigung oder eine ordentliche verhaltensbedingte Kündigung gerechtfertigt sein.

Voraussetzung dafür wäre, daß ein Verschulden des Arbeitnehmers vorliegt und in der Regel eine Abmahnung durch den Arbeitgeber erfolgt ist.

Alkoholabhängigkeit kann aber auch eine krankheitsbedingte fristgerechte Kündigung begründen.

Das Bundesarbeitsgericht hat entschieden, daß Alkoholabhängigkeit (Alkoholismus) eine Krankheit ist, die wie andere Krankheiten auch bei längerer Dauer oder bei sich ständig erneuernden Schüben eine krankheitsbedingte Kündigung rechtfertigen kann.
Nach Ansicht der Richter sei nicht davon auszugehen, daß bei Alkoholismus generell ein Verschulden des Arbeitnehmers vorliegt (dann eventuell „verhaltensbedingte Kündigung"), sondern es sei auf den Einzelfall abzustellen.
Die Kündigung kommt grundsätzlich nur dann in Betracht, wenn durch die Weiterbeschäftigung des alkoholabhängigen Arbeitnehmers die betrieblichen Interessen unzumutbar beeinträchtigt würden.
Dies ist in der Regel dann der Fall, wenn der Arbeitnehmer nicht bereit ist, eine Alkoholtherapie (Entziehungskur) auf sich zu nehmen, da dann mit einer baldigen Genesung nicht zu rechnen ist.

Die ordentliche, verhaltensbedingte Kündigung

Wann ist eine ordentliche, verhaltensbedingte Kündigung zulässig?

Das Verhalten eines Arbeitnehmers rechtfertigt in erster Linie dann eine Kündigung, wenn Vertragsverletzungen vorliegen.
Solche Vertragsverletzungen müssen dem Arbeitnehmer aber vorwerfbar sein, d.h., er muß sie verschuldet haben, damit eine verhaltensbedingte Kündigung gerechtfertigt ist. Nur in extremen Ausnahmefällen, wenn dem Arbeitgeber ein besonders hoher Schaden entstan-

den ist, kommt es möglicherweise auf das Verschulden des Arbeitnehmers nicht an.
Vertragsverletzungen, die eine verhaltensbedingte Kündigung rechtfertigen können, sind z.B. Bummelei, Schlechterfüllung der Arbeit, dauernde grundlose Beschwerden, Verstoß gegen ein im Arbeitsvertrag vereinbartes Wettbewerbsverbot (Schwarzarbeit!), Verstoß gegen das innerbetriebliche Alkoholverbot, Schwarzfahrten mit dem betriebseigenen PKW, häufige unerlaubte Privattelefongespräche ....
Sogar das außerdienstliche Verhalten eines Arbeitnehmers kann eine verhaltensbedingte Kündigung begründen.
Dies ist z.B. dann gegeben, wenn ein Kraftfahrer seinen Führerschein bei einer privaten Trunkenheitsfahrt verliert und im Betrieb anderweitig nicht mehr einsetzbar ist.
Dann kann der Arbeitgeber ihm grundsätzlich „verhaltensbedingt" kündigen.
Auch außerbetriebliche Betrügereien eines Lohnbuchhalters können nach einer Entscheidung des Bundesarbeitsgerichts seinen Arbeitgeber berechtigen, ihm verhaltensbedingt fristgerecht zu kündigen.

Was ist eine Abmahnung?

Unter einer Abmahnung versteht man eine Beanstandung von Leistungsmängeln durch den Arbeitgeber, die mit dem Hinweis verbunden ist, daß im Wiederholungsfalle das Arbeitsverhältnis (zumindest) gefährdet ist.
Dies muß der Arbeitgeber hinreichend deutlich machen.
Es ist jedoch nicht erforderlich, daß eine bestimmte Art der Kündigung bereits in der Abmahnung angedroht wird. Die Androhung, „daß gekündigt wird, wenn sich die Bummelei noch einmal wiederholt", ist also ausreichend!

Zwar kann eine Abmahnung grundsätzlich auch mündlich erfolgen, in der Regel werden Arbeitgeber aus Beweisgründen allerdings die Schriftform wählen.

Muß immer eine Abmahnung erfolgen?

Ob eine verhaltensbedingte Kündigung, der keine Abmahnung vorausging, wirksam ist oder nicht, läßt sich nicht generell beantworten.
Wurde Ihnen wegen einer Verletzung der eigentlichen Arbeitspflicht (z.B. zu geringe oder schlechte Arbeitsleistung) oder wegen der Verletzung einer damit in unmittelbarem Zusammenhang stehenden Nebenpflicht (z.B. unentschuldigtes Fehlen, Nichtbefolgen von Arbeitsanweisungen, unbefugtes Verlassen des Arbeitsplatzes, Zuspätkommen) verhaltensbedingt gekündigt, so ist diese Kündigung nur dann wirksam, wenn eine Abmahnung vorhergegangen war. Hierbei handelt es sich um Verstöße im sogenannten „Leistungsbereich", die der Arbeitgeber abmahnen muß, damit Ihnen in Zukunft die Möglichkeit gegeben wird, sich vertragsgemäß zu verhalten. Eine Kündigung ohne Abmahnung wäre also unwirksam! Eine Abmahnung wäre nur dann entbehrlich, wenn von vorneherein feststeht, daß diese keinen Erfolg haben wird oder wenn eine besonders schwerwiegende Pflichtverletzung vorlag.

Abmahnungen bei Vertragsverletzungen im Vertrauensbereich

Auch dann, wenn das arbeitsvertragswidrige Verhalten im sogenannten „Vertrauensbereich" angesiedelt war, kann eine Kündigung ohne vorausgehende Abmahnung zulässig sein.
Dies ist z.B. dann der Fall, wenn der Arbeitnehmer ei-

nen nicht völlig unerheblichen Diebstahl im Betrieb begangen, Firmengelder unterschlagen oder eine Vollmacht mißbraucht hat. Nach Ansicht des Bundesarbeitsgerichts muß allerdings bei einer verhaltensbedingten Kündigung eine erfolglose Abmahnung dann vorausgegangen sein, wenn der Arbeitnehmer aus vertretbaren Gründen annehmen konnte, daß sein Verhalten nicht vertragswidrig ist oder zumindest vom Arbeitgeber als nicht erheblich eingeschätzt wird.

Wie können Sie sich gegen eine Abmahnung wehren?

Da eine Abmahnung regelmäßig die zwingende Voraussetzung für eine außerordentliche Kündigung aus wichtigem Grund ist, bzw. einer ordentlichen verhaltensbedingten Kündigung vorausgehen muß, kommt ihr erhebliche Bedeutung zu.
Die Abmahnung kann bereits die halbe Kündigung sein!
Sie sollten sich daher eine Abmahnung auf keinen Fall gefallen lassen, wenn Sie der Meinung sind, daß diese zu Unrecht ergangen ist!
Um eine solche Abmahnung aus Ihrer Personalakte zu entfernen, haben Sie verschiedene Möglichkeiten:
Die einfachste und in der Regel auch naheliegendste Möglichkeit besteht darin, Ihren Arbeitgeber in einem ruhigen und sachlichen Gespräch zur Rücknahme zu bewegen.
Dazu können Sie auch den Betriebsrat als Vermittler einschalten.
Sollte dieses Vorgehen nicht zum Erfolg führen, so können Sie das Arbeitsgericht einschalten!

Aber selbst dann, wenn Sie die Abmahnung einfach hingenommen haben, steht in einem späteren Kündigungsschutzprozeß noch lange nicht fest, daß diese berechtigt war!

Es bleibt Ihnen unbenommen, in diesem späteren Prozeß die Richtigkeit der Abmahnung zu bestreiten!
Der Arbeitgeber muß dann beweisen, daß seine Abmahnung begründet war. Gelingt ihm dies nicht, so gewinnen Sie den Kündigungsschutzprozeß!

Betriebsbedingte Kündigung

Wann darf der Arbeitgeber aus betriebsbedingten Gründen kündigen?

Dieser Kündigungsgrund hat in den letzten Jahren aufgrund der z.T. schlechten wirtschaftlichen Lage mancher Unternehmen zunehmend an Bedeutung gewonnen.
Danach kann dem Arbeitnehmer dann ordentlich aus „betriebsbedingten" Gründen gekündigt werden, wenn dringende betriebliche Erfordernisse eine Entlassung gebieten, und wenn der Arbeitgeber eine korrekte „Sozialauswahl" getroffen hat, also die Entlassung gerade des gekündigten Arbeitnehmers sozial gerechtfertigt war.
Sollte Ihnen aus „betriebsbedingten Gründen" gekündigt werden, so ist diese Kündigung erst dann wirksam, wenn sie so aus wirtschaflichen Erwägungen (z.B. Rationalisierungsmaßnahmen, Umstellung oder Einschränkung der Produktion, Auftragsmangel oder Umsatzrückgang) unbedingt erforderlich ist.
Sollte es Ihrem Arbeitgeber durch andere Maßnahmen auf technischem, organisatorischem oder wirtschaftlichem Gebiet möglich sein, die betriebliche Lage ohne Entlassungen zu verbessern, so wäre die Kündigung (jedenfalls aus betriebsbedingtem Grund) unwirksam.

Daneben muß der Arbeitgeber bei der Kündigung die richtige „soziale Auswahl" getroffen haben:
Das bedeutet, daß er zumindest, wenn schon überhaupt eine Entlassung erforderlich ist, dem Arbeitnehmer kündigen muß, den dies am wenigsten trifft.
Der Arbeitgeber muß also bei der Auswahl des zu kündigenden Arbeitnehmers die sozialen Umstände aller Arbeitnehmer des Betriebes berücksichtigen, die für diese Kündigung in Frage kommen. Kriterien, die bei dieser „Sozialauswahl" eine besondere Rolle spielen, sind:
Kinderzahl, Lebensalter, Unterhaltspflichten, Betriebszugehörigkeit und u.U. auch die Vermögenslage der Arbeitnehmer:
Jüngeren Arbeitnehmern ist demnach vor älteren zu kündigen!
Der Arbeitnehmer mit fünf Kindern ist schutzwürdiger als der Ledige!
Unter Berücksichtigung aller dieser Umstände muß dann ermittelt werden, welcher Arbeitnehmer sozial am wenigsten durch eine Kündigung beeinträchtigt wurde:
Diesem ist dann die Kündigung auszusprechen!

Darlegungspflicht des Arbeitgebers?

Damit Sie sich gegen die betriebsbedingte Kündigung wehren können, haben Sie gegen Ihren Arbeitgeber einen Anspruch auf Offenlegung der fraglichen Sozialdaten!
Der Arbeitgeber muß Ihnen sowohl seine Auswahlkriterien (Lebensalter, Dauer der Betriebszugehörigkeit etc.) als auch den Bewertungsmaßstab, mit dem er diese Kriterien vergleicht, mitteilen.
Die Auskunftspflicht bezieht sich aber nicht etwa auf alle Arbeitnehmer des Betriebes, sondern nur auf diejenigen, die bezüglich der Entlassung mit Ihnen vergleich-

bar sind (also z.B. alle Arbeiter am Fließband in der Montagehalle A).

Kündigung auf Druck der Kollegen – ist das zulässig?

Bereits mehrfach mußte sich das Bundesarbeitsgericht mit einer sogenannten „Druckkündigung" beschäftigen.
Eine solche liegt vor, wenn Dritte (Kollegen, Großkunden etc.) auf die Kündigung eines Arbeitnehmers hinwirken und den Arbeitgeber so unter Druck setzen, daß es zu einer Kündigung kommt.
Wenn der Arbeitgeber also einem Arbeitnehmer kündigt, weil ihm ein Großteil der Belegschaft mit Streik droht, wenn der Kollege X nicht entlassen wird, oder wenn ein Großkunde mit dem Abbruch der Geschäftsbeziehung droht, wenn der Prokurist Y noch länger in dem Unternehmen bleibt, dann ist eine verhaltensbedingte Kündigung zulässig, wenn die von dritter Seite erhobenen Vorwürfe objektiv begründet werden können.
Schwierig wird es aber dann, wenn die Vorwürfe gegen den Arbeitnehmer objektiv nicht gerechtfertigt sind, der Arbeitgeber also nur aufgrund des Drucks, der auf ihn ausgeübt wurde, die Kündigung aussprach.
In diesem Fall ist das Bundesarbeitsgericht der Ansicht, daß die „Druckkündigung" nur dann wirksam ist, wenn sie für den Arbeitgeber absolut unvermeidlich ist und er ansonsten schwere wirtschaftliche Schäden erleiden würde.
Der Arbeitgeber darf dem Druck also nicht ohne Widerstand stattgeben, sondern er muß sich zunächst schützend vor den Arbeitnehmer stellen und ihn z.B. durch eine Versetzung „retten".
Erst wenn ihm dies nicht gelingt, ist die Kündigung als letztes Mittel zulässig.

Kündigungsschutzverfahren

Wie können Sie sich gegen eine Kündigung wehren?

Wenn Sie mit einer Kündigung, die Ihnen ausgesprochen wurde, nicht einverstanden sind, so haben Sie mehrere Möglichkeiten sich dagegen zu wehren:
Zunächst sollten Sie das Gespräch mit Ihrem Arbeitgeber suchen, um diesen zu einer Kündigungsrücknahme zu bewegen!
Gelingt dies nicht, so können Sie den Betriebsrat (falls in Ihrem Betrieb überhaupt einer existiert!) einschalten oder Sie können unmittelbar Kündigungsschutzklage beim Arbeitsgericht einlegen.

Was ist ein Kündigungsschutzproceß?

Darunter ist der Prozeß zu verstehen, den der Arbeitnehmer führen muß, wenn er der Meinung ist, daß eine Arbeitgeberkündigung aus irgendwelchen Gründen rechtswidrig ist.

Zu unterscheiden ist dabei:

a) Die Kündigungsschutzklage, die mit der Behauptung erhoben wird, die Kündigung sei sozial ungerechtfertigt. Sie muß innerhalb von drei Wochen nach Zugang der Kündigung beim Arbeitsgericht eingereicht werden.

b) Die Klage, die eine andersweite Rechtswidrigkeit der Kündigung aufgreift. Sie ist an keine Frist gebunden.

Darf der Arbeitgeber im Kündigungsschutzprozeß neue, noch nicht genannte Kündigungsgründe nachschieben?

Diese Frage tritt dann auf, wenn Ihnen vom Arbeitgeber fristlos (z.B. wegen einer Beleidigung) gekündigt worden ist, sich dieser Vorwurf im Kündigungsschutzprozeß aber nicht nachweisen läßt und Ihr Arbeitgeber nun dazu übergeht, weitere Gründe „auszupacken".
Dies ist grundsätzlich zulässig!
Wenn der Arbeitgeber schon nicht verpflichtet ist, in der Kündigungserklärung die Gründe anzugeben, dann muß es ihm auch offenstehen, im Prozeß alle nur denkbaren Kündigungsgründe „auf den Tisch zu legen".
Selbst wenn er sich ursprünglich nur auf einen Kündigungsgrund (z.B. Beleidigung) berufen hat, kann er im späteren Prozeß vorbringen, daß Sie z.B. schlecht und unzuverlässig gearbeitet oder häufiger unentschuldigt gefehlt hätten.
Nach Ansicht des Bundesarbeitsgerichts kommt es in einem solchen Fall auch nicht darauf an, zu welchem Zeitpunkt dem Kündigenden die weiteren Gründe bekannt wurden.
Ihr Arbeitgeber kann sich jedoch nicht auf Kündigungsgründe beziehen, die erst nach Ausspruch der Kündigung entstanden sind.
Wurde also einem Arbeitnehmer unberechtigterweise fristlos gekündigt, kann die Kündigung im Prozeß nicht hilfsweise auf den „intensiven Wutausbruch" gestützt werden, den der Arbeitgeber nach Ausspruch der Kündigung über sich ergehen lassen mußte. Durch späteres Verhalten kann eine vorhergehende (unberechtigte) Kündigung nicht rechtmäßig werden!
Allerdings kann sich daraus möglicherweise eine neue Kündigung ergeben. Diese muß dann aber ausdrücklich erklärt werden. Gegen sie kann dann erneut vorgegangen werden.

**Funktionen des Betriebsrates
beim Kündigungsschutzprozeß**

Existiert in Ihrem Betrieb hingegen ein Betriebsrat, der bei einer Kündigung, die Ihnen gegenüber ausgesprochen wird, angehört werden muß (es kommt nur auf die „Anhörung", nicht etwa auf eine „Zustimmung" an!), sieht es mit dem „Nachschieben von Kündigungsgründen" anders aus: Da der Betriebsrat zu entscheiden hat, ob er der Kündigung zustimmt, oder ob er eine vorläufige Weiterbeschäftigung (bis das Arbeitsgericht abschließend über die Kündigung entschieden hat) des Arbeitnehmers fordert, müssen ihm alle Gründe mitgeteilt werden, die für die Kündigung (egal, ob außerordentliche oder ordentliche) sprechen.
In einem späteren Kündigungsschutzprozeß darf der Arbeitgeber also nur Tatsachen „nachschieben", die zur Erläuterung und Konkretisierung der dem Betriebsrat mitgeteilten Kündigungsgründe dienen. Der Kündigungssachverhalt darf sich durch diese Ausführungen nicht mehr grundsätzlich ändern!
Beispiel: Ein Arbeitgeber hat seinem Arbeitnehmer fristlos gekündigt, da dieser nach mehrfacher Abmahnung weiterhin unpünktlich zur Arbeit erschien. Das Arbeitsgericht sieht darin jedoch keinen ausreichenden Kündigungsgrund. Kann sich der Arbeitgeber nun auf einen Diebstahl stützen, den der Arbeitnehmer im Betrieb begangen hat (was auch nachgewiesen ist)?
In solch einem Fall kommt es auf folgendes an: Wußte der Arbeitgeber von dem Diebstahl bereits zu dem Zeitpunkt, als er das Anhörungsverfahren beim Betriebsrat einleitete, so kann er sich später grundsätzlich nicht mehr auf diesen Kündigungsgrund berufen.
Auch bei einer nachträglichen Anhörung des Betriebsrates würde die Kündigung nicht rechtskräftig.
Das Gesetz will den Arbeitgeber also anhalten, dem Betriebsrat im Anhörungsverfahren „alle Karten auf den Tisch" zu legen.

Unterläßt der Arbeitgeber dies (aus welchen Günden auch immer), so ist der Arbeitnehmer gerettet.

Das Bundesarbeitsgericht unterstellt insoweit, daß der Arbeitgeber auf die Kündigungsgründe, die er nicht vorgebracht hat, verzichtet.

Ist es allerdings so, daß dem Arbeitgeber der Diebstahl erst nach Beendigung des betriebsverfassungsrechtlichen Anhörungsverfahrens bekannt wurde, so bleibt ihm die Kündigung aus diesem „wichtigen Grund" noch erhalten.

Allerdings muß der Arbeitgeber dann während des laufenden Kündigungsschutzprozesses hierzu den Betriebsrat nachträglich anhören.

Kündigung sozial ungerecht – was tun?

Halten Sie die Kündigung für sozial ungerechtfertigt, so können Sie binnen einer Woche nach der Kündigung Einspruch beim Betriebsrat einlegen.

Dieser hat dann, wenn er den Einspruch für begründet hält, zu versuchen mit dem Arbeitgeber eine Verständigung herbeizuführen.

Sie sollten sich aber im klaren darüber sein, daß der Weg über den Betriebsrat in dieser Phase des Kündigungsstreits wenig erfolgversprechend ist: Hat der Betriebsrat im betriebsverfassungsrechtlichen Anhörungsverfahren bereits dem Arbeitgeber deutlich gemacht, daß er gegen die Kündigung ist, der Arbeitgeber Ihnen aber dennoch gekündigt, so ist kaum zu erwarten, daß sich nun die Einstellung ihres Arbeitgebers ändert.

Daher sollten Sie unverzüglich die Kündigungsschutzklage ins Auge fassen!

Kündigungsschutzprozeß ohne Rechtsanwalt?

Diesen Prozeß können Sie zwar grundsätzlich ohne ei-

nen Rechtsanwalt führen, zu empfehlen ist dies aber nicht!
Insbesondere wegen zahlreicher Entscheidungen des Bundesarbeitsgerichts, nach denen sich Ihr Arbeitsgericht im Zweifel richten wird, ist die rechtliche Lage für den Laien nur schwer einzuschätzen.
Sie sollten sich daher möglichst bald durch einen Rechtsanwalt oder durch einen Vertreter Ihrer Gewerkschaft, der Sie auch im Prozeß vertreten kann, beraten lassen!
Ansonsten kann es Ihnen passieren, daß Sie den Kündigungsschutzprozeß bereits verloren haben, bevor Sie das erste Mal vor Gericht erschienen sind!

Die „Drei-Wochen-Frist" des Kündigungsschutzgesetzes

Die meisten Kündigungsschutzprozesse scheitern bereits daran, daß das Kündigungsschutzgesetz eine Ausschlußfrist von drei Wochen für die Erhebung der Kündigungsschutzklage vorsieht:
Wollen Sie Ihre Kündigungsschutzklage darauf stützen, daß die Kündigung „sozialwidrig" war, so müssen Sie innerhalb von drei Wochen nach dem Zugang der Kündigung Klage beim Arbeitsgericht erheben!
Erheben Sie die Klage lediglich einen Tag später, so ist der Prozeß verloren!
Nach Ablauf der „Drei-Wochen-Frist" können Sie nur noch andere Mängel (z.B. Sittenwidrigkeit, Verstoß gegen ein Gesetz etc.) der Kündigung rügen, aber eben nicht mehr die „Sozialwidrigkeit".
Zur Klarstellung folgendes Beispiel:
Wenn der Arbeitgeber z.B. einer Schwangeren verhaltensbedingt unter Einhaltung der gesetzlichen Kündigungsfrist am 1. August gekündigt hat, so kann die Schwangere nur bis zum 22. August Kündigungsschutzklage mit der Begründung erheben, daß verhaltensbe-

dingte Gründe nicht vorliegen, die Kündigung also „sozialwidrig" war.
Hat sie diesen Termin versäumt, kann sie ihre Kündigung allerdings noch darauf stützen, daß sie Mutterschutz genießt!
Das wichtigste bei einer Kündigungsschutzklage ist also: möglichst schnelle Klageerhebung!
Nur wenn es Ihnen „nach Lage der Umstände unter Berücksichtigung der zumutbaren Sorgfalt nicht möglich war", rechtzeitig die Kündigungsschutzklage zu erheben, so kann das Arbeitsgericht auch zu einem späteren Zeitpunkt die Klage noch zulassen.
Dies geschieht aber nur in seltenen Ausnahmefällen, auf die Sie sich lieber nicht verlassen sollten!

Mögliche Urteilsformen in einem Kündigungsschutzprozeß

Es gibt verschiedene Möglichkeiten, wie Ihr Kündigungsschutzprozeß vor dem Arbeitsgericht endet:
Kommt das Gericht zu dem Ergebnis, daß die Kündigung nicht sozialwidrig war, so hat der Arbeitgeber zu Recht gekündigt, und Ihre Klage wird abgewiesen.
Damit hat das Gericht festgestellt, daß das Arbeitsverhältnis mit der Kündigung beendet worden ist.
Für die Zeit nach dem Zugang der Kündigungserklärung haben Sie dann keine Lohnansprüche mehr gegen Ihren Arbeitgeber!

Umgekehrt ist es allerdings auch so, daß Sie Ihrem Arbeitgeber nicht etwa die Kosten erstatten müssen, die diesem durch den Prozeß entstanden sind.
Im Kündigungsschutzprozeß muß jede Partei ihre Kosten grundsätzlich selbst tragen!
Gegen diese Entscheidung des Arbeitsgerichts können Sie Berufung beim Landesarbeitsgericht oder sogar Revision beim Bundesarbeitsgericht einlegen.

Kommt das Gericht aber zu dem Ergebnis, daß die Kündigung „sozialwidrig" war, so gibt es Ihrer Klage statt. Sie haben den Prozeß also gewonnen!
Was bedeutet dieser Prozeßausgang nun für Sie:
Zunächst einmal wird durch das Urteil festgestellt, daß die Kündigung unwirksam war:
Ihr Arbeitsverhältnis hat damit die ganze Zeit über weiterbestanden!

Ob Sie auch weiterhin Lohn für die Zeit zwischen der Kündigung und der Entscheidung des Gerichts verlangen können, ist dagegen eine andere Frage.
Haben Sie in dieser Zeit weitergearbeitet, so können Sie selbstverständlich auch Ihr Geld verlangen!
Dies gilt regelmäßig sogar dann, wenn Sie in der Zwischenzeit nicht gearbeitet haben.
Voraussetzung ist allerdings, daß eine besondere Aufforderung Ihres Arbeitgebers zur (vorläufigen!) Weiterarbeit nicht vorlag.
Gab es eine solche Aufforderung, bei der der Arbeitgeber Ihnen eine bestimmte und auch zumutbare Tätigkeit bis zum Prozeßende zuweisen wollte, sind Sie diesem Angebot aber nicht nachgekommen, so können Sie auch keinen Lohn verlangen!

**Lohnanspruch
zwischen Kündigung und Prozeßende**

In diesem Fall müssen Sie sich allerdings anrechnen lassen, was Sie durch anderweitige Arbeit entweder verdient haben oder was Sie zumutbarerweise an Verdienst hätten erreichen können.
Auch öffentlich-rechtliche Leistungen, die sie infolge von Arbeitslosigkeit aus der Sozialversicherung, der Arbeitslosenversicherung, der Arbeitslosenhilfe oder der Sozialhilfe erhalten haben, mindern Ihren Anspruch gegen den Arbeitgeber.

Was geschieht, wenn Sie den Kündigungsschutzprozeß zwar gewonnen haben, in der Zwischenzeit (nach der Kündigung) aber ein neues Arbeitsverhältnis eingegangen sind?

In diesem Fall haben Sie nach dem Kündigungsschutzgesetz die Möglichkeit, sich innerhalb einer Woche, nachdem das Urteil rechtskräftig geworden ist, durch eine Erklärung gegenüber dem bisherigen Arbeitgeber aus dem alten Arbeitsverhältnis zu lösen.

Sie können also sofort aus dem Arbeitsvertrag ausscheiden, ohne daß Ihnen irgendwelche Nachteile (Schadensersatz!) entstehen.

Rechtskräftig ist das Urteil dann, wenn Ihr ehemaliger Arbeitgeber auf die Einlegung einer Berufung gegen das „Kündigungsschutzurteil" verzichtet oder innerhalb von vier Wochen keine Berufung eingelegt hat.

Wenn Sie die Auflösungserklärung durch einen Brief abgeben, ist es für die Einhaltung der Frist ausreichend, daß sie diesen innerhalb einer Woche bei der Post abgeben.

Wann der Arbeitgeber diesen Brief dann tatsächlich erhält, ist für die Einhaltung der Frist unbedeutend.

Bedenken sollten sie allerdings, daß Ihnen ein Lohnanspruch gegen den alten Arbeitgeber nur für die Zeit zwischen der Entlassung und dem Tag des Eintritts in das neue Arbeitsverhältnis zusteht!

Die Abfindung

Lösung des Arbeitsverhältnisses und Abfindung

Ihr Kündigungsschutzprozeß kann aber auch so enden, daß Sie vom Gericht zwar recht bekommen, also grundsätzlich die Fortsetzung Ihres Arbeitsverhältnis-

ses verlangen können, aber das Verhältnis zum Arbeitgeber so gestört ist, daß die Fortsetzung des Arbeitsverhältnisses wenig sinnvoll erscheint.
In einem solchen Fall sieht das Kündigungsschutzgesetz die Möglichkeit vor, daß das Gericht auf Ihren Antrag hin das Arbeitsverhältnis auflöst und den Arbeitgeber zur Zahlung einer angemessenen Abfindung verurteilt: Voraussetzung ist also, daß die Kündigung des Arbeitgebers unwirksam war.
Ob dies bei einer ordentlichen Kündigung wegen „Sozialwidrigkeit" der Fall war oder bei einer unbegründeten außerordentlichen Kündigung, ist gleichgültig.

Abfindung nur auf Antrag!

Die „Auflösung gegen Abfindung" muß aber von Ihnen beim Gericht beantragt werden.
Dieser Antrag kann auch noch während des Prozesses bis zur letzten mündlichen Verhandlung gestellt werden.
Die Höhe der Abfindung sollten Sie aber möglichst nicht genau bezeichnen, sondern in das Ermessen des Gerichts stellen.
Sie riskieren sonst, wenn das Gericht eine niedrigere Abfindung für angemessen hält, daß Sie den Prozeß zumindest teilweise verlieren und damit auch anteilig Ihre eigenen Rechtsanwaltskosten tragen müssen!

Abfindung
(nach dem Kündigungsschutzgesetz)
nur bei Unzumutbarkeit!

Nach Ansicht des Bundesarbeitsgerichtes ist dies dann der Fall, wenn „konkrete Tatsachen vorliegen, aufgrund derer eine weitere Zusammenarbeit, die dem Betriebszweck dient, nicht mehr zu erwarten ist. Umgekehrt kann auch Ihr Arbeitgeber diese „Auflösung gegen Ab-

findung" vom Gericht verlangen, wenn Sie den Kündigungsschutzprozeß gewonnen haben.
Den „Antrag auf Vertragsauflösung gegen Abfindung" können Sie oder Ihr Arbeitgeber sogar noch in der Berufungsinstanz stellen!

Abfindungshöhen

Das Arbeitsgericht hat im Einzelfall über die Höhe des Abfindungsanspruches zu entscheiden:
Feste Abfindungssätze gibt es dabei nicht, nur Abfindungsobergrenzen!
Grundsätzlich kann die Abfindung bis zu zwölf Monatsverdiensten reichen. Bei Arbeitnehmern, die älter als 50 Jahre sind, sogar bis zu 18 Monatsverdiensten.
Dabei kommt es nicht darauf an, ob das Arbeitsverhältnis auf Antrag des Arbeitgebers oder des Arbeitnehmers aufgelöst wurde.
Ältere Arbeitnehmer mit längerer Betriebszugehörigkeit werden also bevorzugt.
Haben Sie das fünfzigste Lebensjahr vollendet und hat Ihr Arbeitsverhältnis mindestens fünfzehn Jahre bestanden, so beträgt Ihr Abfindungsanspruch bis zu 15 Monatsverdienste.
Haben Sie das 55. Lebensjahr vollendet und hat das Arbeitsverhältnis mindestens 20 Jahre bestanden, so ist ein Betrag bis zu 18 Monatsverdiensten vom Gericht festzusetzen.
Diese Möglichkeit der Gewährung einer altersabhängigen, erhöhten (also mehr als 12 Monatsverdienste!) Abfindung entfällt jedoch, wenn Sie bei Auflösung des Arbeitsverhältnisses das 65. Lebensjahr vollendet haben.
Dann bleibt es bei maximal 12 Monatsverdiensten! Stehen Sie zwischen dem 60. und dem 65. Lebensjahr und sind Sie berechtigt, vorgezogenes Altersruhegeld in der gesetzlichen Rentenversicherung (flexible Altersgren-

ze) zu beantragen, so können Sie allerdings die erhöhte Abfindung verlangen.

Steht gleichaltrigen Arbeitnehmern mit gleicher Betriebszugehörigkeit immer die gleiche Abfindung zu?

Das Gericht hat einen Ermessensspielraum bei der Bemessung der Abfindungshöhe.
Es müssen im Einzelfall alle Umstände berücksichtigt werden, um eine angemessene Abfindungshöhe festzusetzen. Insbesondere muß das Gericht auch die Auswirkungen berücksichtigen, die eine Abfindungszahlung auf ein eventuelles Arbeitslosengeld hat.
Beachten müssen Sie allerdings, daß die hier dargestellten Grundsätze nur auf die gerichtliche Abfindung Anwendung finden.
Denkbar ist auch, daß Sie im Kündigungsschutzprozeß gewinnen, Ihr Arbeitgeber nicht mehr an einer Weiterbeschäftigung interessiert ist, und Sie sich außergerichtlich über eine Abfindung einigen.
In welcher Höhe diese außergerichtliche Abfindung dann festgesetzt wird, bleibt Ihrem Verhandlungsgeschick überlassen!
Dabei sollten Sie aber die Regeln des Kündigungsschutzgesetzes über die Abfindungshöhe nicht aus den Augen verlieren, damit Sie in etwa einen Anhaltspunkt haben!

Was Sie sonst noch zur Abfindung wissen sollten

Die durch Urteil (also nicht die „ausgehandelte") festgesetzte Abfindung ist kein Arbeitsentgelt, sondern eine Entschädigung für den Verlust des Arbeitsplatzes.
Daher behandelt der Gesetzgeber diese Zahlungen besonders rücksichtsvoll: Sozialversicherungsbeiträge auf

gesetzliche Abfindungen sind grundsätzlich nicht zu zahlen. Auch bzgl. der Lohnsteuer sieht es günstig aus. Liegt die Abfindung unter 24 000 DM, so ist sie völlig steuerfrei!
Haben Sie das 50. Lebensjahr vollendet und hat Ihr Arbeitsverhältnis mindestens 15 Jahre bestanden, so ist die Abfindung bis zu 30 000 DM lohnsteuerfrei.
Hat das Arbeitsverhältnis mindestens 20 Jahre bestanden, und haben Sie das 55. Lebensjahr vollendet, so sind bis zu 36 000 DM lohnsteuerfrei.
Zu bemerken wäre überdies noch, daß Abfindungsansprüche gegen Ihren Arbeitgeber grundsätzlich pfändbar sind.

Wenn der Arbeitgeber kurz vor dem Konkurs steht:

Sie sollten auch immer auf die wirtschaftliche Lage Ihres Arbeitgebers achten, da Abfindungen im Konkurs nicht bevorrechtigt behandelt werden. Daher kann es manchmal günstiger sein, vom Arbeitgeber frühzeitig eine Zahlung aufgrund „ausgehandelter Abfindung" zu erhalten, als in einem langwierigen Kündigungsschutzprozeß eine hohe durch Urteil festgesetzte Abfindung zugesprochen zu bekommen.
Wenn Sie diese „richterliche Abfindung" nicht mehr gegen den Arbeitgeber vollstrecken können, da dieser zwischenzeitlich in Konkurs gegangen ist, so ist auch das schönste Urteil für Sie wertlos!

Besonderer Kündigungsschutz

Der Mutterschutz

Kündigungsschutz nach dem Mutterschutzgesetz

Nach diesem Gesetz genießen Arbeitnehmerinnen während der Schwangerschaft und bis zum Ablauf von 4 Monaten nach der Entbindung einen bersonderen Arbeitsplatzschutz.
Der Arbeitgeber darf während dieser Zeit weder fristgerecht noch außerordentlich kündigen!
Die Schwangerschaft wird durch ein Zeugnis eines Arztes oder einer Hebamme festgestellt.
Der Zeitraum der Schwangerschaft, in welchem dem Arbeitgeber also jede Kündigung untersagt ist, wird durch das ärztliche Zeugnis festgestellt.
Von dem bescheinigten Tag der Niederkunft an werden 280 Tage zurückgerechnet!
In dieser Zeit ist die Schwangere also vor jeglicher Art der Kündigung geschützt.
Dies gilt auch für Änderungskündigungen bzw. Kündigungen, die in einem laufenden Konkurs- oder Vergleichsverfahren ausgesprochen wurden.
Es kommt also nur darauf an, daß während der Schutzfrist gekündigt wurde, dann ist die Kündigung unzulässig!
Wurde dagegen der Schwangeren bereits vor Beginn der Schwangerschaft (mit einer Frist) gekündigt, so ist diese Kündigung auch dann wirksam, wenn die tatsächliche Beendigung des Arbeitsverhältnisses erst während der Schwangerschaft eintritt.
Es gilt also: „Nachgeschobene" Schwangerschaften schützen nicht vor Kündigung!

Hilft der Mutterschutz, wenn der Arbeitgeber bei der Kündigung überhaupt nichts von der Schwangerschaft wußte?

Voraussetzung für den besonderen Kündigungsschutz der werdenden Mutter ist allerdings, daß dem Arbeitgeber zur Zeit der Kündigung die Schwangerschaft bekannt war oder innerhalb von zwei Wochen nach Zugang der Kündigung mitgeteilt wurde.

Die Einhaltung dieser Zweiwochenfrist ist für die Wahrung des besonderen Kündigungsschutzes also von großer Bedeutung.

Versäumt die Schwangere diese Mitteilungsfrist, so verliert sie ihren besonderen (absoluten) Kündigungsschutz!

Dies kann möglicherweise zu großen Härten führen. Daher hat das Bundesverfassungsgericht ausdrücklich entschieden, daß einer Arbeitnehmerin der besondere Kündigungsschutz auch dann erhalten bleibt, wenn sie ihre Schwangerschaft am letzten Tag der Frist unverschuldet nicht kennt und die Anzeige an den Arbeitgeber unverzüglich nachholt, sobald sie Kenntnis davon hat.

Erhält eine Arbeitnehmerin während der Zweiwochenfrist von ihrem Arzt die fälschliche Auskunft, daß sie nicht schwanger ist, dann kann sie ihren Kündigungsschutz durch eine unverzügliche Anzeige der Schwangerschaft bei ihrem Arbeitgeber erhalten, sobald die Fehldiagnose klargestellt wird.

Den Nachweis, daß die Versäumung der Zweiwochenfrist auf der „Schlampigkeit" des Arztes beruhte und nicht auf ihrer eigenen, muß allerdings die Schwangere führen!

Der Kündigungsschutz ist schon dann gewahrt, wenn die Schwangere während der Zweiwochenfrist (nach Zugang der Kündigung) ihrem Arbeitgeber mitteilt, daß sie „vermutlich schwanger" ist.

Der Arbeitgeber kann in einem solchen Fall allerdings verlangen, daß ihm unverzüglich ein ärztliches Attest vorgelegt wird. Für die Kosten dieses Schwangerschaftsfrühtests muß dann allerdings der Arbeitgeber aufkommen.

In welchen Ausnahmefällen darf auch einer Schwangeren gekündigt werden?

In besonderen (seltenen) Ausnahmefällen darf der Arbeitgeber einer Schwangeren (ordentlich oder außerordentlich) kündigen, wenn die für den Arbeitsschutz zuständige Arbeitsbehörde der Kündigung zuvor zugestimmt hat.
Dafür sind in den einzelnen Bundesländern unterschiedliche Behörden zuständig:
In Baden-Württemberg, Bayern, Bremen, Niedersachsen und Schleswig-Holstein sind es die örtlichen Gewerbeaufsichtsämter, in Berlin und Hamburg die Ämter für Arbeitsschutz, in Nordrhein-Westfalen und in Hessen die Regierungspräsidenten, in Rheinland-Pfalz das Landesgewerbeamt und im Saarland sogar der für die Gewerbeaufsicht zuständige Minister.
Eine Zustimmung dieser Behörden ist dann zu erwarten, wenn es bei Abwägung aller Umstände ausnahmsweise zu rechtfertigen ist, daß der besondere gesetzliche Schutz der werdenden Mutter hinter dem konkreten Anlaß für die Kündigung zurücktritt.
Dies kann dann der Fall sein, wenn es zu einer Betriebsstillegung oder einer Betriebsverlagerung kam, und die Weiterbeschäftigung der Arbeitnehmerin zu einer für den Bertrieb nicht zu tragenden Härte führen würde.
Auch eine grobe Beleidigung des Arbeitgebers kann im Einzelfall die fristlose Kündigung einer Schwangeren begründen.
Das Bundesarbeitsgericht hatte einen Fall zu entscheiden, in dem eine solche Behördenzustimmung zur Kündigung vorlag.

Es handelte sich dabei um eine fristlose Kündigung einer Schwangeren, die von ihrem Arbeitgeber nicht nur beim Diebstahl erwischt wurde, sondern diesen daraufhin schwer beleidigte und mit einem Beil tätlich angriff! In einem solchen Fall tritt selbst der Mutterschutz zurück!
Wichtig ist allerdings, daß die Kündigung einer Schwangeren nur dann zulässig ist, wenn zuerst die Zustimmung der Arbeitsbehörde vorliegt und dann die Kündigung erfolgt.
Bei umgekehrter Reihenfolge muß die Kündigung nachgeholt werden, sonst wäre sie unwirksam!
Durch das Mutterschutzgesetz soll aber nur verhindert werden, daß der Schwangeren durch ihren Arbeitgeber gekündigt wird. Umgekehrt ist eine Kündigung durch die Schwangere selbst sogar unter erleichterten Voraussetzungen möglich.
Die Schwangere kann nämlich während der Schwangerschaft und der 8 – 12 wöchigen Schutzfrist nach der Entbindung das Arbeitsverhältnis jederzeit ohne Einhaltung einer Kündigungsfrist zum Ende der Schutzfrist kündigen! Sie muß sich also nicht an gesetzliche oder vertragliche Kündigungsfristen halten.

Kündigungsschutz während des Erziehungsurlaubs?

Auch nach Beendigung der Schutzfrist aus dem Mutterschutzgesetz (= 4 Monate nach Entbindung) steht die Arbeitnehmerin einer Kündigung nicht schutzlos gegenüber.
Wenn Sie nach dem „Gesetz über die Gewährung von Erziehungsgeld und Erziehungsurlaub" anspruchsberechtigt sind (dafür kommt es auf Ihr Jahresnettoeinkommen an; nähere Einzelheiten erfahren Sie von der zuständigen Behörde), so verlängert sich die Zeit des absoluten Kündigungsschutzes.
Dem Erziehungsurlaubsberechtigten eines Kindes, wel-

ches nach dem 30. Juni 1990 geboren wurde, darf bis zum 18. Lebensmonat des Kindes nicht gekündigt werden.
Wurde das Kind vor diesem Stichtag geboren, sind die Kündigungsschutzfristen für den Erziehungsberechtigten kürzer.
Ist das Kind 1988 geboren, so ist der Erziehungsurlaubsberechtigte bis zum 12. Lebensmonat des Kindes vor einer Kündigung geschützt.
Wenn das Kind nach dem 30. Juni 1989 geboren wurde, so besteht der Kündigungsschutz bis zur Vollendung des 15. Lebensmonats.
Wichtig ist, daß der besondere Kündigungsschutz des Erziehungsurlaubsgesetzes nicht nur für die Mutter des Kindes besteht, sondern grundsätzlich für denjenigen, der das Kind tatsächlich erzieht und die Voraussetzungen dieses Gesetzes erfüllt.
Dabei kann es sich um den Vater des Kindes oder sogar eine dritte Person handeln!
Wichtig:
In manchen Fällen ist aber auch während des Erziehungsurlaubes eine Kündigung durch den Arbeitgeber zulässig.
Hier gelten die gleichen Voraussetzungen wie bei der Kündigung während des Mutterschutzes.
Der Arbeitgeber muß also die Zustimmung der zuständigen Behörde vor der Kündigung eingeholt haben.

Kündigungsschutz nach dem Erziehungsurlaubsgesetz nur, wenn tatsächlich Urlaub genommen wird?

Der Kündigungsschutz nach dem Erziehungsurlaubsgesetz gilt auch dann, wenn die Arbeitnehmerin während ihres Erziehungsurlaubes bei ihrem Arbeitgeber Teilzeitarbeit leistet.
Auch dann hat sie den besonderen Kündigungsschutz in den obengenannten Zeiten.

Selbst in Fällen, in denen die Arbeitnehmerin Anspruch auf Erziehungsurlaub hätte, diesen aber überhaupt nicht in Anspruch nimmt, weil sie im Betrieb voll weiterarbeitet, hat sie den besonderen Kündigungsschutz.

Wie steht es mit Ihrem Mutterschutz, wenn Sie Ihrem neuen Arbeitgeber die Schwangerschaft verheimlicht haben?

In der Praxis stellt sich immer wieder die Frage, ob eine Arbeitnehmerin, die bei ihrer Einstellung die Frage nach der Schwangerschaft wissentlich falsch beantwortet hat, sich auf Mutterschutz berufen kann, wenn der Arbeitgeber den Vertrag wegen dieser „Falschauskunft" anficht.
Der Arbeitgeber kann den Arbeitsvertag aber nur dann wegen arglistiger Täuschung anfechten, wenn er die Arbeitnehmerin nach der Schwangerschaft gefragt hat und diese Frage zulässig war.
Dies ist regelmäßig dann der Fall, wenn sich ausschließlich Frauen um eine Stelle beworben haben!
Dann ist keine Diskriminierung der Frauen zu befürchten, so daß diese die Frage nach der Schwangerschaft wahrheitsgemäß beantworten werden muß.
Hat die Arbeitnehmerin die Frage nach der Schwangerschaft nun unberechtigterweise wahrheitswidrig verneint, so wird es problematisch.
Das Bundesarbeitsgericht hat hierzu entschieden, daß sich eine Arbeitnehmerin, die sich auf diese Weise den Arbeitsplatz „erschleicht", nicht auf den Kündigungsschutz des Mutterschutzgesetzes berufen kann!
Das Arbeitsverhältnis endet also mit dem Ausspruch der Anfechtung wegen „arglistiger Täuschung".
Dieser „arglistigen" Arbeitnehmerin steht auch keine Hilfe durch den Betriebsrat zur Verfügung. Das Anhörungsverfahren nach dem Betriebsverfassungsgesetz

findet grundsätzlich nur bei Kündigungen (nicht aber bei Anfechtungen) statt!

Schwerbehindertenschutz

Wie Schwerbehinderte vor einer Kündigung geschützt werden

Auch Schwerbehinderten steht nach dem Gesetz ein besonderer Schutz vor Kündigung zu. Schwerbehinderte sind Personen, deren Erwerbsfähigkeit um mindestens 50% gemindert ist. Worauf diese Behinderung zurückzuführen ist, etwa Berufsunfall, Freizeitunfall, Behinderung von Geburt an oder durch Krankheit, spielt dabei keine Rolle!
Besonderen Schutz genießen Schwerbehinderte sowohl vor einer ordentlichen wie auch vor einer außerordentlichen Kündigung.
Dies gilt auch für Änderungskündigungen.
Der Gesetzgeber hat den Schutz in der Weise ausgestaltet, daß er die Kündigung eines Schwerbehinderten nicht etwa generell für unzulässig erklärt. Die Kündigung ist jedoch nur dann wirksam, wenn eine vorherige Zustimmung der Hauptfürsorgestelle vorliegt.
Wird diese Zustimmung nicht erteilt, so ist die Kündigung unwirksam.
Ausnahmsweise ist die Zustimmung der Hauptfürsorgestelle dann entbehrlich, wenn der Arbeitnehmer dem Betrieb noch keine 6 Monate angehört.
Auch dann, wenn die Entlassung des Schwerbehinderten aus Witterungsgründen erfolgte, und die Wiedereinstellung bei Wiederaufnahme der Betriebstätigkeit gewährleistet ist, ist eine Zustimmung entbehrlich.
In den Fällen, in denen das Arbeitsverhältnis aus anderen Gründen als durch Kündigung endet, z.B. durch

Aufhebungsvertrag, Anfechtung oder Zeitablauf, ist eine Zustimmung nicht erforderlich.
Auch hier gilt: Zuerst muß die Zustimmung der zuständigen Stelle vorliegen, dann kann die Kündigung erfolgen!
Erfolgt die Zustimmung zur ordentlichen Kündigung durch die Hauptfürsorgestelle, so kann der Arbeitgeber innerhalb eines Monats die Kündigung aussprechen.
Von diesem Zeitpunkt an läuft die Kündigungsfrist, die bei einem Schwerbehinderten mindestens vier Wochen betragen muß.
Dies gilt auch bei Probe- oder Aushilfsarbeitsverhältnissen.

Fristlose Kündigung möglich?

Die außerordentliche Kündigung eines Schwerbehinderten ist nur dann wirksam, wenn die Zustimmung der zuständigen Hauptfürsorgestelle vorliegt.
Erklärt der Arbeitgeber also z.B. in „spontaner" Erregung aus einem tatsächlich vorliegenden wichtigen Grund (Schwerbehinderter wurde beim Diebstahl erwischt) die außerordentliche Kündigung, so ist diese unwirksam, selbst wenn die Hauptfürsorgestelle der Kündigung später zustimmt.
Der Arbeitgeber kann allerdings dem Erfordernis der vorherigen Zustimmung gerecht werden, indem er nun (nach Zugang der Zustimmung der Hauptfürsorgestelle) die Kündigung erneut erklärt. Bei der außerordentlichen Kündigung steht der Arbeitgeber allerdings unter gewaltigem Zeitdruck.
Die Zustimmung der Hauptfürsorgestelle kann er nur innerhalb von zwei Wochen, nachdem er von den Kündigungsgründen Kenntnis erlangt hat, beantragen.
Erhält er nun die Zustimmung der Hauptfürsorgestelle, so muß er die außerordentliche Kündigung unverzüglich, aber spätestens zwei Wochen, nachdem er

Kenntnis von den Kündigungstatsachen erlangt hat, erklären.

Zustimmung des Schwerbehinderten erforderlich?

Ob die Hauptfürsorgestelle die Zustimmung zur Kündigung (außerordentliche oder ordentliche) erteilen wird, hängt davon ab, wie sie die Interessen der Beteiligten im Einzelfall gewichtet.
Zugunsten des Schwerbehinderten wird dabei insbesondere die Schwere seines Leidens, die Möglichkeit, ihn an einen anderen Arbeitsplatz zu versetzen, und die allgemeine Arbeitsmarktlage ins Gewicht fallen.
Andererseits müssen aber auch die Interessen des Arbeitgebers ausreichend berücksichtigt werden, wobei es eine große Rolle spielt, wie erheblich der Verstoß des Schwerbehinderten gegen Pflichten aus dem Arbeitsvertrag war.

Wie sieht es mit Ihrem Schwerbehindertenschutz aus, wenn Sie Ihrem neuen Arbeitgeber die Schwerbehinderung verheimlicht haben?

In der Praxis tritt immer wieder der Fall auf, daß der Arbeitgeber einem Arbeitnehmer kündigt, dieser sich dann aber zur Überraschung des Arbeitgebers auf seine „Unkündbarkeit nach dem Schwerbehindertengesetz" beruft.
Dieses Problem hat die Gerichte bereits mehrfach beschäftigt.
Das Bundesarbeitsgericht vertritt hierzu folgende Ansicht:
Der Arbeitnehmer ist dann nicht besonders durch das

Schwerbehindertengesetz geschützt, wenn weder ein Bescheid des Versorgungsamtes über seine „Schwerbehinderteneigenschaft" vorliegt noch ein entprechender Antrag gestellt wurde.

Liegen diese Voraussetzungen (Bescheid des Versorgungsamtes oder zumindest Antragsstellung) zum Zeitpunkt der Kündigung allerdings vor, dann sieht es anders aus.

In diesem Fall kann der Schwerbehinderte den Schutz des Schwerbehindertengesetzes vor einer Kündigung in Anspruch nehmen, auch wenn sein Arbeitgeber überhaupt nicht wußte, daß er einen Schwerbehinderten beschäftigt hatte.

Allerdings gilt dies nur, wenn der Arbeitnehmer sich innerhalb einer angemessenen Frist (von regelmäßig einem Monat) gegenüber dem Arbeitgeber auf seine „Schwerbehinderteneigenschaft" beruft.

Betriebs- und Personalratsschutz

Kündigungsschutz für Mitglieder des Betriebs- bzw. Personalrats

Gehören Sie in Ihrem Unternehmen dem Betriebsrat an oder üben Sie eine ähnliche Funktion aus, so sind Sie in besonderer Weise vor einer Kündigung geschützt.

Der Gesetzgeber will mit dieser Regelung erreichen, daß betriebsverfassungsrechtliche Funktionsträger vom Arbeitgeber nicht durch Kündigungsdrohungen oder tatsächliche Kündigungen unter Druck gesetzt werden und damit die Interessen der Arbeitnehmer nicht mehr ausreichend wahrnehmen können.

Den besonderen Kündigungsschutz genießen Mitglieder des Betriebsrates, der Jugend- und Auszubilden-

denvertretung, des Wahlvorstandes und Wahlbewerber für ein solches Amt.
Die Art und Weise, wie diese Funktionsträger vor einer Kündigung geschützt werden, richtet sich danach, ob eine ordentliche oder außerordentliche Kündigung vorliegt.
Die ordentliche Kündigung einer solchen Person ist grundsätzlich unzulässig!
Das Kündigungsverbot gilt sogar noch innerhalb eines Jahres nach dem Ende der Amtszeit!
Der Gesetzgeber geht nämlich davon aus, daß der mögliche Ärger eines Arbeitgebers auf einen Funktionsträger nach dieser Zeit „verraucht" ist.

Wie schützt das Gesetz den „Funktionsträger" vor einer außerordentlichen Kündigung?

Bei der außerordentlichen Kündigung eines betriebsverfassungsrechtlichen Funktionsträgers sieht es anders aus.
Diese ist aus wichtigem Grund wie bei jedem anderen Arbeitnehmer auch grundsätzlich möglich!
Allerdings darf der Arbeitgeber nicht deswegen außerordentlich kündigen, weil er Ihnen einen Vorwurf macht, der sich unmittelbar aus der Funktion als Betriebsrat etc. ergibt.
Dann muß der Arbeitgeber ein „Absetzungsverfahren" nach dem Betriebsverfassungsgesetz einleiten.
Kündigen kann er Ihnen wegen funktionsbezogener Vorwürfe grundsätzlich nicht!
Ein besonderer Schutz kommt dem Funktionsträger aber auch bei einer außerordentlichen Kündigung zu.
Nach dem Betriebsverfassungsgesetz ist es nämlich erforderlich, daß der Betriebsrat der außerordentlichen Kündigung eines Funktionsträgers zustimmt.
Sollte diese Zustimmung nicht erfolgen, so kann der Ar-

beitgeber die außerordentliche Kündigung nur mit Hilfe des Arbeitsgerichts erreichen.
Sie sehen also: Die Wahrnehmung von betriebsverfassungsrechtlichen Aufgaben kann auch Vorteile bringen!

Schutz bei Grundwehr- und Zivildienst

Wie sieht es mit dem Arbeitsplatz während des Grundwehrdienstes aus?

Wenn Sie Ihren Grundwehrdienst ableisten müssen, genießen Sie vom Zeitpunkt der Zustellung des Einberufungsbescheides bis zur Beendigung des Grundwehrdienstes ebenfalls einen besonderen Kündigungsschutz. Von der Zustellung des Einberufungsbescheides an bis zur Beendigung des Grundwehrdienstes sowie während einer Wehrübung ist eine ordentliche Kündigung durch den Arbeitgeber grundsätzlich unzulässig!
Eine fristlose Kündigung aus wichtigem Grund bleibt aber möglich.
Sie darf allerdings nicht auf die Einberufung des Arbeitnehmers zum Wehrdienst gestützt werden. Nur in Kleinbetrieben kann Ihre „Einberufung" einen wichtigen Grund für eine außerordentliche Kündigung hergeben.
Kleinbetriebe sind solche, in denen i.d.R. weniger als 6 Arbeitnehmer beschäftigt sind. Dabei werden Auszubildende nicht mitgerechnet. Auch Teilzeitbeschäftigte werden nur dann mitgezählt, wenn ihre regelmäßige Arbeitszeit wöchentlich 10 Stunden oder monatlich 45 Stunden übersteigt.
Selbst unter diesen Voraussetzungen ist die außerordentliche Kündigung eines Wehrdienstleistenden aber nur dann zulässig, wenn dieser unverheiratet ist und

dem Arbeitgeber infolge der Einstellung einer Ersatzkraft die Weiterbeschäftigung des Arbeitnehmers nach dessen Entlassung aus dem Wehrdienst nicht mehr zuzumuten ist.
Die außerordentliche Kündigung ist dann nur unter Einhaltung einer Frist von zwei Monaten von dem Zeitpunkt der Entlassung aus dem Wehrdienst an möglich.
Wenn Sie Kündigungsschutzklage gegen eine Kündigung erheben wollen, die Ihnen während des Wehrdienstes erklärt wurde, so beginnt die „Drei-Wochen-Frist" (Ausschlußfrist!) erst zwei Wochen nach dem Ende des Wehrdienstes.

Wie sieht es mit dem Schutz vor einer Kündigung nach dem Ende des Grundwehrdienstes aus?

Auch nach Ableistung der Grundwehrdienstzeit darf Ihnen kein Nachteil dadurch entstehen, daß Sie weitere Wehrpflichten zu tragen haben.
Eine Kündigung, die darauf gestützt wird, daß Sie „für den Betrieb untragbar" seien, da Sie „andauernd wegen Wehrübungen ausfallen", ist unzulässig!
Solche Verpflichtungen dürfen auch nicht bei einer betriebsbedingten, ordentlichen Kündigung (z.B. Rationalisierungsentlassungen) im Rahmen der Sozialauswahl zu Ihren Lasten gehen!

Auch „Zivis" sind geschützt!

Ein entsprechender, umfassender Kündigungsschutz gilt selbstverständlich auch für Zivildienstleistende. Hier gelten ähnliche Bestimmungen.
Zu beachten ist wieder, wie bei jedem besonderen Kündigungsschutz, daß dieser nur zu Ihren Gunsten wirkt.
Sie können also durchaus während der Grundwehrdienstzeit oder des Zivildienstes kündigen!

Nachträgliche Befristung von Arbeitsverträgen – der Aufhebungsvertrag

Wie können Sie Ihr Arbeitsverhältnis durch Aufhebungsvertrag beenden?

Während bei einer Kündigung das Arbeitsverhältnis durch eine einseitige Willenserklärung (entweder durch den Arbeitnehmer oder den Arbeitgeber) beendet wird, liegen bei einem „Aufhebungsvertrag" übereinstimmende Willenserklärungen beider Parteien vor, die auf die Beendigung des Arbeitsverhältnisses gerichtet sind.
Der Aufhebungsvertrag muß nicht in einer bestimmten Form abgeschlossen werden. Insbesondere bedarf er keiner Schriftform!
Aus Beweisgründen ist es allerdings sinnvoll, die Schriftform zu wählen.
Der Vertrag muß auch nicht ausdrücklich als „Aufhebungsvertrag" bezeichnet werden, vielmehr kann sich bereits aus den äußeren Umständen ergeben, daß ein solcher gewollt ist.
Erklären Sie z.B. Ihrem Arbeitgeber, daß Ihnen ein interessanter Arbeitsplatz angeboten worden sei, und händigt Ihr Arbeitgeber Ihnen daraufhin die Arbeitspapiere aus, so ist allein aufgrund dieses Verhaltens von dem Abschluß eines Aufhebungsvertrages auszugehen.
Allerdings ist erforderlich, daß beide Vertragsparteien zumindest durch ihr Verhalten deutlich gemacht haben, daß sie die Beendigung des Vertrages wollen.
Demgegenüber reicht es nicht, daß Sie die Erklärungen Ihres Arbeitgebers einfach hinnehmen: Bloßes Schweigen führt noch nicht zum Abschluß eines Aufhebungsvertrages!
Deshalb kann z.B. in der zunächst widerspruchslosen

Entgegennahme einer Kündigung oder in der Bestätigung, eine Kündigung zu einem bestimmten Termin erhalten zu haben, noch keine Annahme eines Angebots zum Abschluß eines Aufhebungsvertrages gesehen werden.
Nach einer Entscheidung des Bundesarbeitsgerichts bedeutet auch allein die Tatsache, daß Sie nach einer vorausgehenden Kündigung durch Ihren Arbeitgeber von diesem Ihre Arbeitspapiere herausverlangen, noch nicht, daß Sie einen Aufhebungsvertrag abschließen wollen!
Auch Schwangere, Schwerbehinderte und Betriebsratsmitglieder (besonderer Kündigungsschutz!) können einen Aufhebungsvertrag abschließen.
Nach Ansicht des Bundesarbeitsgerichts ist dafür weder eine behördliche Genehmigung (Hauptfürsorgestelle etc.) noch die Zustimmung des Betriebsrats erforderlich.

Was Sie unbedingt bei einem Aufhebungsvertrag beachten müssen

Beim Abschluß eines Aufhebungsvertrages ist Vorsicht geboten.
Sie sollten einen solchen Vertrag nur dann abschließen, wenn Sie einen neuen Arbeitsplatz in Aussicht haben! Durch den Aufhebungsvertrag verlieren Sie Ihren gesamten Kündigungsschutz! Lohnweiterzahlungsansprüche gehen Ihnen ebenso verloren wie auch die Möglichkeit, nach dem Kündigungsschutzgesetz eine gerichtliche Abfindung zu erhalten!
Darüber hinaus gehen Sie auch die Gefahr ein, daß von seiten des Arbeitsamtes eine Sperre von 12 Wochen gegen Sie verhängt wird, weil Sie den Verlust Ihres Arbeitsplatzes mitverschuldet haben. In dieser Zeit bekommen Sie dann keine Arbeitslosenunterstützung!

Der befristete Vertrag

Sind befristete Arbeitsverträge zulässig?

Grundsätzlich kann in einem Arbeitsvertrag eine „Befristung" vereinbart werden.
Eine solche muß nicht unbedingt ausdrücklich zum Ausdruck gebracht werden, sondern kann sich auch bereits aus den äußeren Umständen des Arbeitsvertrages ergeben.

Wird z.B. von einer Skischule ein Skilehrer eingestellt, und ist diesem bekannt, daß „die Skischule den Sommer über ihre Pforten schließt", so ist davon auszugehen, daß der Arbeitsvertrag ausschließlich auf die Wintersaison befristet war. Das große Problem der Befristungen liegt aber darin, daß der gesamte Kündigungsschutz vom Arbeitgeber damit „aus den Angeln gehoben" werden könnte.
Er brauchte nicht mehr zu kündigen, sondern es würde ausreichen, wenn der Arbeitgeber nach Ablauf der Befristung den Arbeitsvertrag nicht mehr verlängert!
Damit wären Sie bezüglich Ihres Arbeitsplatzes völlig ungesichert!
Daher sind nach Ansicht des Bundesarbeitsgerichts Befristungen in Arbeitsverträgen nur in den Ausnahmefällen zulässig, in denen ein sachlicher Grund dafür gegeben ist.
Ein solcher „sachlicher Grund" liegt dann vor, wenn Saisonarbeiter (Skilehrer, Erntehelfer etc.) eingestellt werden, wenn eine Probezeit vereinbart wird oder ein Ausbildungsvertrag abgeschlossen wird.
Liegt ein sachlicher Grund für die Befristung des Arbeitsvertrages nicht vor, so ist dieser nicht etwa unwirksam, sondern er gilt als unbefristet abgeschlossen:
Dann greift der Kündigungsschutz wieder!

Ist bei zeitlich befristeten Arbeitsverträgen eine ordentliche Kündigung möglich?

Auch bei zeitlich befristeten Arbeitsverhältnissen (Saisonarbeiter in der Landwirtschaft, Skilehrer etc.) ist in den meisten Fällen eine ordentliche, fristgemäße Kündigung möglich.

Zwar sieht das Gesetz bei befristeten Arbeitsverhältnissen grundsätzlich nur die außerordentliche Kündigung vor, häufig wird aber in den formularmäßigen Arbeitsverträgen für befristete Arbeitsverhältnisse auch die ordentliche Kündigung für anwendbar erklärt.

Was gilt während der Probezeit?

Wenn Sie mit Ihrem Arbeitgeber eine Probezeit vereinbart haben, so gibt es grundsätzlich zwei Gestaltungsmöglichkeiten:

Es kann vereinbart werden, daß Sie „bis zum 31.12. auf Probe eingestellt werden".

Dann haben Sie ein befristetes Probearbeitszeitverhältnis abgeschlossen, das nach der Rechtsprechung des Bundesarbeitsgerichts zulässig ist, da ein „sachlicher Grund" gegeben ist. Ihr Probearbeitszeitverhältnis würde somit am 31.12. automatisch durch Zeitablauf enden. Dann läge es in der Hand des Arbeitgebers, mit Ihnen einen neuen Arbeitsvertrag abzuschließen.

Wie können Sie den Vertrag für die Probezeit günstiger gestalten?

Die andere Möglichkeit für eine Probezeitregelung ist, daß die Vereinbarung lautet: „Die ersten drei Monate gelten als Probezeit."

Diese vertragliche Ausgestaltung ist in der Praxis üblich

und für Sie empfehlenswert! Grundsätzlich haben Sie dann einen unbefristeten Arbeitsvertrag abgeschlossen, wobei die ersten drei Monate Probezeit sind.
Will sich der Arbeitgeber am Ende der Probezeit von Ihnen trennen, so muß er Ihnen kündigen!
In der Probezeit gelten in der Regel dann die gesetzlichen Mindestkündigungsfristen. Besonderheiten gelten nur bei Berufsausbildungsverhältnissen, die während der Probzeit jederzeit und bei Einhaltung einer Kündigungsfrist gekündigt werden können.

Ist auch in einer befristeten Probezeit eine Kündigung möglich?

Wenn Sie ein befristetes Probearbeitszeitverhältnis begonnen haben, welches automatisch mit Ablauf der Probezeit endet, ist in der Regel die befristete Kündigung ausgeschlossen. Dies hat das Bundesarbeitsgericht ausdrücklich entschieden!
Eine außerordentliche, fristlose Kündigung bleibt aber immer möglich!

Welche Besonderheiten bringt das Beschäftigungsförderungsgesetz?

Durch das Beschäftigungsförderungsgesetz, welches vorerst bis zum 31. Dezember 1995 gilt, sollen Arbeitgeber zur Neueinstellung von Arbeitnehmern bewogen werden.
Ohne dieses Gesetz war eine befristete Einstellung von Arbeitnehmern nur dann möglich, wenn ein „sachlicher Grund" dies rechtfertigte. Weil die Rechtsprechung dies nur in wenigen Fällen zuläßt, und der Arbeitgeber damit die Dauereinstellung eines Arbeitnehmers riskiert (eine unzulässige Befristung macht den Arbeitsvertrag nicht etwa unwirksam, sondern führt zu einem „norma-

len, unbefristeten" Arbeitsverhältnis!), hielten sich viele Arbeitgeber bei Neueinstellungen zurück.
Nach diesem Gesetz ist es zulässig, mit einem Arbeitnehmer eine einmalige Befristung des Arbeitsvertrages bis zur Dauer von 18 Monaten zu vereinbaren.
Voraussetzung ist allerdings, daß dieser Arbeitnehmer neu eingestellt wird oder es sich um einen im Betrieb ausgebildeten Arbeitnehmer handelt, der nur vorübergehend weiterbeschäftigt werden kann, weil kein Arbeitsplatz für eine unbefristete Stelle zur Verfügung steht.
In Ausnahmefällen kann die Befristung sogar auf 2 Jahre verlängert werden.

Nicht jede Einstellung ist eine Neueinstellung i.S. des Beschäftigungsförderungsgesetzes!
Eine Neueinstellung im Sinne dieses Gesetzes liegt allerdings nicht vor, wenn zu einem vorhergehenden befristeten oder unbefristeten Arbeitsvertrag mit demselben Arbeitgeber ein enger sachlicher Zusammenhang besteht.
Damit soll vehindert werden, daß der Arbeitgeber auf dem Umweg über das Beschäftigungsförderungsgesetz seine Arbeitsverträge doch wieder „befristet" abschließt!
Ein solch enger sachlicher Zusammenhang ist insbesondere dann anzunehmen, wenn zwischen den Arbeitsverträgen ein Zeitraum von weniger als vier Monaten liegt.

Ist ein Arbeitsverhältnis grundsätzlich mit Vollendung des 65. Lebensjahres beendet?

Viele Arbeitnehmer sind der Ansicht, daß „automatisch mit 65 Schluß sei".
Dies ist aber nur dann der Fall, wenn durch Tarifvertrag, Betriebsvereinbarung oder Einzelvertrag die Vollendung des 65. Lebensjahres oder der Bezug einer be-

stimmten Rente als Beendigungsgrund vereinbart ist.
Dies gilt z.B. im öffentlichen Dienst und in zahlreichen Tarifverträgen.

Auch aus der sogenannten „betrieblichen Übung" kann sich ergeben, daß Ihr Arbeitsverhältnis mit Erreichen eines bestimmten Lebensalters endet. Sollte es in Ihrem Unternehmen etwa seit Jahren üblich sein, daß die Arbeitnehmer stets mit Vollendung des 65. Lebensjahres ohne besondere Kündigung aus dem Betrieb ausscheiden, so wird man eine solche betriebliche Übung annehmen.
Dann ist mit Vollendung des 65. Lebensjahres das Arbeitsverhältnis tatsächlich beendet.
Der Arbeitgeber darf aber auch nicht eine einzige Ausnahme zulassen.

Liegt allerdings keiner dieser Fälle (Tarifvertrag, Betriebsvereinbarung, Einzelvertrag, betriebliche Übung) vor, die das Ausscheiden aus dem Unternehmen mit Erreichen einer bestimmten Altersgrenze regeln, so ist mit 65 erst dann Schluß, wenn Sie mit dem Arbeitgeber einen Aufhebungsvertrag (hier sollten Sie an eine Abfindung denken!) schließen oder eine Kündigung erfolgt.
Es gelten also insoweit die „normalen" Regeln.
Die Vollendung des 65. Lebensjahres ist allerdings für sich alleine betrachtet kein „in der Person des Arbeitnehmers" liegender Grund im Sinne des Kündigungsschutzgesetzes.
Aus diesem Gesichtspunkt wäre die ordentliche Kündigung als „personenbedingte" sozial ungerechtfertigt.
Im Einzelfall kann die Kündigung allerdings als „betriebsbedingte" Kündigung zulässig sein.
Dies wäre dann der Fall, wenn der Arbeitgeber im Kündigungsschutzprozeß beweisen kann, daß der Altersaufbau in seinem Betrieb die Kündigung erforderlich macht.

Betriebsübernahme (Betriebsübergang)

Wann liegt ein Betriebsübergang vor?

Ein Betriebsübergang setzt nicht unbedingt voraus, daß der bisherige Betriebsinhaber das gesamte Betriebsvermögen auf den Erwerber überträgt.
Wenn alle Maschinen und Einrichtungsgegenstände eines Betriebs an denselben Erwerber veräußert werden, so spricht dies allerdings stark für einen Betriebsübergang.
Auch der Eintritt in alle Liefer- und Abnahmeverträge kann nach Ansicht des Bundesarbeitsgerichts für eine Betriebsveräußerung sprechen.
Selbst dann, wenn der Erwerber den im Zeitpunkt der Übertragung noch voll funktionsfähigen Betrieb nach der Übernahme nicht mehr fortführt, sondern alsbald stillegt und nur einzelne Vermögensgegenstände aus dem Betriebsvermögen verwertet, liegt nach Ansicht des Bundesarbeitsgerichts eine Betriebsveräußerung vor.
Der Betriebsübergang muß in jedem Fall jedoch durch ein Rechtsgeschäft (Kauf, Pacht, Schenkung etc.) erfolgen.
Dies ist z.B. dann nicht gegeben, wenn der Übergang durch eine Erbschaft erfolgte.

Ihre Firma hat den Besitzer gewechselt – was nun?

Betriebsübergang bedeutet, daß durch einen rechtsgeschäftlichen Wechsel der Inhaber Ihres Unternehmens wechselt.
Dies kann z.B. durch die Veräußerung oder auch durch

eine Verpachtung des Betriebes oder einzelner Betriebsteile geschehen.
In einer solchen Situation herrscht bei vielen Arbeitnehmern große Unsicherheit.
Dazu besteht in der Regel aber kein Grund.
Das Bürgerliche Gesetzbuch ordnet nämlich ausdrücklich an, daß der neue Arbeitgeber (= neuer Betriebsinhaber) voll in die Rechte und Pflichten der Arbeitsverhältnisse eintritt, die im Zeitpunkt des Betriebsübergangs bestehen!
Danach liegt es bei Ihnen zu entscheiden, ob Sie Ihr Arbeitsverhältnis mit dem neuen Betriebsinhaber weiterführen wollen.
Durch Ihren Widerspruch gegen den Übergang des Arbeitsvertrages auf den Erwerber können Sie erreichen, daß Ihr Arbeitsverhältnis zu dem Veräußerer (= ehemaliger Betriebsinhaber) grundsätzlich fortbestehen bleibt.
Der Betriebsübergang führt dazu, daß Sie für noch offenstehende Ansprüche nicht nur Ihren bisherigen Arbeitgeber in Anspruch nehmen können, sondern auch den neuen Betriebsinhaber.
Für zurückliegende Ansprüche aus dem bisherigen Arbeitsverhältnis haben Sie also zwei Schuldner!
Bezüglich der Ansprüche, die nach dem Betriebsübergang entstehen, können Sie allerdings nur den neuen Betriebsinhaber in Anspruch nehmen!

Betriebsübergang und Ruhegeld?

Auf Ruhestandsverhältnisse und Ruhegeldansprüche der ausgeschiedenen ehemaligen Arbeitnehmer (Ruheständler) ist diese Regelung nicht anwendbar.
Nach einer Entscheidung des Bundesarbeitsgerichts bleibt der frühere Arbeitgeber alleiniger Schuldner der Ruheständler!

Bei den noch aktiven Arbeitnehmern, die mit dem Betriebsübergang einverstanden sind, sieht es bezüglich der Ruhegeldzusagen allerdings anders aus:
Für Ruhegeldzusagen, die noch unter dem ehemaligen Arbeitgeber entstanden sind, haftet auch der Betriebserwerber.
Zu beachten ist hierbei, daß bei eigenen Versorgungszusagen des neuen Arbeitgebers die frühere Beschäftigungszeit nicht angerechnet wird. Verspricht Ihnen der neue Arbeitgeber also die Zahlung eines betrieblichen Altersruhegeldes, so beginnt die Frist zur Erlangung einer Anwartschaft auf dieses Altersgeld erst mit dem Zeitpunkt des Betriebsübergangs.
Wichtig:
Besonderheiten gelten allerdings, wenn der Betriebsübergang im Rahmen einer Konkursabwicklung stattfand.
Nach Ansicht des Bundesarbeitsgerichts trifft den Erwerber eines in Konkurs gefallenen Betriebes keine Haftung für bereits vor Betriebsübergang entstandene Ansprüche!
Sie sollten in diesem Fall allerdings daran denken, daß Sie vom Arbeitsamt in Form des sogenannten „Konkursausfallgeldes" den Lohn für die letzten drei Monate vor Eröffnung des Konkursverfahrens verlangen können!

**Tarifverträge und Betriebsvereinbarungen
im Falle des Betriebsübergangs**

Grundsätzlich ordnet das Gesetz an, daß auch Betriebsvereinbarungen und Tarifverträge Inhalt des Arbeitsverhältnisses mit dem Betriebserwerber werden und nicht vor Ablauf eines Jahres nach Betriebsübergang zum Nachteil des Arbeitnehmers geändert werden dürfen.
Gilt allerdings beim neuen Arbeitgeber ein anderer Ta-

rifvertrag oder eine andere Betriebsvereinbarung, so gelten diese.

Probleme treten bei den Arbeitnehmern auf, die nicht tarifgebunden (also keine Gewerkschaftsmitglieder) sind, wenn in deren Arbeitsverträgen Bezug auf Tarifverträge genommen wird.

Wird in dem Arbeitsvertrag auf „den jeweils geltenden Tarifvertrag" verwiesen, so ist nach Ansicht des Bundesarbeitsgerichts in der Regel davon auszugehen, daß bei Betriebsübergang das Tarifrecht des Erwerbers gelten soll.

Nach Ansicht der Richter ist dies auch der Fall, wenn im Arbeitsvertrag mit dem alten Arbeitgeber nur auf den „bei diesem geltenden Tarifvertrag" Bezug genommen wurde.

Kündigung wegen eines Betriebsübergangs zulässig?

Diese Frage weist schon auf die Hauptsorge vieler Arbeitnehmer im Falle eines Betriebsübergangs hin. Das Gesetz regelt aber ausdrücklich, daß die Kündigung weder durch den bisherigen noch den neuen Arbeitgeber wegen des Übergangs eines Betriebes oder eines Betriebsteiles zulässig ist!

Dagegen bleibt das Recht zur Kündigung des Arbeitsverhältnisses aus anderen Gründen (z.B. aus betriebsbedingten Gründen, wenn nach dem Betriebsübergang wegen Rationalisierung Arbeitnehmer entlassen werden müssen) möglich. Eine Kündigung ist also nicht schon dann unwirksam, wenn der Betriebsübergang für die Kündigung ursächlich ist, sondern nur dann, wenn der Betriebsübergang Beweggrund und Motiv für die Kündigung war!

Unzulässig wäre also eine Kündigung durch den bisherigen Arbeitgeber mit der Begründung, daß der neue Betriebsinhaber die Übernahme eines bestimmten Ar-

beitnehmers abgelehnt habe, da dieser ihm „zu teuer"
sei.
Das Gesetz will also erreichen, daß Ihnen allein aus der
Tatsache des Betriebsübergangs heraus nicht gekündigt
werden darf.
Liegen aber, losgelöst von dem Betriebsübergang „an
sich", Gründe vor, die die Kündigung rechtfertigen, so
entsteht Ihnen aus der Tatsache des Betriebsübergangs
kein besonderer Kündigungsschutz.
So darf sowohl der bisherige als auch der neue Arbeitgeber Ihnen kündigen, wenn Ihre Übernahme aus dringenden betrieblichen Erfordernissen unmöglich ist.
Allerdings kommt es bei dieser „betriebsbedingten"
Kündigung wie immer darauf an, daß die richtige soziale Auswahl getroffen worden ist.
Vorrangig muß der neue Arbeitgeber eine Änderungskündigung in Betracht ziehen.
Bevor er Ihnen „betriebsbedingt" kündigt, ist er gehalten Ihnen z.B. eine Versetzung oder eine Lohnkürzung
anzubieten, falls dies möglich ist.

Kündigungsschutz bei Betriebsstillegungen

Immer wieder versuchen Arbeitgeber diese gesetzlichen Schutzvorschriften beim „Betriebsübergang" zu
umgehen, indem sie eine „Betriebsstillegung fingieren".
Dies beruht auf der Rechtsprechung des Bundesarbeitsgerichts, welches entschieden hat, daß eine „betriebsbedingte" Kündigung zulässig sei, wenn der Betrieb oder
Teile des Betriebes stillgelegt werden.
Nun gibt es Erwerber, die den Betrieb kurzzeitig stillegen und allen Arbeitnehmern kündigen, dann aber
plötzlich ein halbes Jahr später „munter weiterproduzieren".
In diesem Fall spricht viel dafür, daß die Kündigung unwirksam war, da der Arbeitgeber den Kündigungsschutz
umgehen wollte.

Wurde Ihnen bei einem Betriebsübergang also betriebsbedingt gekündigt, sollten Sie den Erwerber im Auge behalten!

Arbeitskampf

Was versteht man unter Arbeitskampf?

Im Arbeitsleben gibt es viele Streitigkeiten und Störungen, die aber nicht gleichbedeutend sind mit einem Arbeitskampf.
Maßnahmen einer einzelnen Person oder gegen eine einzelne Person sind regelmäßig kein Arbeitskampf. Ein einzelner Arbeitnehmer kann nicht streiken, sondern lediglich die Arbeit verweigern. Der Arbeitgeber kann auch nicht einen einzelnen Arbeitnehmer aussperren.
An einem Arbeitskampf muß folglich mindestens eine Gruppe von Arbeitnehmern beteiligt oder betroffen sein.
Das Arbeitskampfrecht ist inhaltlich typischerweise zugeschnitten auf den Streit über eine tarifliche Regelung in den Formen des Streiks und eventuell der Aussperrung.

Der Streik

Der Streik stellt das Arbeitskampfmittel der Arbeitnehmerseite dar.
Ein Streik liegt vor, wenn eine größere Zahl von Arbeitnehmern planmäßig und gemeinschaftlich die Arbeit einstellt, um für sich oder andere Arbeitnehmer eine Verbesserung zu erreichen.

Der Streik ist rechtmäßig, wenn er von einer tariffähigen Partei, also einer Gewerkschaft geführt wird. Demnach steht nur der Gewerkschaft Streikfreiheit zu, mit dem Ergebnis, daß sie dem Arbeitgeber hinsichtlich der Folgen des Streiks nicht schadensersatzpflichtig ist.
Weiterhin muß mit dem Streik ein tariflich regelbares Ziel verfolgt werden. Das heißt, die dem Streik zugrundeliegende Forderung muß gegen einen Arbeitgeberverband oder gegen den bestreikten Arbeitgeber gerichtet sein.
Die Gewerkschaft darf bei Streikbeginn nicht mehr der Friedenspflicht eines noch laufenden Tarifvertrages unterliegen. Jeder Tarifvertrag hat nämlich die Wirkung, daß während seiner Laufzeit Arbeitskampfmaßnahmen über die im Vertrag wirksamen Angelegenheiten unzulässig sind.
Die Gewerkschaft muß vor Streikbeginn das satzungsmäßig vorgesehene Verfahren eingehalten haben, insbesondere eine Urabstimmung durchgeführt und die erforderliche Mehrheit für den Streik erzielt haben.
Zuletzt muß die Gewerkschaft für eine faire Kampfführung innerhalb der rechtlichen Grenzen sorgen. Demnach muß sich die Gewerkschaft darum kümmern, daß Streikposten nur mit verbalen Mitteln Solidarität herbeizuführen suchen, und sie darf auch selbst nicht zu Gewaltanwendungen jeglicher Form aufrufen.

Die Aussperrung

Die Aussperrung ist das Arbeitskampfmittel der Arbeitgeber.
Von Aussperrung spricht man, wenn ein Arbeitgeber planmäßig Gruppen von Arbeitnehmern nicht zur Arbeit zuläßt und die Lohnzahlung verweigert, um ein arbeitspolitisches Ziel zu erreichen.
Obwohl eine Angriffsaussperrung (Arbeitgeber beginnt mit dem Arbeitskampf) theoretisch zulässig wäre, hat es

bisher immer nur Defensiv-Aussperrungen (Arbeitgeber reagiert mit Aussperrungen auf einen Streik seiner Arbeitnehmer) gegeben, mit denen die Arbeitgeber auf einen Streik reagierten.
Grundsätzlich ist zur Rechtmäßigkeit der Aussperrung zu sagen: Eine Ausperrung, die gezielt nur die Mitglieder einer streikenden Gewerkschaft erfaßt, nichtorganisierte Arbeitnehmer jedoch verschont, ist rechtswidrig.

Wie kommen Sie zu Ihrem Recht?

Arbeitsgerichtsverfahren

Falls es bei Ihnen doch in einem Fall einmal keine gütliche Einigung mit Ihrem Arbeitgeber geben sollte, müssen Sie das Wesentliche über das Vorgehen bei Gericht wissen.
Für bürgerliche Rechtsstreitigkeiten zwischen Arbeitnehmern und Arbeitgebern aus dem Arbeitsverhältnis ist die Zuständigkeit der Arbeitsgerichte begründet.
Die Arbeitsgerichtsbarkeit wird in der Bundesrepublik durch die Arbeitsgerichte, die Landesarbeitsgerichte und das Bundesarbeitsgericht in Kassel ausgeübt.
Die Zuständigkeit der Arbeitsgerichte ist eine ausschließliche, d.h., Rechtsstreitigkeiten, die vor das Arbeitsgericht gehören, können nicht durch Vereinbarung vor andere Gerichte gebracht werden und umgekehrt.

Kostenrisiko im Prozeß

Von größter Bedeutung ist auch im Arbeitsrechtsprozeß das Kostenrisiko, das heißt, Sie müssen sich bereits vor dem Prozeß einen Überblick verschaffen, welche Kosten die Rechtsverfolgung mit sich bringt.

Die Höhe der Kosten hängt im Einzelfall von der Höhe des Streitwertes ab.
Bei Kündigungsschutzklagen wird in der Regel das 3fache Monatsgehalt als Streitwert seitens des Gerichts festgelegt. Soll insoweit neben der Feststellung der Unwirksamkeit der Kündigung auch die Zahlung rückliegender Lohnforderungen beantragt werden, so führt die Kombination von Kündigungsschutz- und Lohnklage nur dann zu einem höheren Steitwert, wenn das Gehalt für mehr als 3 Monate eingeklagt wird.
Bei sonstigen Zahlungsklagen ergibt sich der Streitwert aus der Höhe des eingeklagten Betrages.

Gerichtskosten

In der ersten Instanz der Arbeitsgerichtsbarkeit fällt nur eine einmalige Prozeßgebühr an, die überdies noch wesentlich niedriger als in anderen Verfahrensarten ist.
Ihre Höhe ergibt sich aus der nachfolgenden Übersicht:
Die Gebühr beträgt bei Gegenständen im Wert

bis zu			100,– DM	3,– DM
über	100,– DM	bis	200,– DM	6,– DM
über	1000,– DM	bis	1100,– DM	33,– DM
über	2000,– DM	bis	2100,– DM	63,– DM
über	3000,– DM	bis	3100,– DM	93,– DM
über	4000,– DM	bis	4100,– DM	123,– DM
über	5000,– DM	bis	5100,– DM	153,– DM
über	6000,– DM	bis	6100,– DM	183,– DM
über	7000,– DM	bis	7100,– DM	213,– DM
über	8000,– DM	bis	8100,– DM	243,– DM
über	9000,– DM	bis	9100,– DM	273,– DM
über	10000,– DM	bis	10100,– DM	303,– DM
über	11000,– DM	bis	11100,– DM	333,– DM
über	15000,– DM	bis	15100,– DM	453,– DM
über	16600,– DM			500,– DM

Auch bei höheren Streitwerten beträgt der Höchstbetrag 500,– DM.
Zu den Gerichtskosten kommen dann im Einzelfall die jeweiligen Zeugenentschädigungen hinzu, die im Regelfall für jede Stunde der versäumten Arbeitszeit eines Zeugen 3 bis 20,– DM betragen.
Diese Kosten hat in erster Linie der Verlierer des Prozesses zu bezahlen. Ist dies der Beklagte und kann dieser nicht zahlen, so haftet hilfsweise der Kläger, obwohl er den Prozeß gewonnen hat.
Ein Kostenvorschuß ist vor Beginn des Prozesses nicht zu bezahlen.

Anwaltskosten

Für die Kosten der Anwälte ist auch im arbeitsrechtlichen Verfahren die allgemeine Bundesrechtsanwaltsgebührenordnung heranzuziehen.
Hier ergeben sich insoweit folgende Beträge:
bei einem Streitwert bis bei einem Streitwert bis

300,– DM	40,– DM	4500,– DM	253,– DM
600,– DM	55,– DM	5000,– DM	279,– DM
900,– DM	70,– DM	5500,– DM	305,– DM
1200,– DM	85,– DM	6000,– DM	331,– DM
1500,– DM	100,– DM	6500,– DM	357,– DM
1800,– DM	115,– DM	7000,– DM	383,– DM
2100,– DM	130,– DM	7500,– DM	409,– DM
2400,– DM	145,– DM	8000,– DM	435,– DM
2700,– DM	160,– DM	8500,– DM	461,– DM
3000,– DM	175,– DM	9000,– DM	487,– DM
3500,– DM	201,– DM	9500,– DM	513,– DM
4000,– DM	227,– DM	10000,– DM	539,– DM
			etc.

Bei den Anwaltsgebühren gibt es anders als bei den

Gerichtgebühren keine Höchstbeträge, so daß sich die Liste beliebig fortsetzen ließe.
Wichtig zu wissen ist, daß im Bereich der Anwaltsgebühren im Rahmen eines Verfahrens bis zu vier Einzelgebühren pro Anwalt anfallen können, und zwar die Prozeßgebühr, die Verhandlungsgebühr, die Beweisgebühr und die Vergleichsgebühr.
Falls also in Ihrem Verfahren alle Gebühren anfallen, müssen Sie die oben angeführten Beträge viermal Ihrem Anwalt bezahlen.
Zu den Anwaltsgebühren, die für jeden Anwalt gesondert anfallen, kommt noch ein Betrag in Höhe von höchstens 40,- DM für Postgebühren sowie 7% Umsatzsteuer auf den Gesamtbetrag.
Sie sollten bei den Anwaltsgebühren wissen, daß in der ersten Instanz der Arbeitsgerichtsbarkeit jede Seite die Gebühren ihres Rechtsanwalts bezahlen muß, ohne Rücksicht darauf, wer den Prozeß gewinnt.
Im Berufungs- und Revisionsverfahren erhöhen sich die Anwaltsgebühren um drei Zehntel.
Die Gerichtsgebühren sind aber 2/10 niedriger als im Ausgangsverfahren.
Sie sehen hier also selbst, daß das Kostenrisiko ganz beträchtlich ist, soweit es nicht durch den Rechtsschutz einer Gewerkschaft, durch eine Rechtsschutzversicherung oder durch die Prozeßkostenhilfe beseitigt wird.

Arbeitsrecht in den fünf neuen Bundesländern

Vor dem 3.10.1990 bestanden im Arbeitsrecht der Bundesrepublik und der DDR tiefgreifende Unterschiede. Mit der Vereinigung beider deutscher Staaten ist auch die Rechtseinheit auf dem Gebiet des Arbeitsrechts weitgehend hergestellt worden.
Da dies aber eben nur weitgehend und nicht völlig ge-

schehen ist, ergeben sich eine Vielzahl an Problemen für den um Rechtsrat suchenden Bürger der fünf neuen Bundesländer.

Dies ergibt sich daraus, daß zuerst geklärt werden muß, welche Rechtsnormen überhaupt anwendbar sind, und erst dann die ohnehin schon schwierige materiell rechtliche Problematik geklärt werden kann.

Im Rahmen dieses Buches kann lediglich ein kurzer Einblick gegeben werden, welche Regelungen grundsätzlich gelten. Beim Auftreten von Detailfragen ist der Gang zum Rechtsanwalt unabdingbar.

Die zugrundeliegende Rechtsakte

Nach Abschluß des Staatsvertrages vom 18.5.1990 wurden für die DDR im wesentlichen das KSchG, das Arbeitskampfrecht und Tarifvertragsrecht, das BetrVG und die MitbestG übernommen.

Seit dem Staatsvertrag gilt die Koalitionsfreiheit auch in den neuen Bundesländern. Dementsprechend haben sich die Gewerkschaften der Altbundesländer auch in den neuen Ländern gebildet.

Am 22.6.1990 ist in der DDR das AGB-DDR (siehe Anhang) nach umfassender Änderung neu bekanntgemacht worden.

Nach Art. 8 des Einigungsvertrages vom 31.8.1990 gilt mit dem Wirksamwerden des Beitritts der neuen Bundesländer das Recht der Altbundesländer, soweit sich nicht Ausnahmen, wie sie z.B. in der Anlage I des Einigungsvertrages enthalten sind, ergeben.

Daher kann von der grundsätzlichen Geltung des Rechts der Altbundesländer in den fünf neuen Ländern ausgegangen werden, unter Berücksichtigung der im einzelnen geltenden Ausnahmen.

Die besondere Schwierigkeit erwächst jedoch aus der weitgehenden Geltung von Bundesrecht, das durch die Regeln des AGB überlagert wird.

Erschwerend kommt hinzu, daß viele Regelungen nur als vorübergehend beabsichtigt sind, so daß man im Einzelfall genau prüfen muß, ob die fragliche Regelung zum Anwendungszeitpunkt überhaupt noch einschlägig ist.

Gerichtsorganisation

Beispielhaft für die zugrundeliegende Problematik sei hier die Gerichtsorganisation in den fünf neuen Bundesländern dargestellt.

Im Einigungsvertrag ist bestimmt, daß bis zur Einrichtung selbständiger Gerichtsbarkeiten die fortbestehenden Kreis- und Bezirksgerichte auch in den Angelegenheiten der Arbeitsgerichtsbarkeit zuständig sind.

Das Kreisgericht ist demnach auch Arbeitsgericht und das Bezirksgericht Landesarbeitsgericht im Sinne des Arbeitsgerichtsgesetzes.

Mit Rücksicht auf die derzeitige Situation sieht der Einigungsvertrag eine ganz allgemeine Ermächtigung vor, Streitigkeiten bestimmter Art für mehrere Gerichtsbezirke zusammenzufassen.

Anhang

Gesetzestexte

Vertrag zwischen der Bundesrepublik Deutschland und der Deutschen Demokratischen Republik über die Herstellung der Einheit Deutschlands – Einigungsvertrag – Vom 31. August 1990

Art. 8. Überleitung von Bundesrecht.
Mit dem Wirksamwerden des Beitritts tritt in dem in Artikel 3 genannten Gebiet Bundesrecht in Kraft, soweit es nicht in seinem Geltungsbereich auf bestimmte Länder oder Landesteile der Bundesrepublik Deutschland beschränkt ist und soweit durch diesen Vertrag, insbesondere dessen Anlage I, nichts anderes bestimmt wird.

Art. 9. Fortgeltendes Recht der Deutschen Demokratischen Republik.
(1) Das im Zeitpunkt der Unterzeichnung dieses Vertrages geltende Recht der Deutschen Demokratischen Republik, das nach der Kompetenzordnung des Grundgesetzes Landesrecht ist, bleibt in Kraft, soweit es mit dem Grundgesetz ohne Berücksichtigung des Artikels 143, mit in dem in Artikel 3 genannten Gebiet in Kraft gesetztem Bundesrecht sowie mit dem unmittelbar geltenden Recht der Europäischen Gemeinschaften vereinbar ist und soweit in diesem Vertrag nichts anderes bestimmt wird. Recht der Deutschen Demokratischen Republik, das nach der Kompetenzordnung des Grundgesetzes Bundesrecht ist und das nicht bundeseinheitlich geregelte Gegenstände betrifft, gilt unter den Vor-

aussetzungen des Satzes 1 bis zu einer Regelung durch den Bundesgesetzgeber als Landesrecht fort.

Bürgerliches Gesetzbuch

§ 113. [Dienst- oder Arbeitsverhältnis]
(1) Ermächtigt der gesetzliche Vertreter den Minderjährigen, in Dienst oder in Arbeit zu treten, so ist der Minderjährige für solche Rechtsgeschäfte unbeschränkt geschäftsfähig, welche die Eingehung oder Aufhebung eines Dienst- oder Arbeitsverhältnisses der gestatteten Art oder die Erfüllung der sich aus einem solchen Verhältnis ergebenden Verpflichtungen betreffen. Ausgenommen sind Verträge, zu denen der Vertreter die Genehmigung des Vormundschaftsgerichts bedarf.
(2) Die Ermächtigung kann vom Vertreter zurückgenommen oder eingeschränkt werden.
(3) Ist der gesetzliche Vertreter ein Vormund, so kann die Ermächtigung, wenn sie von ihm verweigert wird, auf Antrag des Minderjährigen durch ein Vormundschaftsgericht ersetzt werden. Das Vormundschaftsgericht hat die Ermächtigung zu ersetzen, wenn sie im Interesse des Mündels liegt.
(4) Die für den einzelnen Fall erteilte Ermächtigung gilt im Zweifel als allgemeine Ermächtigung zur Eingehung von Verhältnissen derselben Art.

§ 196 [Zweijährige Verjährungsfrist]
(1) In zwei Jahren verjähren die Ansprüche:
8. derjenigen, welche im Privatdienste stehen, wegen des Gehalts, Lohnes oder anderer Dienstbezüge, mit Einschluß der Auslagen sowie der Dienstberechtigten wegen der auf solche Ansprüche gewährten Vorschüsse;
9. der gewerblichen Arbeiter – Gesellen, Gehilfen, Lehrlinge, Fabrikarbeiter – der Tagelöhner und

Handarbeiter wegen des Lohns und anderer anstelle oder als Teil des Lohnes vereinbarter Leistungen, mit Einschluß der Auslagen sowie der Arbeitgeber wegen der auf solche Ansprüche gewährten Vorschüsse;
10. der Lehrherren und Lehrmeister wegen des Lehrgeldes und anderer im Lehrvertrage vereinbarter Leistungen sowie wegen der für die Lehrlinge bestrittenen Auslagen;

§ 201. [Beginn der kurzen Verjährung]
Die Verjährung der in den §§ 196, 197 bezeichneten Ansprüche beginnt mit dem Schlusse des Jahres, in welchem der nach §§ 198 bis 200 maßgebende Zeitpunkt eintritt. Kann die Leistung erst nach dem Ablauf einer über diesen Zeitpunkt hinausreichenden Frist verlangt werden, so beginnt die Verjährung mit dem Schlusse des Jahres, in welchem die Frist abläuft.

§ 611. [Wesen des Dienstvertrags]
(1) Durch den Dienstvertrag wird derjenige, welcher Dienste zusagt, zur Leistung der versprochenen Dienste, der andere Teil zur Gewährung der vereinbarten Vergütung verpflichtet.
(2) Gegenstand des Dienstvertrages können Dienste jeder Art sein.

§ 611 a [Gleichbehandlung von Männern und Frauen]
(1) Der Arbeitgeber darf einen Arbeitnehmer bei einer Vereinbarung oder einer Maßnahme, insbesondere bei der Begründung des Arbeitsverhältnisses, beim beruflichen Aufstieg, bei einer Weisung oder Kündigung, nicht wegen seines Geschlechts benachteiligen. Eine unterschiedliche Behandlung wegen des Geschlechts ist jedoch zulässig, soweit eine Vereinbarung oder eine Maßnahme der Art der vom Arbeitnehmer auszuübenden Tätigkeit zum Gegenstand hat und ein bestimmtes Geschlecht unver-

zichtbare Voraussetzung für diese Tätigkeit ist. Wenn im Streitfall der Arbeitnehmer Tatsachen glaubhaft macht, die eine Benachteiligung wegen des Geschlechts vermuten lassen, trägt der Arbeitgeber die Beweislast dafür, daß nicht auf das Geschlecht bezogene, sachliche Gründe eine unterschiedliche Behandlung rechtfertigen oder das Geschlecht unverzichtbare Voraussetzung für die auszuübende Tätigkeit ist.

(2) Ist ein Arbeitsverhältnis wegen eines von dem Arbeitgeber zu vertretenden Verstoßes gegen das Benachteiligungsverbot des Absatzes 1 nicht begründet worden, so ist er zum Ersatz des Schadens verpflichtet, den der Arbeitnehmer dadurch erleidet, daß er darauf vertraut, die Begründung des Arbeitsverhältnisses werde nicht wegen eines solchen Verstoßes unterbleiben. Satz 1 gilt beim beruflichen Aufstieg entsprechend, wenn auf den Aufstieg kein Anspruch besteht.

(3) Der Anspruch auf Schadensersatz wegen eines Verstoßes gegen das Benachteiligungsverbot verjährt in zwei Jahren. § 201 ist entsprechend anzuwenden.

§ 611 b. [Ausschreibung eines Arbeitsplatzes]
Der Arbeitgeber soll einen Arbeitsplatz weder öffentlich noch innerhalb des Betriebes nur für Männer oder nur für Frauen ausschreiben, es sei denn, daß ein Fall des § 611 a Abs.1 Satz 2 vorliegt.

§ 612 [Vergütung]
(1) Eine Vergütung gilt als stillschweigend vereinbart, wenn die Dienstleistung den Umständen nach nur gegen eine Vergütung zu erwarten ist.
(2) Ist die Höhe der Vergütung nicht bestimmt, so ist bei dem Bestehen einer Taxe die taxmäßige Vergütung, in Ermangelung einer Taxe die übliche Vergütung als vereinbart anzusehen.
(3) Bei einem Arbeitsverhältnis darf für gleiche oder

für gleichwertige Arbeit nicht wegen des Geschlechts des Arbeitnehmers eine geringere Vergütung vereinbart werden als bei einem Arbeitnehmer des anderen Geschlechts. Die Vereinbarung einer geringeren Vergütung wird nicht dadurch gerechtfertigt, daß wegen des Geschlechts des Arbeitnehmers besondere Schutzvorschriften gelten. § 611 a Abs. 1 Satz 3 ist entsprechend anzuwenden.

§ 612 a. [Maßregelungsverbot]
Der Arbeitgeber darf einen Arbeitnehmer bei einer Vereinbarung oder einer Maßnahme nicht benachteiligen, weil der Arbeitnehmer in zulässiger Weise seine Rechte ausübt.

§ 613. [Höchstpersönliche Verpflichtung und Berechtigung]
Der zur Dienstleistung Verpflichtete hat die Dienste im Zweifel in Person zu leisten. Der Anspruch auf die Dienste ist im Zweifel nicht übertragbar.

§ 613 a. [Rechte und Pflichten bei Betriebsübergang]
(1) Geht ein Betrieb oder Betriebsteil durch Rechtsgeschäft auf einen anderen Inhaber über, so tritt dieser in die Rechte und Pflichten aus den im Zeitpunkt des Übergangs bestehenden Arbeitsverhältnissen ein. Sind diese Rechte und Pflichten durch Rechtsnormen eines Tarifvertrags oder durch eine Betriebsvereinbarung geregelt, so werden sie Inhalt des Arbeitsverhältnisses zwischen dem neuen Inhaber und dem Arbeitnehmer und dürfen nicht vor Ablauf eines Jahres nach dem Zeitpunkt des Übergangs zum Nachteil des Arnbeitnehmers geändert werden. Satz 2 gilt nicht, wenn die Rechte und Pflichten bei dem neuen Inhaber durch Rechtsnormen eines anderen Tarifvertrages oder durch eine andere Betriebsvereinbarung geregelt werden. Vor Ablauf der Frist nach Satz 2 können die Rechte und

Pflichten geändert werden, wenn der Tarifvertrag oder die Betriebsvereinbarung nicht mehr gilt oder bei fehlender beiderseitiger Tarifgebundenheit im Geltungsbereich eines anderen Tarifvertrages, dessen Anwendung zwischen dem neuen Inhaber und dem Arbeitnehmer vereinbart wird.

(2) Der bisherige Arbeitgeber haftet neben dem neuen Inhaber für Verpflichtungen nach Absatz 1, soweit sie vor dem Zeitpunkt des Übergangs entstanden sind und vor Ablauf von einem Jahr nach diesem Zeitpunkt fällig werden, als Gesamtschuldner. Werden solche Verpflichtungen nach dem Zeitpunkt des Übergangs fällig, so haftet der bisherige Arbeitgeber für sie jedoch nur in dem Umfang, der dem im Zeitpunkt des Übergangs abgelaufenen Teil ihres Bemessungszeitraums entspricht.

(3) Absatz 2 gilt nicht, wenn eine juristische Person durch Verschmelzung oder Umwandlung erlischt; § 8 des Umwandlungsgesetzes in der Fassung der Bekanntmachung vom 6. November 1969 (Bundesgesetzbl. I S. 2081) bleibt unberührt.

(4) Die Kündigung des Arbeitsverhältnisses eines Arbeitnehmers durch den bisherigen Arbeitgeber oder durch den neuen Inhaber wegen des Übergangs eines Betriebs oder Betriebsteils ist unwirksam. Das Recht zur Kündigung des Arbeitsverhältnisses aus anderen Gründen bleibt unberührt.

§ 614. [Fälligkeit der Vergütung]
Die Vergütung ist nach der Leistung der Dienste zu entrichten. Ist die Vergütung nach Zeitabschnitten bemessen, so ist sie nach dem Ablaufe der einzelnen Zeitabschnitte zu entrichten.

§ 615. [Vergütung bei Annahmeverzug]
Kommt der Dienstberechtigte mit der Annahme der Dienste in Verzug, so kann der Verpflichtete für die infolge des Verzugs nicht geleisteten Dienste die verein-

barte Vergütung verlangen, ohne zur Nachleistung verpflichtet zu sein. Er muß sich jedoch den Wert desjenigen anrechnen lassen, was er infolge des Unterbleibens der Dienstleistung erspart oder durch anderweitige Verwendung seiner Dienste erwirbt oder zu erwerben böswillig unterläßt.

§ 616. [Vorübergehende Verhinderung]
(1) Der zur Dienstleistung Verpflichtete wird des Anspruchs auf die Vergütung nicht dadurch verlustig, daß er für eine verhältnismäßig nicht erhebliche Zeit durch einen in seiner Person liegenden Grund ohne sein Verschulden an der Dienstleistung verhindert wird. Er muß sich jedoch den Betrag anrechnen lassen, welcher ihm für die Zeit der Verhinderung aus einer auf Grund gesetzlicher Verpflichtung bestehenden Kranken- oder Unfallversicherung zukommt.
(2) Der Anspruch eines Angestellten (§§ 2 und 3 des Angestelltenversicherungsgesetzes) auf Vergütung kann für den Krankheitsfall sowie für die Fälle der Sterilisation und des Abbruchs der Schwangerschaft durch einen Arzt nicht durch Vertrag ausgeschlossen oder beschränkt werden.
Hierbei gilt als verhältnismäßig nicht erheblich eine Zeit von sechs Wochen, wenn nicht durch Tarifvertrag eine andere Dauer bestimmt ist. Eine nicht rechtswidrige Sterilisation und ein nicht rechtswidriger Abbruch der Schwangerschaft durch einen Arzt gelten als unverschuldete Verhinderung an der Dienstleistung. Der Angestellte behält diesen Anspruch auch dann, wenn der Arbeitgeber das Arbeitsverhältnis aus Anlaß des Krankheitsfalls kündigt. Das gleiche gilt, wenn der Angestellte das Arbeitsverhältnis aus einem vom Arbeitgeber zu vertretenden Grunde kündigt, der den Angestellten zur Kündigung aus wichtigem Grund ohne Einhaltung einer Kündigungsfrist berechtigt.

(3) Ist der zur Dienstleistung Verpflichtete Arbeiter im Sinne des Lohnfortzahlungsgesetzes, so bestimmen sich seine Ansprüche nur nach dem Lohnfortzahlungsgesetz, wenn er durch Arbeitsunfähigkeit infolge Krankheit, infolge Sterilisation oder Abbruchs der Schwangerschaft durch einen Arzt oder durch eine Kur im Sinne des § 7 des Lohnfortzahlungsgesetzes an der Dienstleistung verhindert ist.

§ 617. [Erkrankung des Dienstverpflichteten]
(1) Ist bei einem dauernden Dienstverhältnis, welches die Erwerbstätigkeit des Verpflichteten vollständig oder hauptsächlich in Anspruch nimmt, der Verpflichtete in die häusliche Gemeinschaft aufgenommen, so hat der Dienstberechtigte ihm im Falle der Erkrankung die erforderliche Verpflegung und ärztliche Behandlung bis zur Dauer von sechs Wochen, jedoch nicht über die Beendigung des Dienstverhältnisses hinaus, zu gewähren, sofern nicht die Erkrankung von dem Verpflichteten vorsätzlich oder durch grobe Fahrlässigkeit herbeigeführt worden ist. Die Verpflegung und ärztliche Behandlung kann durch Aufnahme des Verpflichteten in einer Krankenanstalt gewährt werden. Die Kosten können auf die für die Zeit der Erkrankung geschuldete Vergütung angerechnet werden. Wird das Dienstverhältnis wegen der Erkrankung von dem Dienstberechtigten nach § 626 gekündigt, so bleibt die dadurch herbeigeführte Beendigung des Dienstverhältnisses außer Betracht.
(2) Die Verpflichtung des Dienstberechtigten tritt nicht ein, wenn für die Verpflegung und ärztliche Behandlung durch eine Versicherung oder durch eine Einrichtung der öffentlichen Krankenpflege Vorsorge getroffen ist.

§ 618. [Pflicht zu Schutzmaßnahmen]
(1) Der Dienstberechtigte hat Räume, Vorrichtungen

oder Gerätschaften, die er zur Verrichtung der Dienste zu beschaffen hat, so einzurichten und zu unterhalten und Dienstleistungen, die unter seiner Anordnung oder seiner Leistung vorzunehmen sind, so zu regeln, daß der Verpflichtete gegen Gefahr für Leben und Gesundheit soweit geschützt ist, als die Natur der Dienstleistung es gestattet.

(2) Ist der Verpflichtete in die häusliche Gemeinschaft aufgenommen, so hat der Dienstberechtigte in Ansehung des Wohn- und Schlafraums, der Verpflegung sowie der Arbeits- und Erholungszeit diejenigen Einrichtungen und Anordnungen zu treffen, welche mit Rücksicht auf die Gesundheit, die Sittlichkeit und die Religion des Verpflichteten erforderlich sind.

(3) Erfüllt der Dienstberechtigte die ihm in Ansehung des Lebens und der Gesundheit des Verpflichteten obliegenden Verpflichtung nicht, so finden auf seine Verpflichtung zum Schadensersatz die für unerlaubte Handlungen geltenden Vorschriften der §§ 842 bis 846 entsprechende Anwendung.

§ 619. [Unabdingbarkeit der Fürsorgepflichten]
Die dem Dienstberechtigten nach dem §§ 617, 618 obliegenden Verpflichtungen können nicht im voraus durch Vertrag aufgehoben oder beschränkt werden.

§ 620. [Ende des Dienstverhältnisses]
(1) Das Dienstverhältnis endigt mit dem Ablaufe der Zeit, für die es eingegangen ist.
(2) Ist die Dauer des Dienstverhältnisses weder bestimmt noch aus der Beschaffenheit oder dem Zwecke der Dienste zu entnehmen, so kann jeder Teil das Dienstverhältnis nach Maßgabe der §§ 621,622 kündigen.

§ 621. [Kündigungsfristen]
Bei einem Dienstverhältnis, das kein Arbeitsverhältnis im Sinne des § 622 ist, ist die Kündigung zulässig,

1. wenn die Vergütung nach Tagen bemessen ist, an jedem Tag für den Ablauf des folgenden Tages;
2. wenn die Vergütung nach Wochen bemessen ist, spätestens am ersten Werktag einer Woche für den Ablauf des folgenden Sonnabends;
3. wenn die Vergütung nach Monaten bemessen ist, spätestens am fünfzehnten eines Monats für den Schluß des Kalendermonats;
4. wenn die Vergütung nach Vierteljahren oder längeren Zeitabschnitten bemessen ist, unter Einhaltung einer Kündigungsfrist von sechs Wochen für den Schluß eines Kalendervierteljahres;
5. wenn die Vergütung nicht nach Zeitabschnitten bemessen ist, jederzeit; bei einem die Erwerbstätigkeit des Verpflichteten vollständig oder hauptsächlich in Anspruch nehmenden Dienstverhältnis ist jedoch eine Kündigungsfrist von zwei Wochen einzuhalten.

§ 622. [Kündigungsfrist bei Arbeitsverhältnissen]
(1) Das Arbeitsverhältnis eines Angestellten kann unter Einhaltung einer Kündigungsfrist von sechs Wochen zum Schluß eines Kalendervierteljahres gekündigt werden. Eine kürzere Kündigungsfrist kann einzelvertraglich nur vereinbart werden, wenn sie einen Monat nicht unterschreitet und die Kündigung nur für den Schluß des Kalendermonats zugelassen wird.
(2) Das Arbeitsverhältnis eines Arbeiters kann unter Einhaltung einer Kündigungsfrist von zwei Wochen gekündigt werden. Hat das Arbeitsverhältnis in demselben Betrieb oder Unternehmen fünf Jahre bestanden, so erhöht sich die Kündigungsfrist auf einen Monat zum Monatsende, hat es zehn Jahre bestanden, so erhöht sich die Kündigungsfrist auf zwei Monate zum Monatsende, hat es zwanzig Jahre bestanden, so erhöht sich die Kündigungsfrist auf drei Monate zum Ende eines Kalendervierteljahres; bei der Berechnung der Beschäftigungsdauer werden

Zeiten, die vor der Vollendung des fünfundzwanzigsten Lebensjahres liegen, nicht berücksichtigt.

(3) Kürzere als die in den Absätzen 1 und 2 genannte Kündigungsfristen können durch Tarifvertrag vereinbart werden. Im Geltungsbereich eines solchen Tarifvertrages gelten die abweichenden tariflichen Bestimmungen zwischen nicht tarifgebundenen Arbeitgebern und Arbeitnehmern, wenn ihre Anwendung zwischen ihnen vereinbart ist.

(4) Ist ein Arbeitnehmer zur vorübergehenden Aushilfe eingestellt, so können kürzere als die in Absatz 1 und Absatz 2 Satz 1 genannten Kündigungsfristen auch einzelvertraglich vereinbart werden; dies gilt nicht, wenn das Arbeitsverhältnis über die Zeit von drei Monaten hinaus fortgesetzt wird.

(5) Für die Kündigung des Arbeitsverhältnisses für den Arbeitnehmer darf einzelvertraglich keine längere Frist vereinbart werden als für die Kündigung durch den Arbeitgeber.

§ 624. [Kündigungsfrist bei Verträgen über mehr als 5 Jahre]
Ist das Dienstverhältnis für die Lebenszeit einer Person oder für längere Zeit als fünf Jahre eingegangen, so kann es von dem Verpflichteten nach dem Ablaufe von fünf Jahren gekündigt werden. Die Kündigungsfrist beträgt sechs Monate.

§ 625. [Stillschweigende Verlängerung]
Wird das Dienstverhältnis nach dem Ablaufe der Dienstzeit von dem Verpflichteten mit Wissen des anderen Teiles fortgesetzt, so gilt es als auf unbestimmte Zeit verlängert, sofern nicht der andere Teil unverzüglich widerspricht.

§ 626. [Fristlose Kündigung]
(1) Das Dienstverhältnis kann von jedem Vertragsteil aus wichtigem Grund ohne Einhaltung einer Kündi-

gungsfrist gekündigt werden, wenn Tatsachen vorliegen, aufgrund derer dem Kündigenden unter Berücksichtigung aller Umstände des Einzelfalles und unter Abwägung der Interessen beider Vertragsteile die Fortsetzung des Dienstverhältnisses bis zum Ablauf der Kündigungsfrist oder bis zur vereinbarten Beendigung des Dienstverhältnisses nicht zugemutet werden kann.
(2) Die Kündigung kann nur innerhalb von zwei Wochen erfolgen. Die Frist beginnt mit dem Zeitpunkt, in dem der Kündigungsberechtigte von dem für die Kündigung maßgebenden Tatsachen Kenntnis erlangt. Der Kündigende muß dem anderen Teil auf Verlangen den Kündigungsgrund unverzüglich schriftlich mitteilen.

§ 627. [Fristlose Kündigung bei Vertrauensstellung]
(1) Bei einem Dienstverhältnis, das kein Arbeitsverhältnis im Sinne des § 622 ist, ist die Kündigung auch ohne die in § 626 bezeichnete Voraussetzung zulässig, wenn der zur Dienstleistung Verpflichtete, ohne in einem dauernden Dienstverhältnis mit festen Bezügen zu stehen, Dienste höherer Art zu leisten hat, die auf Grund besonderen Vertrauens übertragen zu werden pflegen.
(2) Der Verpflichtete darf nur in der Art kündigen, daß sich der Dienstberechtigte die Dienste anderweit beschaffen kann, es sei denn, daß ein wichtiger Grund für die unzeitige Kündigung vorliegt. Kündigt er ohne solchen Grund zu Unzeit, so hat er dem Dienstberechtigten den daraus entstehenden Schaden zu ersetzen.

§ 628. [Vergütung; Schadensersatz bei fristloser Kündigung]
(1) Wird nach dem Beginne der Dienstleistung das Dienstverhältnis auf Grund des § 626 oder des § 627 gekündigt, so kann der Verpflichtete einen seinen

bisherigen Leistungen entsprechenden Teil der Vergütung verlangen. Kündigt er, ohne durch vertragswidriges Verhalten des anderen Teils dazu veranlaßt zu sein, oder veranlaßt er durch sein vertragswidriges Verhalten die Kündigung des anderen Teils, so steht ihm ein Anspruch auf die Vergütung insoweit nicht zu, als seine bisherigen Leistungen infolge der Kündigung für den anderen Teil kein Interesse haben. Ist die Vergütung für eine spätere Zeit im voraus entrichtet, so hat der Verpflichtete sie nach Maßgabe des § 347 oder, wenn die Kündigung wegen eines Umstandes erfolgt, den er nicht zu vertreten hat, nach den Vorschriften über die Herausgabe einer ungerechtfertigten Bereicherung zu erstatten.

(2) Wird die Kündigung durch vertragswidriges Verhalten des anderen Teiles veranlaßt, so ist dieser zum Ersatze des durch die Aufhebung des Dienstverhältnisses entstandenen Schadens verpflichtet.

§ 629. [Freizeit zur Stellungssuche]
Nach der Kündigung eines dauernden Dienstverhältnisses hat der Dienstberechtigte dem Verpflichteten auf Verlangen angemessene Zeit zum Aufsuchen eines anderen Dienstverhältnisses zu gewähren.

§ 630. [Pflicht zur Zeugniserteilung]
Bei der Beendigung eines dauernden Dienstverhältnisses kann der Verpflichtete von dem anderen Teile ein schriftliches Zeugnis über das Dienstverhältnis und dessen Dauer fordern. Das Zeugnis ist auf Verlangen auf die Leistungen und der Führung im Dienste zu erstrecken.

Gesetz über arbeitsrechtliche Vorschriften zur Beschäftigungsförderung

§ 1. (1) Vom 1. Mai 1985 bis zum 31. Dezember 1995 ist

es zulässig, die einmalige Befristung des Arbeitsvertrages bis zur Dauer von achtzehn Monaten zu vereinbaren, wenn
1. der Arbeitnehmer neu eingestellt wird oder
2. der Arbeitnehmer im unmittelbaren Anschluß an die Berufsausbildung nur vorübergehend weiterbeschäftigt werden kann, weil kein Arbeitsplatz für einen unbefristet einzustellenden Arbeitnehmer zur Verfügung steht.

Eine Neueinstellung nach Satz 1 Nr. 1 liegt nicht vor, wenn zu einem vorhergehenden befristeten oder unbefristeten Arbeitsvertrag mit demselben Arbeitgeber ein enger sachlicher Zusammenhang besteht. Ein solcher enger sachlicher Zusammenhang ist insbesondere anzunehmen, wenn zwischen den Arbeitsverträgen ein Zeitraum von weniger als vier Monaten liegt.

(2) Die Dauer, bis zu der unter den Voraussetzungen des Absatzes 1 ein befristeter Arbeitsvertrag abgeschlossen werden kann, verlängert sich auf zwei Jahre, wenn
1. der Arbeitgeber seit höchstens sechs Monaten eine Erwerbstätigkeit aufgenommen hat, die nach § 138 der Abgabenordenung dem Finanzamt mitzuteilen ist und
2. bei dem Arbeitgeber zwanzig oder weniger Arbeitnehmer ausschließlich der zu ihrer Berufsbildung Beschäftigten tätig sind.

§ 2. Verbot der unterschiedlichen Behandlung.
(1) Der Arbeitgeber darf einen teilzeitbeschäftigten Arbeitnehmer nicht wegen der Teilzeitarbeit gegenüber vollbeschäftigten Arbeitnehmern unterschiedlich behandeln, es sei denn, daß sachliche Gründe eine unterschiedliche Behandlung rechtfertigen.
(2) Teilzeitbeschäftigt sind die Arbeitnehmer, deren regelmäßige Wochenarbeitszeit kürzer ist als die regelmäßige Wochenarbeitszeit vergleichbarer voll-

zeitbeschäftigter Arbeitnehmer des Betriebes. Ist eine regelmäßige Wochenarbeitszeit nicht vereinbart, so ist die regelmäßige Arbeitszeit maßgeblich, die im Jahresdurchschnitt auf eine Woche entfällt.

§ 3. Veränderung von Dauer oder Lage der Arbeitszeit. Der Arbeitgeber hat einem Arbeitnehmer, der ihm gegenüber den Wunsch nach einer Veränderung der Dauer oder Lage seiner Arbeitszeit angezeigt hat, über entsprechende Arbeitsplätze zu unterrichten, die in dem Betrieb besetzt werden sollen. Die Unterrichtung kann durch Aushang erfolgen.

§ 4. Anpassung der Arbeitszeit an den Arbeitsanfall.
(1) Vereinbaren Arbeitgeber und Arbeitnehmer, daß der Arbeitnehmer seine Leistung entsprechend dem Arbeitsanfall zu erbringen hat, so muß zugleich eine bestimmte Dauer der Arbeitszeit festgelegt werden; ist eine bestimmte Dauer der Arbeitszeit nicht festgelegt worden, so gilt eine wöchentliche Arbeitszeit von zehn Stunden als vereinbart.
(2) Der Arbeitnehmer ist zur Arbeitsleistung nur verpflichtet, wenn der Arbeitgeber ihm die Lage seiner Arbeitszeit mindestens vier Tage im voraus mitteilt.
(3) Ist in der Vereinbarung die tägliche Dauer der Arbeitszeit nicht festgelegt, so ist der Arbeitgeber verpflichtet, den Arbeitnehmer jeweils für mindestens drei aufeinanderfolgende Stunden zur Arbeitsleistung in Anspruch zu nehmen.

§ 5. Arbeitsplatzteilung.
(1) Vereinbart der Arbeitgeber mit zwei oder mehr Arbeitnehmern, daß diese sich die Arbeitszeit an einem Arbeitsplatz teilen (Arbeitsplatzteilung), so sind bei Ausfall eines Arbeitnehmers die anderen in die Arbeitsplatzteilung einbezogenen Arbeitnehmer zu seiner Vertretung nur auf Grund einer für den einzelnen Vertretungsfall geschlossenen Verein-

barung verpflichtet. Abweichend von Satz 1 kann die Pflicht zur Vertretung auch vorab für den Fall eines dringenden betrieblichen Erfordernisses vereinbart werden; der Arbeitnehmer ist zur Vertretung nur verpflichtet, soweit sie ihm im Einzelfall zumutbar ist.

(2) Im Falle einer Arbeitsplatzteilung ist die Kündigung des Arbeitsverhältnisses eines Arbeitnehmers durch den Arbeitgeber wegen des Ausscheidens eines anderen Arbeitnehmers aus der Arbeitsplatzteilung unwirksam. Das Recht zur Änderungskündigung wegen des Ausscheidens eines anderen Arbeitnehmers aus der Arbeitsplatzteilung und zur Kündigung des Arbeitsverhältnisses aus anderen Gründen bleibt unberührt.

(3) Die Absätze 1 und 2 sind entsprechend anzuwenden, wenn sich Gruppen von bestimmten Arbeitnehmern auf bestimmten Arbeitsplätzen in festgelegten Zeitabschnitten abwechseln, ohne daß eine Arbeitsplatzteilung im Sinne des Absatzes 1 vorliegt.

§ 6. Vorrang des Tarifvertrages.

(1) Von den Vorschriften dieses Abschnitts kann auch zuungunsten des Arbeitnehmers durch Tarifvertrag abgewichen werden.

(2) Im Geltungsbereich eines Tarifvertrages nach Absatz 1 gelten die abweichenden vertraglichen Bestimmungen zwischen nicht tarifgebundenen Arbeitgebern und Arbeitnehmern, wenn die Anwendung der für teilzeitbeschäftigte Arbeitnehmer geltenden Bestimmungen des Tarifvertrages zwischen ihnen vereinbart ist. Enthält ein Tarifvertrag für den öffentlichen Dienst abweichende Bestimmungen nach Absatz 1, so gelten diese Bestimmungen auch zwischen nicht tarifgebundenen Arbeitgebern und Arbeitnehmern außerhalb des öffentlichen Dienstes, wenn die Anwendung der für den öffentlichen

Dienst geltenden tarifvertraglichen Bestimmungen zwischen ihnen vereinbart ist und die Arbeitgeber die Kosten des Betriebes überwiegend mit Zuwendungen im Sinne des Haushaltsrechts decken.
(3) Die Kirchen und die öffentlich-rechtlichen Religionsgemeinschaften können in ihren Regelungen von den Vorschriften dieses Abschnitts abweichen.

**Arbeitsgesetzbuch
der Deutschen Demokratischen Republik
Vom 16. Juni 1977
(GBl. I. S. 185)**

§ 55. Kündigungsfristen und -termine.
(1) Die Kündigungsfrist beträgt mindestens zwei Wochen.
(2) Hat der Arbeitsvertrag in demselben Betrieb oder Unternehmen fünf Jahre bestanden, erhöht sich für die Kündigung durch den Arbeitgeber die Kündigungsfrist auf zwei Monate zum Monatsende, hat er zehn Jahre bestanden, erhöht sich die Kündigungsfrist auf zwei Monate zum Monatsende, hat er zwanzig Jahre bestanden, erhöht sich die Kündigungsfrist auf drei Monate zum Ende des Kalendervierteljahres; bei der Berechnung der Beschäftigungsdauer werden Zeiten, die vor der Vollendung des fünfundzwanzigsten Lebensjahres des Arbeitnehmers liegen, nicht berücksichtigt.
(3) Kürzere als die im Absatz 2 genannten Kündigungsfristen können durch Tarifvertrag vereinbart werden. Im Geltungsbereich eines solchen Tarifvertrages gelten die abweichenden tarifvertraglichen Bestimmungen zwischen nicht tarifgebundenen Arbeitgebern und Arbeitnehmern, wenn ihre Anwendung zwischen ihnen vereinbart ist.
(4) Für die Kündigung des Arbeitsvertrages durch den Arbeitnehmer darf arbeitsvertraglich keine längere

Frist vereinbart werden als für die Kündigung durch den Arbeitgeber.
(5) Für bestimmte Personengruppen können in Rechtsvorschriften besondere Kündigungsfristen und -termine festgesetzt werden.

§ 58. [Ausschluß der Kündigung]
(1) Der Arbeitgeber darf
a) Kämpfern gegen den Faschismus und Verfolgten des Faschismus,
b) Schwangeren, stillenden Müttern, Müttern bzw. Vätern mit Kindern bis zu einem Jahr, Müttern bzw. Vätern während der Zeit der Freistellung nach dem Wochenurlaub gem. § 246 Absätze 1 und 2, sowie alleinerziehenden Arbeitnehmern mit Kindern bis zu drei Jahren,
c) ... nicht fristgemäß kündigen.
(2) Im Falle der Stillegung von Betrieben oder Betriebsteilen ist ausnahmsweise eine fristgemäße Kündigung nach vorheriger schriftlicher Zustimmung des für den Betrieb oder Betriebsteil zuständigen Arbeitsamtes zulässig. Das Arbeitsamt nimmt bis zur Bestimmung einer anderen Behörde diese Zuständigkeit wahr.

§ 59. [Fristgemäße Kündigung und fristlose Entlassung]
(1) ...
(2) Zur fristgemäßen Kündigung der in § 58 Abs. 1 Buchstaben a und b genannten Arbeitnehmer ist die vorherige schriftliche Zustimmung des für den Betrieb oder Betriebsteil zuständigen Arbeitsamtes erforderlich. Die Zustimmung kann ausnahmsweise innerhalb einer Woche nach deren Ausspruch nachgeholt werden. Das Arbeitsamt nimmt bis zur Bestimmung einer anderen Behörde diese Zuständigkeit wahr. Der Arbeitgeber ist verpflichtet, den Arbeitnehmer über diese Zustimmung zu unterrichten.

§ 62. [Voraussetzungen; Frist; fristlose Abberufung]
(1) Arbeitsverhältnisse, die durch Berufung gegründet werden, enden durch Abberufung. Bedarf die Abberufung der Zustimmung durch ein übergeordnetes Organ, ist die Zustimmung die Voraussetzung für die Wirksamkeit der Abberufung.
(2) Für Abberufungen gilt eine Frist von einem Monat, wenn nicht eine längere Frist vereinbart wurde.
(3) Die Abberufung ohne Einhaltung einer Frist (fristlose Abberufung) ist nur wegen schwerwiegender Verletzung von Arbeitspflichten oder staatsbürgerlichen Pflichten zulässig.

§ 63 [Antrag auf Abberufung]
(1) Der Arbeitnehmer hat das Recht, einen Antrag auf Abberufung zu stellen. Über den Antrag ist innerhalb eines Monats unter Berücksichtigung der gesellschaftlichen und persönlichen Interessen zu entscheiden.
(2) dem Antrag muß entsprochen werden, wenn der Arbeitnehmer aus gesundheitlichen, altersmäßigen oder anderen zwingenden Gründen seine Funktion nicht mehr ausüben kann.

§ 64 (1) (aufgehoben)
(2) Die Abberufung bedarf der Schriftform unter gleichzeitiger Angabe der Gründe. Der von der Entscheidung Betroffene ist über das Beschwerderecht zu informieren.
(3) (aufgehoben)

§ 65 [Beschwerderecht]
(1) Gegen die Abberufung oder die Ablehnung eines Antrages des Arbeitnehmers auf Abberufung kann Beschwerde eingelegt werden. Die Beschwerde ist schriftlich oder mündlich unter Angabe der Gründe innerhalb eines Monats nach Bekanntgabe der Entscheidung bei dem Leiter oder Organ einzulegen,

von dem die Entscheidung getroffen wurde. Über die Beschwerde ist innerhalb von zwei Wochen nach ihrem Eingang zu entscheiden. Wird der Beschwerde nicht oder nicht in vollem Umfang stattgegeben, ist sie innerhalb dieser Frist dem übergeordneten Leiter oder dem übergeordneten Organ zur Entscheidung zuzuleiten. Der Einreicher der Beschwerde ist davon zu informieren. Der übergeordnete Leiter oder das übergeordnete Organ hat innerhalb eines weiteren Monats zu entscheiden. Die Beschwerde hat keine aufschiebende Wirkung. Kann in Ausnahmefällen eine Entscheidung innerhalb der Frist nicht getroffen werden, ist rechtzeitig ein Zwischenbescheid unter Angabe der Gründe sowie des voraussichtlichen Abschlußtermins zu geben. Entscheidungen über Beschwerden haben schriftlich zu ergehen, sind zu begründen und den Einreichern der Beschwerden auszuhändigen oder zuzusenden. Sofern in Statuten der gesellschaftlichen Organisationen andere Regelungen enthalten sind, gelten diese.
(2) (aufgehoben)
(3) Gegen die Entscheidung des übergeordneten Leiters oder des übergeordneten Organs gemäß Abs. 1 Satz 6 kann Klage bei der Kammer für Arbeitsrecht des Kreisgerichts erhoben werden. Die Bestimmungen der §§ 4 und 5 des Kündigungsschutzgesetzes finden entsprechende Anwendung.

§ 66 Wahl
Arbeitsverhältnisse, die durch Wahl begründet werden, enden grundsätzlich durch Zeitablauf. Im übrigen gelten für die Begründung und Beendigung dieser Arbeitsverhältnisse sinngemäß die Bestimmungen über die Berufung und Abberufung mit Ausnahme der §§ 63 Abs. 1 Satz 2, 64 Abs. 2 Satz 2 und 65.

§ 70 Ausweis für Arbeit und Sozialversicherung. (1)

Der Arbeitgeber hat im Ausweis für Arbeit und Sozialversicherung die erforderlichen Eintragungen entsprechend den Rechtsvorschriften vorzunehmen.
(2) Der Arbeitnehmer hat auf Verlangen den Ausweis für Arbeit und Sozialversicherung vorzulegen. Der Ausweis bleibt im Besitz des Arbeitnehmers.

§ 115 a [Lohnfortzahlung im Krankheitsfall]
(1) Wird ein Arbeitnehmer durch Arbeitsunfähigkeit infolge Krankheit, Arbeitsunfall oder Berufskrankheit (Krankheit) an seiner Arbeitsleistung verhindert, ohne daß ihn ein Verschulden trifft, verliert er dadurch nicht den Anspruch auf Arbeitsentgelt für die Zeit der Arbeitsunfähigkeit bis zur Dauer von sechs Wochen. Wird der Arbeitnehmer innerhalb von 12 Monaten infolge derselben Krankheit wiederholt arbeitsunfähig, verliert er den Anspruch nur für die Dauer von insgesamt sechs Wochen nicht; war der Arbeitnehmer vor der erneuten Arbeitsunfähigkeit jedoch mindestens infolge derselben Krankheit arbeitsunfähig, verliert er wegen der erneuten Arbeitsunfähigkeit den Anspruch nach Satz 1 für einen weiteren Zeitraum von höchstens sechs Wochen nicht.
(2) Einer Arbeitsunfähigkeit infolge Krankheit steht gleich eine von der Sozialversicherung bewilligte prophylaktische Kur, eine Heil- oder Genesungskur sowie eine sich daran anschließende ärztlich verordnete Schonungszeit, sofern während dieser Zeit Arbeitsunfähigkeit besteht.
(3) Ein Anspruch auf Arbeitsentgeltfortzahlung bei Krankheit besteht nicht, wenn
a) der Arbeitsvertrag befristet ist und die Dauer der Befristung vier Wochen nicht überschreitet,
b) für denselben Zeitraum Anspruch auf Schwangerschafts- und Wochengeld besteht.
(4) Der Arbeitnehmer ist verpflichtet, die Arbeitsun-

fähigkeit und deren voraussichtliche Dauer unverzüglich anzuzeigen und vor Ablauf des dritten Kalendertages nach Beginn der Arbeitsunfähigkeit eine ärztliche Bescheinigung über die Arbeitsunfähigkeit sowie deren voraussichtliche Dauer nachzureichen. Dauert die Arbeitsunfähigkeit länger als in der Bescheinigung angegeben, ist der Arbeitnehmer verpflichtet, eine neue ärztliche Bescheinigung vorzulegen. Die Bescheinigungen müssen einen Vermerk des behandelnden Arztes darüber enthalten, daß der Sozialversicherung unverzüglich eine Bescheinigung über die Arbeitsunfähigkeit mit Angaben über den Befund und die voraussichtliche Dauer der Arbeitsunfähigkeit übersandt wird.

(5) Hält sich der Arbeitnehmer bei Beginn der Arbeitsunfähigkeit außerhalb des Geltungsbereiches dieses Gesetzes auf, ist er verpflichtet, auch der Sozialversicherung, bei der er versichert ist, die Arbeitsunfähigkeit und deren voraussichtliche Dauer unverzüglich anzuzeigen. Dauert die Arbeitsunfähigkeit länger als angezeigt, ist der Arbeitnehmer verpflichtet, der Sozialversicherung die voraussichtliche Fortdauer der Arbeitsunfähigkeit mitzuteilen. Abs. 4 Satz 3 ist nicht anzuwenden. Kehrt ein arbeitsunfähig erkrankter Arbeitnehmer in den Geltungsbereich dieses Gesetzes zurück, ist er verpflichtet, der Sozialversicherung seine Rückkehr unverzüglich anzuzeigen.

§ 115 b [Höhe des Arbeitsentgelts]
(1) Für den in § 115 a Abs. 1 bezeichneten Zeitraum ist dem Arbeitnehmer das ihm bei der für ihn maßgebenden regelmäßigen Arbeitszeit zustehende Arbeitsentgelt fortzuzahlen. Ausgenommen sind Auslösungen, Schmutzzulagen und ähnliche Leistungen, soweit der Anspruch auf sie im Falle der Arbeitsfähigkeit davon abhängig ist, ob und in welchem Umfang dem Arbeitnehmer Aufwendungen, die

durch die Leistungen abgegolten werden sollen, tatsächlich entstanden sind und dem Arbeitnehmer solche Aufwendungen während der Arbeitsunfähigkeit nicht entstehen. Erhält der Arbeitnehmer Akkordlohn oder eine sonstige auf das Ergebnis der Arbeit abgestellte Vergütung, so ist der von dem Arbeitnehmer in der für ihn maßgebenden regelmäßigen Arbeitszeit erzielte Durchschnittsverdienst fortzuzahlen.

(2) Wird in dem Betrieb verkürzt gearbeitet, und würde deshalb das Arbeitsentgelt des Arbeitnehmers im Falle seiner Arbeitsfähigkeit gemindert, so ist die verkürzte Arbeitszeit für ihre Dauer als die für den Arbeitnehmer maßgebende regelmäßige Arbeitszeit im Sinne des Absatzes 1 anzusehen. Dies gilt nicht im Falle des § 1 Abs. 2 des Gesetzes zur Regelung der Lohnzahlung an Feiertagen.

(3) Von den Absätzen 1 und 2 kann durch Tarifvertrag abgewichen werden. Im Geltungsbereich eines solchen Tarifvertrages kann zwischen nicht tarifgebundenen Arbeitgebern und Arbeitnehmern die Anwendung der tarifvertraglichen Regelung über die Fortzahlung des Arbeitsentgelts im Krankheitsfalle vereinbart werden.

(4) Arbeitnehmer bei Arbeitgebern, die nicht mehr als 30 Arbeitnehmer (ohne Lehrlinge) beschäftigen, haben keinen Anspruch auf Fortzahlung des Arbeitentgelts. Ihnen hat der Arbeitgeber im Krankheitsfalle einen Zuschuß in Höhe der Differenz zwischen dem Krankengeld und dem Nettodurchschnittsverdienst zu zahlen. Der Zuschuß unterliegt nicht der Lohnsteuer und der Beitragspflicht zur Sozialversicherung.

115 c. [Schadensersatz wegen Verdienstausfalls]
(1) Kann der Arbeitnehmer aufgrund gesetzlicher Vorschriften von einem Dritten Schadensersatz wegen des Verdienstausfalles beanspruchen, der ihm durch

die Arbeitsunfähigkeit entstanden ist, geht dieser Anspruch insoweit auf den Arbeitgeber über, als dieser dem Arbeitnehmer nach diesem Gesetz Arbeitsentgelt fortgezahlt und darauf entfallende von den Arbeitgebern zu tragende Beiträge zur Sozialversicherung abgeführt hat.

(2) Der Arbeitnehmer hat dem Arbeitgeber unverzüglich die zur Geltendmachung des Schadensersatzanspruchs erforderlichen Angaben zu machen.

(3) Der Forderungsübergang nach Abs. 1 kann nicht zum Nachteil des Arbeitnehmers geltend gemacht werden.

§ 115 d. [Verweigerung der Fortzahlung]
Der Arbeitgeber ist berechtigt, die Fortzahlung des Arbeitsentgelts zu verweigern.

a) solange der Arbeitnehmer die von ihm nach § 115 a Abs. 4 vorzulegende ärztliche Bescheinigung über die Arbeitsunfähigkeit nicht vorlegt oder den ihm nach § 115 c Abs. 2 obliegenden Verpflichtungen nicht nachkommt;

b) wenn der Arbeitnehmer den Übergang eines Schadensersatzanspruches gegen einen Dritten auf den Arbeitgeber (§ 115 c) verhindert.

Dies gilt nicht, wenn der Arbeitnehmer die Verletzung dieser ihm obliegenden Verpflichtungen nicht zu vertreten hat.

§ 115 e. [Anspruch bei Kündigung]
(1) Der Anspruch auf Fortzahlung des Arbeitsentgelts wird nicht dadurch berührt, daß der Arbeitgeber das Arbeitsverhältnis aus Anlaß der Arbeitsunfähigkeit kündigt. Das gleiche gilt, wenn der Arbeitnehmer das Arbeitsverhältnis aus einem vom Arbeitgeber zu vertretenden Grunde kündigt, der den Arbeitnehmer zur Kündigung aus wichtigem Grund ohne Einhaltung einer Kündigungsfrist berechtigt.

(2) Endet das Arbeitsverhältnis vor Ablauf der in § 115

a Abs. 1 bezeichneten Zeit nach dem Beginn der Arbeitsunfähigkeit, ohne daß es einer Kündigung bedarf, oder infolge einer Kündigung aus anderen als den in Abs. 1 bezeichneten Gründen, endet der Anspruch mit dem Ende des Arbeitsverhältnisses.

§ 168 [Arbeitsruhe; Feiertage; zulässige Sonn- und Feiertagsarbeit]
(1) Sonn- und Feiertage sind Tage der Arbeitsruhe.
(2) Gesetzliche Feiertage sind der 1. Januar, Karfreitag, Ostersonntag, Ostermontag, Christi Himmelfahrt, Pfingstsonntag, Pfingstmontag, Bußtag, sowie 25. und 26. Dezember und weitere in Rechtsvorschriften sowie regional festgelegte Feiertage.
(3) Arbeit an Sonn- und Feiertagen ist zulässig
 1. in Notfällen,
 2. zur Versorgung der Bevölkerung
 3. zur Befriedigung berechtigter Freizeitinteressen der Bevölkerung,
 4. wenn eine Arbeitsunterbrechung aus technischen oder zwingenden Gründes des Betriebsablaufs unmöglich ist oder unverhältnismäßige Schäden hervorrufen würde,
 5. wenn die Arbeit aus zwingenden Gründen des Gemeinwohls erforderlich ist.
(4) Als Sonntags- bzw. Feiertagsarbeit gilt die Arbeit von 0.00 Uhr bis 24.00 Uhr und bei Schichtarbeit die gesamte Schicht des Arbeitnehmers, die an diesen Tagen in der Zeit zwischen 0.00 Uhr und 24.00 beginnt.

§ 185 [Hausarbeitstag]
(1) Vollbeschäftigte werktätige Frauen mit eigenem Hausstand erhalten monatlich einen Hausarbeitstag, wenn
 a) sie verheiratet sind
 b) Kinder bis zu 18 Jahren zum Haushalt gehören
 c) pflegebedürftige Familienangehörige zum Haus-

halt gehören und die Pflegebedürftigkeit ärztlich bescheinigt ist,
d) sie das 40. Lebensjahr vollendet haben.
(2) Der Hausarbeitstag ist im laufenden Monat zu gewähren und zu nehmen. Zwischen der werktätigen Frau und dem Arbeitgeber wird der Tag, an dem der Hausarbeitstag genommen wird, vereinbart.
(3) Der Hausarbeitstag wird im laufenden Monat nicht gewährt, wenn die werktätige Frau der Arbeit unentschuldigt ferngeblieben ist. Hat die werktätige Frau im laufenden Monat den Hausarbeitstag bereits in Anspruch genommen, wird dieser im darauffolgenden Monat nicht gewährt.
(4) Der Hausarbeitstag wird auch
a) vollbeschäftigten alleinerziehenden Vätern mit Kindern bis zu 18 Jahren, wenn es die Betreuung des Kindes bzw. der Kinder erfordert,
b) vollbeschäftigten Männern bei ärztlich bescheinigter Pflegebedürftigkeit der Ehefrau, wenn es die Erfüllung der Aufgaben im Haushalt erfordert, gewährt.
(5) Für die durch den Hausarbeitstag ausfallende Arbeitszeit wird ein Ausgleich in Höhe des Tariflohnes gezahlt. Eine Abgeltung des Hausarbeitstages in Geld ist nicht zulässig.

§ 186. [Pflege von Kindern; alleinstehende Arbeitnehmer]
(1) Arbeitnehmer sind von der Arbeit freizustellen, wenn es zur ärztlich bescheinigten Pflege ihres erkrankten Kindes oder zum Arztbesuch ihres Kindes erforderlich ist. Das gleiche gilt, wenn die Betreuung des Kindes wegen vorübergehender Quarantäne für die Kinderkrippe oder den Kindergarten erforderlich und durch andere nicht möglich ist.
(2) Für die Dauer der Freistellung wird von der Sozialversicherung eine Unterstützung entsprechend den Rechtsvorschriften gezahlt.

(3), (4) (aufgehoben)

§ 242. [Schwangere und Mütter mit Kindern bis zu einem Jahr]
(1) Schwangere, stillende Mütter und Mütter mit Kindern im Alter bis zu einem Jahr dürfen nicht mit Arbeiten beschäftigt werden, die in besonderen Rechtsvorschriften festgelegt sind.
(2) Schwangere, stillende Mütter und Mütter mit Kindern im Alter bis zu einem Jahr dürfen nicht mit Arbeiten beschäftigt werden, die nach Feststellung des Betriebsarztes oder des Arztes der Schwangerenberatung das Leben oder die Gesundheit der Frau bzw. des Kindes gefährden könnten.
(3) In den Fällen der Abs. 1 und 2 hat der Arbeitgeber für die betreffende Zeit der Arbeitnehmerin eine andere zumutbare Arbeit zu übertragen. Für diese Arbeit erhält die Arbeitnehmerin mindestens den Durchschnittslohn.

§ 243. [Nacht- und Überstundenarbeit]
(1) Nacht- und Überstundenarbeit ist für Schwangere und stillende Mütter verboten.
(2) ...

§ 244. [Schwangerschafts- und Wochenurlaub]
(1) Frauen erhalten Schwangerschaftsurlaub für die Dauer von 6 Wochen vor der Entbindung und Wochenurlaub für die Dauer von 20 Wochen nach der Entbindung. Bei Mehrlingsgeburten oder komplizierten Entbindungen beträgt der Wochenurlaub 22 Wochen.
(2) Bei vorzeitiger Entbindung verlängert sich der Wochenurlaub um die Zeit des nicht in Anspruch genommenen Schwangerschaftsurlaubs. Bei verspäteter Entbindung wird der Schwangerschaftsurlaub bis zum Tag der Entbindung verlängert.
(3) Befindet sich das Kind nach Ablauf von 6 Wochen nach der Entbindung noch in stationärer Behand-

lung oder beginnt zu einem späteren Zeitpunkt vor Ablauf des Wochenurlaubs eine stationäre Behandlung des Kindes, hat die Mutter das Recht, den Wochenurlaub zu unterbrechen und im Interesse der Pflege des Kindes die restliche Zeit des Wochenurlaubs ab Beendigung des stationären Aufenthalts des Kindes in Anspruch zu nehmen. Der restliche Wochenurlaub muß spätestens ein Jahr nach der Unterbrechung angetreten werden.
(4) Für die Dauer des Schwangerschafts- und Wochenurlaubs erhalten die Frauen Schwangerschafts- und Wochengeld in Höhe des Nettodurchschnittsverdienstes von der Sozialversicherung.

§ 245. [Erholungs- und Wochenurlaub]
(1) Frauen ist auf Verlangen der jährliche Erholungsurlaub vor dem Schwangerschaftsurlaub oder unmittelbar im Anschluß an den Wochenurlaub zu gewähren.
(2) (aufgehoben)

§ 246. [Freistellungsgründe]
(1) Mütter sind auf Verlangen nach dem Wochenurlaub bis zum Ende des 1. Lebensjahres des Kindes von der Arbeit freizustellen.
(2) Kann dem Antrag der Mutter auf einen Krippenplatz nicht entsprochen werden, ist sie berechtigt, über das 1. Lebensjahr des Kindes hinaus bis zur Bereitstellung eines Krippenplatzes, längstens bis zum Ende des 3. Lebensjahres des Kindes, Freistellung in Anspruch zu nehmen.
(3) Die Freistellung gemäß den Absätzen 1 und 2 kann auch von anderen Arbeitgebern in Anspruch genommen werden, wenn sie anstelle der Mutter die Erziehung und Betreuung des Kindes übernehmen.
(4) Mütter erhalten während der Freistellung bei Vorliegen bestimmter Voraussetzungen entsprechend den Rechtsvorschriften eine monatliche Mütterun-

terstützung von der Sozialversicherung. Liegen die Voraussetzungen nicht vor, erfolgt die Freistellung ohne Ausgleichszahlung.

§ 248. [Freistellung zur Schwangeren- und Mütterberatung]
(1) Eine Freistellung von der Arbeit erfolgt, wenn entsprechend den Rechtsvorschriften
   a) die Frau die Schwangerenberatung aufsucht,
   b) der Arbeitnehmer sein Kind der Mütterberatung vorstellt
   und die Betreuung durch diese Einrichtungen außerhalb der Arbeitszeit nicht möglich ist.
(2) Für die Dauer der Freistellung wird ein Ausgleich in Höhe des Durchschnittslohnes gezahlt.

§ 249. [Stillpausen]
Stillenden Müttern sind bei Vorlage einer Stillbescheinigung täglich 2 Stillpausen von je 45 Minuten zu gewähren. Die Stillpausen können zusammenhängend zu Beginn oder Ende der täglichen Arbeitszeit genommen werden. Für diese Zeit erfolgt eine Ausgleichszahlung in Höhe des Durchschnittslohnes.

§ 260. [Schadenersatz]
(1) Der Arbeitnehmer ist dem Arbeitgeber zum Ersatz des Schadens verpflichtet, wenn er durch Verletzung seiner Arbeitspflichten schuldhaft (fahrlässig oder vorsätzlich) einen Schaden verursacht.
(2) Fahrlässig handelt, wer aus mangelnder Sorgfalt, Leichtfertigkeit, Gleichgültigkeit oder ähnlichen Gründen seine Arbeitspflichten verletzt und einen Schaden verursacht, obwohl er die Möglichkeit zum pflichtgemäßen Verhalten bzw. zur Verhütung des Schadens hatte.
(3) Vorsätzlich handelt, wer seine Arbeitspflichten bewußt verletzt und bewußt einen Schaden verursacht

oder sich mit diesen Folgen seines Handelns bewußt abfindet.

(4) Schadenersatz ist in Geld zu leisten. Das gilt nicht, wenn der Arbeitnehmer den Schaden auf Grund einer Vereinbarung mit dem Arbeitgeber selbst behebt.

§ 261. [Vorsatz, Fahrlässigkeit]
(1) Schaden ist jede Minderung des betrieblichen Eigentums. Hierzu gehören der Verlust von Geld und Sachen, notwendige Kosten für die Beseitigung von Beschädigungen, entgangene Geldforderungen und entstandene Zahlungsverpflichtungen.
(2) Für einen fahrlässig verursachten Schaden ist der Arbeitnehmer bis zur Höhe des monatlichen Tariflohnes, den er zum Zeitpunkt des Schadenseintritts erhalten hat, materiell verantwortlich.
(3) Für einen vorsätzlich verursachten Schaden ist der Arbeitnehmer in voller Höhe materiell verantwortlich.

§ 262. [Erweiterte materielle Verantwortlichkeit]
(1) Für einen fahrlässig verursachten Schaden ist der Arbeitnehmer bis zur Höhe des Dreifachen seines monatlichen Tariflohnes materiell verantwortlich (erweiterte materielle Verantwortlichkeit), wenn er den Schaden herbeigeführt hat durch
a) den Verlust von Werkzeugen, Körperschutzmitteln oder anderen Gegenständen, die ihm vom Betrieb zur allgemeinen Benutzung gegen schriftliche Bestätigung übergeben wurden,
b) den Verlust von Geld, anderen Zahlungsmitteln oder Sachwerten, die er ständig oder zeitweilig allein in Gewahrsam hat.
(2) Die materielle Verantwortlichkeit gemäß Abs. 1 Buchst. b setzt voraus, daß der Arbeitgeber den Arbeitnehmer über die erweiterte materielle Verantwortlichkeit nachweislich belehrt, sichere Aufbe-

wahrungsmöglichkeiten zur Verfügung gestellt und die Sicherheitsbestimmungen eingehalten hat, und daß nur der Arbeitnehmer Zugang zu den anvertrauten Werten hatte. Es kann vereinbart werden, daß die materielle Verantwortlichkeit gemäß Abs. 1 Buchst. b auch Anwendung findet, wenn ein Arbeitnehmer vereinbarungsgemäß mit einem anderen Arbeitnehmer Geld, andere Zahlungsmittel oder Sachwerte ständig in Gewahrsam hat und die Arbeitsaufgabe das erfordert.
(3) Der Schaden gem. Abs. 1 Buchstaben a und b gilt als vom Arbeitnehmer fahrlässig verursacht, wenn der Arbeitgeber nachgewiesen hat, daß alle im Abs. 1 Buchstaben a und b und im Abs. 2 geforderten Voraussetzungen erfüllt wurden und der Schaden nicht durch andere Umstände eingetreten sein kann.

§ 263. [Höhe des Schadensersatzes]
Für einen fahrlässig verursachten Schaden ist der Arbeitnehmer bis zur vollen Höhe materiell verantwortlich, wenn der Schaden durch eine unter Alkoholeinfluß begangene Arbeitspflichtverletzung herbeigeführt wurde und diese gleichzeitig eine Straftat darstellt, für die der Arbeitnehmer strafrechtlich zur Verantwortung gezogen wurde.

§ 264. [Mehrheit von Schuldnern]
(1) Haben mehrere Arbeitnehmer gemeinsam einen Schaden verursacht, ist jeder nach Art und Umfang seiner Beteiligung und der Art und dem Grad seines Verschuldens materiell verantwortlich. Soweit der Anteil des einzelnen nicht festzustellen ist, sind sie im gleichen Verhältnis materiell verantwortlich.
(2) Haben mehrere Arbeitnehmer durch eine gemeinsam begangene Straftat vorsätzlich einen Schaden verursacht, kann der Arbeitgeber den gesamten

Schadensersatz von einem Beteiligten voll oder von mehreren Beteiligten in beliebigen Anteilen verlangen.

§ 265. [Materielle Verantwortlichkeit]
Die materielle Verantwortlichkeit ist ausgeschlossen, wenn sie nicht innerhalb von 3 Monaten nach Bekanntwerden des Schadens und des Verursachers, spätestens jedoch innerhalb von 2 Jahren nach dem Eintritt des Schadens, gegenüber dem Arbeitnehmer schriftlich geltend gemacht wird. Wird die Eigentumsbeschädigung als Straftat verfolgt, kann die materielle Verantwortlichkeit noch innerhalb von 3 Monaten nach Kenntnis der abschließenden Entscheidung des zuständigen Organs geltend gemacht werden.

§ 265 a. [Verjährung]
Schadensersatzansprüche des Arbeitgebers gemäß den Bestimmungen der §§ 260 bis 265 unterliegen der Verjährung. Die Verjährungsfrist beträgt 3 Jahre. Die Frist beginnt am 1. Tag des Monats, der dem Tag folgt, an dem der Arbeitgeber die materielle Verantwortlichkeit gem. § 265 geltend gemacht hat.

§ 267. [Schadensersatz gegenüber dem Arbeitnehmer]
(1) Bei einem Arbeitsunfall gemäß § 220 Abs. 1 oder einer Berufskrankheit hat der Arbeitgeber dem Arbeitnehmer den dadurch entstandenen Schaden zu ersetzen.
(2) Eine Schadensersatzpflicht bei einem Arbeitsunfall besteht nicht, wenn der Arbeitnehmer trotz ordnungsgemäßer Belehrung, Unterweisung und Kontrolle seine Pflichten im Gesundheits- und Arbeitsschutz vorsätzlich verletzt, dadurch der Arbeitsunfall herbeigeführt worden ist, und der Arbeitgeber dafür keine Ursache gesetzt hat.

§ 268. [Umfang des Anspruchs]

(1) Der Schadensersatzanspruch des Arbeitnehmers umfaßt
 a) die entgangenen und noch entgehenden auf Arbeit beruhenden Einkünfte, einschließlich der Minderung der Rentenansprüche,
 b) die notwendigen Mehraufwendungen, insbesondere zur Wiederherstellung der Gesundheit und Arbeitsfähigkeit und zur Teilnahme am Arbeitsprozeß und am gesellschaftlichen Leben,
 c) den Sachschaden.
(2) Auf den Anspruch gegen den Arbeitgeber werden die Leistungen der Sozialversicherung, Leistungen der zusätzlichen Altersversorgung, der Intelligenz und der sonstigen Versorgungen angerechnet, die der Arbeitnehmer im Zusammenhang mit dem Arbeitsunfall bzw. der Berufskrankheit erhält. Das gleiche gilt für Einkünfte, die der Arbeitnehmer auf Grund ihm zumutbarer Arbeit erhält oder trotz Zumutbarkeit zu verdienen unterläßt (z.B. Ablehnung einer beruflichen Rehabilitation oder eines Weiterbildungs- oder Änderungsvertrages).
(3) Leistungen aus anderen als den in Absatz 2 genannten Versicherungsverhältnissen zugunsten des Arbeitnehmers oder seiner Hinterbliebenen haben auf die Höhe des Anspruchs keinen Einfluß.

§ 269. [Schadensersatz bei Todesfall]
(1) Tritt infolge eines Arbeitsunfalles gemäß § 220 Abs. 1 oder einer Berufskrankheit der Tod des Arbeitnehmers ein, ist der Arbeitgeber verpflichtet, den Hinterbliebenen den durch Verlust des gesetzlichen Unterhaltsanspruchs entstandenen Schaden zu ersetzen. Der Arbeitgeber hat die Bestattungskosten zu tragen.
(2) Die Bestimmungen der §§ 267 Abs. 2 und 268 Absätze 2 und 3 finden entsprechend Anwendung.

§ 269 a.
Der Arbeitgeber hat für Schadensersatzverpflichtungen gemäß §§ 267 bis 269 eine Haftpflichtversicherung abzuschließen.

Lohnfortzahlungsgesetz

§ 1. Grundsatz der Entgeltfortzahlung.
(1) Wird der Arbeiter nach Beginn der Beschäftigung durch Arbeitsunfähigkeit infolge Krankheit an seiner Arbeitsleistung verhindert, ohne daß ihn ein Verschulden trifft, so verliert er dadurch nicht den Anspruch auf Arbeitsentgelt für die Zeit der Arbeitsunfähigkeit bis zur Dauer von sechs Wochen. Wird der Arbeiter innerhalb von 12 Monaten infolge derselben Krankheit wiederholt arbeitsunfähig, so verliert er den Anspruch auf Arbeitsentgelt nur für die Dauer von insgesamt sechs Wochen nicht; war der Arbeiter vor der erneuten Arbeitsunfähigkeit jedoch mindestens sechs Monate nicht infolge derselben Krankheit arbeitsunfähig, so verliert er wegen der erneuten Arbeitsunfähigkeit den Anspruch nach Satz 1 für einen weiteren Zeitraum von höchstens sechs Wochen nicht.
(2) Absatz 1 gilt entsprechend, wenn die Arbeitsunfähigkeit infolge Sterilisation oder infolge Abbruchs der Schwangerschaft durch einen Arzt eintritt. Eine nicht rechtswidrige Sterilisation und ein nicht rechtswidriger Abbruch der Schwangerschaft durch einen Arzt gelten als unverschuldete Verhinderung der Arbeitsleistung.
(3) Absatz 1 und 2 gelten nicht
1. für Arbeiter, deren Arbeitsverhältnis, ohne ein Probearbeitsverhältnis zu sein, für eine bestimmte Zeit, höchstens für vier Wochen, begründet ist. Wird das Arbeitsverhältnis über vier Wochen hinaus fortgesetzt, so gilt Absatz 1 vom Tage der Vereinbarung der Fortsetzung an; vor diesem Zeitpunkt liegende

Zeiten der Arbeitsunfähigkeit sind auf die Anspruchsdauer von sechs Wochen anzurechnen;
2. für Arbeiter in einem Arbeitsverhältnis, in dem die Arbeitszeit wöchentlich zehn Stunden oder monatlich fünfundvierzig Stunden nicht übersteigt;
3. für den Zeitraum, für den eine Arbeiterin Anspruch auf Mutterschaftsgeld nach 200 Abs. 1, Abs. 2 Satz 1 bis 4 und Abs. 3 der Reichsversicherungsordnung oder nach § 13 Abs. 2 des Mutterschutzgesetzes in der Fassung vom 18. April 1968 (Bundesgesetzbl. I S. 315), geändert durch das Einführungsgesetz zum Gesetz über Ordnungswidrigkeiten vom 24. Mai 1968 (Bundesgesetzbl. I S. 503), hat.
(4) Arbeiter im Sinne dieses Gesetzes sind auch die zu ihrer Berufsausbildung Beschäftigten, soweit sie nicht für den Beruf eines Angestellten (§§ 2 und 3 des Angestelltenversicherungsgesetzes) ausgebildet werden.
(5) Der erste Abschnitt dieses Gesetzes findet keine Anwendung auf die zu ihrer Berufsausbildung Beschäftigten, denen ein Anspruch auf Fortzahlung ihrer Vergütung im Krankheitsfalle nach dem Berufsausbildungsgesetz zusteht.

§ 2. Höhe des fortzuzahlenden Arbeitsentgelts.
(1) Für den in § 1 Abs. 1 bezeichneten Zeitraum ist dem Arbeiter das ihm bei der für ihn maßgebenden regelmäßigen Arbeitszeit zustehende Arbeitsentgelt fortzuzahlen. Ausgenommen sind Auslösungen, Schmutzzulagen und ähnliche Leistungen, soweit der Anspruch auf sie im Falle der Arbeitsfähigkeit davon abhängig ist, ob und in welchem Umfang dem Arbeiter Aufwendungen, die durch diese Leistungen abgegolten werden sollten, tatsächlich entstanden sind, und dem Arbeiter solche Aufwendungen während der Arbeitunfähigkeit nicht entstehen. Erhält der Arbeiter Akkordlohn oder eine sonstige auf das Ergebnis der Arbeit abgestellte Vergütung, so

ist der von dem Arbeiter in der für ihn maßgebenden regelmäßigen Arbeitszeit erzielbare Durchschnittsverdienst fortzuzahlen.

(2) Wird in dem Betrieb verkürzt gearbeitet und würde deshalb das Arbeitsentgelt des Arbeiters im Falle seiner Arbeitsunfähigkeit gemindert, so ist die verkürzte Arbeitszeit für ihre Dauer als die für den Arbeiter maßgebende regelmäßige Arbeitszeit im Sinne des Absatzes 1 anzusehen. Dies gilt nicht im Falle des § 1 Abs. 2 des Gesetzes zur Regelung der Lohnzahlung an Feiertagen.

(3) Von den Absätzen 1 und 2 kann durch Tarifvertrag abgewichen werden. Im Geltungsbereich eines solchen Tarifvertrages kann zwischen nicht tarifgebundenen Arbeitgebern und Arbeitern die Anwendung der tarifvertraglichen Regelung über die Fortzahlung des Arbeitsentgelts im Krankheitsfalle vereinbart werden.

§ 3. Anzeige- und Nachweispflichten.

(1) Der Arbeiter ist verpflichtet, dem Arbeitgeber die Arbeitsunfähigkeit und deren voraussichtliche Dauer unverzüglich anzuzeigen und vor Ablauf des dritten Kalendertages nach Beginn der Arbeitsunfähigkeit eine ärztliche Bescheinigung über die Arbeitsunfähigkeit sowie deren voraussichtliche Dauer nachzureichen. Dauert die Arbeitsunfähigkeit länger als in der Bescheinigung angegeben, so ist der Arbeiter verpflichtet, eine neue ärztliche Bescheinigung vorzulegen. Die Bescheinigungen müssen einen Vermerk des behandelnden Arztes darüber enthalten, daß der Krankenkasse unverzüglich eine Bescheinigung über die Arbeitsunfähigkeit mit Angaben über den Befund und die voraussichtliche Dauer der Arbeitsunfähigkeit übersandt wird.

(2) Hält sich der Arbeiter bei Beginn der Arbeitsunfähigkeit außerhalb des Geltungsbereichs dieses Gesetzes auf, so ist er verpflichtet, auch der Kran-

kenkasse, bei der er versichert ist, die Arbeitsunfähigkeit und deren voraussichtliche Dauer anzuzeigen. Dauert die Arbeitsunfähigkeit länger als angezeigt, so ist der Arbeiter verpflichtet, der Krankenkasse die voraussichtliche Fortdauer der Arbeitsunfähigkeit mitzuteilen. Absatz 1 Satz 3 ist nicht anzuwenden. Kehrt ein arbeitsunfähig erkrankter Arbeiter in den Geltungsbereich dieses Gesetzes zurück, so ist er verpflichtet, der Krankenkasse seine Rückkehr unverzüglich anzuzeigen.

§ 5. Leistungsverweigerungsrecht des Arbeitgebers.
Der Arbeitgeber ist berechtigt, die Fortzahlung des Arbeitsentgelts zu verweigern,
1. solange der Arbeiter die von ihm nach § 3 Abs. 1 vorzulegende ärztliche Bescheinigung über die Arbeitsunfähigkeit nicht vorlegt oder den ihn nach § 3 Abs. 2 oder § 4 Abs. 2 obliegenden Verpflichtungen nicht nachkommt;
2. wenn der Arbeiter den Übergang eines Schadensersatzanspruches gegen den Arbeitgeber (§4) verhindert.
   Dies gilt nicht, wenn der Arbeiter die Verletzung dieser ihm obliegenden Verpflichtungen nicht zu vertreten hat.

§ 6. Beendigung des Arbeitsverhältnisses.
(1) Der Anspruch auf Fortzahlung des Arbeitsentgelts wird nicht dadurch berührt, daß der Arbeitgeber das Arbeitsverhältnis aus Anlaß der Arbeitsunfähigkeit kündigt. Das gleiche gilt, wenn der Arbeiter das Arbeitsverhältnis aus einem vom Arbeitgeber zu vertretenden Grunde kündigt, der den Arbeiter zur Kündigung aus wichtigem Grund ohne Einhaltung einer Kündigungsfrist berechtigt.
(2) Endet das Arbeitsverhältnis vor Ablauf der in § 1 Abs. 1 bezeichneten Zeit nach dem Beginn der Arbeitsunfähigkeit, ohne daß es einer Kündigung be-

darf, oder infolge einer Kündigung aus anderen als den in Absatz 1 bezeichneten Gründen, so endet der Anspruch mit dem Ende des Arbeitsverhältnisses.

§ 9. Unabdingbarkeit.
Abgesehen von § 2 Abs. 3 kann von den Vorschriften dieses Abschnitts nicht zuungunsten der Arbeiter oder der nach § 8 berechtigten Personen abgewichen werden.

Gesetz zur Regelung der Lohnfortzahlung an Feiertagen

§ 1. [Zahlung von Arbeitsentgelt]
(1) Für die Arbeitszeit, die infolge eines gesetzlichen Feiertages ausfällt, ist vom Arbeitgeber den Arbeitnehmern der Arbeitsverdienst zu zahlen, den sie ohne den Arbeitsausfall erhalten hätten. Die Arbeitszeit, die an einem gesetzlichen Feiertag gleichzeitig infolge Kurzarbeit ausfällt und für die an anderen Tagen als an gesetzlichen Feiertagen Kurzarbeit geleistet wird, gilt als infolge eines gesetzlichen Feiertages nach Satz 1 ausgefallen.
(2) Ist der Arbeitgeber zur Fortzahlung des Arbeitsentgelts für einen gesetzlichen Feiertag nach den gesetzlichen Vorschriften über die Entgeltfortzahlung im Krankheitsfalle verpflichtet, so bemißt sich die Höhe des fortzuzahlenden Arbeitsentgelts für diesen Feiertag nach Absatz 1.
(3) Arbeitnehmer, die am letzten Arbeitstag vor oder am ersten Arbeitstag nach Feiertagen unentschuldigt von der Arbeit fernbleiben, haben keinen Anspruch auf Bezahlung für diese Feiertage.

Bundesurlaubsgesetz

§ 1. Urlaubsanspruch.
Jeder Arbeitnehmer hat in jedem Kalenderjahr Anspruch auf bezahlten Erholungsurlaub.

§ 2. Geltungsbereich.
Arbeitnehmer im Sinne des Gesetzes sind Arbeiter und Angestellte sowie die zu ihrer Berufsausbildung Beschäftigten. Als Arbeitnehmer gelten auch Personen, die wegen ihrer wirtschaftlichen Unselbständigkeit als arbeitnehmerähnliche Personen anzusehen sind; für den Bereich der Heimarbeit gilt § 12.

§ 3. Dauer des Urlaubs.
(1) Der Urlaub beträgt jährlich mindestens 18 Werktage.
(2) Als Werktage gelten alle Kalendertage, die nicht Sonn- oder gesetzliche Feiertage sind.

§ 4. Wartezeit.
Der volle Urlaubsanspruch wird erstmalig nach sechsmonatigem Bestehen des Arbeitsverhältnisses erworben.

§ 5. Teilurlaub.
(1) Anspruch auf ein Zwölftel des Jahresurlaubs für jeden vollen Monat des Bestehens des Arbeitsverhältnisses hat der Arbeitnehmer
  a) für Zeiten eines Kalenderjahres, für die er wegen Nichterfüllung der Wartezeit in diesem Kalenderjahr keinen vollen Urlaubsanspruch erwirbt;
  b) wenn er vor erfüllter Wartezeit aus dem Arbeitsverhältnis ausscheidet;
  c) wenn er nach erfüllter Wartezeit in der ersten Hälfte eines Kalenderjahres aus dem Arbeitsverhältnis ausscheidet.
(2) Bruchteile von Urlaubstagen, die mindestens einen

halben Tag ergeben, sind auf volle Urlaubstage aufzurunden.
(3) Hat der Arbeitnehmer im Falle des Absatzes 1 Buchstabe c bereits Urlaub über den ihm zustehenden Umfang hinaus erhalten, so kann das dafür gezahlte Urlaubsentgelt nicht zurückgefordert werden.

§ 6. Ausschluß von Doppelansprüchen.
(1) Der Anspruch auf Urlaub besteht nicht, soweit dem Arbeitnehmer für das laufende Kalenderjahr bereits von einem früheren Arbeitgeber Urlaub gewährt worden ist.
(2) Der Arbeitgeber ist verpflichtet, bei Beendigung des Arbeitsverhältnisses dem Arbeitnehmer eine Bescheinigung über den im laufenden Kalenderjahr gewährten oder abgegoltenen Urlaub auszuhändigen.

§ 7. Zeitpunkt, Übertragbarkeit und Abgeltung des Urlaubs.
(1) Bei der zeitlichen Festlegung des Urlaubs sind die Urlaubswünsche des Arbeitnehmers zu berücksichtigen, es sei denn, daß ihrer Berücksichtigung dringende betriebliche Belange oder Urlaubswünsche anderer Arbeitnehmer, die unter sozialen Gesichtspunkten den Vorrang verdienen, entgegenstehen.
(2) Der Urlaub ist zusammenhängend zu gewähren, es sei denn, daß dringende betriebliche oder in der Person des Arbeitnehmes liegende Gründe eine Teilung des Urlaubs erforderlich machen. Kann der Urlaub aus diesen Gründen nicht zusammenhängend gewährt werden, und hat der Arbeitnehmer Anspruch auf Urlaub von mehr als zwölf Werktagen, so muß einer der Urlaubsteile mindestens zwölf aufeinanderfolgende Werktage umfassen.
(3) Der Urlaub muß im laufenden Kalenderjahr gewährt und genommen werden. Eine Übertragung

des Urlaubs auf das nächste Kalenderjahr ist nur statthaft, wenn dringende betriebliche oder in der Person des Arbeitnehmers liegende Gründe dies rechtfertigen. Im Fall der Übertragung muß der Urlaub in den ersten drei Monaten des folgenden Kalenderjahres gewährt und genommen werden. Auf Verlangen des Arbeitnehmers ist ein nach § 5 Abs. 1 Buchstabe a entstandener Teilurlaub jedoch auf das nächste Kalenderjahr zu übertragen.
(4) Kann der Urlaub wegen Beendigung des Arbeitsverhältnisses ganz oder teilweise nicht mehr gewährt werden, so ist er abzugelten.

§ 8. Erwerbstätigkeit während des Urlaubs.
Während des Urlaubs darf der Arbeitnehmer keine dem Urlaubszweck widersprechende Erwerbstätigkeit leisten.

§ 9. Erkrankung während des Urlaubs.
Erkrankt ein Arbeitnehmer während des Urlaubs, so werden die durch ärztliches Zeugnis nachgewiesenen Tage der Arbeitsunfähigkeit auf den Jahresurlaub nicht angerechnet.

§ 10. Kur- und Heilverfahren.
Kuren und Schonungszeiten dürfen nicht auf den Urlaub angerechnet werden, soweit ein Anspruch auf Fortzahlung des Arbeitsentgelts nach den gesetzlichen Vorschriften über die Entgeltfortzahlung im Krankheitsfalle besteht.

§ 11. Urlaubsentgelt.
(1) Das Urlaubsentgelt bemißt sich nach dem durchschnittlichen Arbeitsverdienst, das der Arbeitnehmer in den letzten dreizehn Wochen vor dem Beginn des Urlaubs erhalten hat. Bei Verdiensterhöhungen nicht nur vorübergehender Natur, die während des Berechnungszeitraums oder des Urlaubs eintreten,

ist von dem erhöhten Verdienst auszugehen. Verdienstkürzungen, die im Berechnungszeitraum infolge von Kurzarbeit, Arbeitsausfällen oder unverschuldeter Arbeitsversäumnis eintreten, bleiben für die Berechnung des Urlaubentgelts außer Betracht. Zum Arbeitsentgelt gehörende Sachbezüge, die während des Urlaubs nicht weitergewährt werden, sind für die Dauer des Urlaubs angemessen in bar abzugelten.

(2) Das Urlaubsentgelt ist vor Antritt des Urlaubs auszuzahlen.

§ 13. Unabdingbarkeit.

(1) Von den vorstehenden Vorschriften mit Ausnahme der §§ 1, 2 und 3 Abs. 1 kann in Tarifverträgen abgewichen werden. Die abweichenden Bestimmungen haben zwischen nichttarifgebundenen Arbeitgebern und Arbeitnehmern Geltung, wenn zwischen diesen die Anwendung der einschlägigen tariflichen Urlaubsregelung vereinbart ist. Im übrigen kann, abgesehen von § 7 Abs. 2 Satz 2, von den Bestimmungen des Gesetzes nicht zuungunsten des Arbeitnehmers abgewichen werden.

(2) Für das Baugewerbe oder sonstige Wirtschaftszweige, in denen als Folge häufigen Ortswechsels der von den Betrieben zu leistenden Arbeit Arbeitsverhältnisse von kürzerer Dauer als einem Jahr in erheblichem Umfang üblich sind, kann durch Tarifvertrag von den vorstehenden Vorschriften über die in Abs. 1 Satz 1 vorgesehene Grenze hinaus abgewichen werden, soweit dies zur Sicherung eines zusammenhängenden Jahresurlaubs für alle Arbeitnehmer erforderlich ist. Absatz 1 Satz 2 findet entsprechende Anwendung.

(3) Für den Bereich der Deutschen Bundesbahn und der Deutschen Bundespost kann von der Vorschrift über das Kalenderjahr als Urlaubsjahr (§ 1) abgewichen werden.

Gesetz über die Fristen für die Kündigung von Angestellten

§ 1. Die Vorschriften dieses Gesetzes finden Anwendung auf Angestellte, die nach § 1 des Versicherungsgesetzes für Angestellte versicherungspflichtig sind oder sein würden, wenn ihr Jahresverdienst die Gehaltsgrenze nach § 3 des Versicherungsgesetzes für Angestellte nicht überstiege.

§ 2.
(1) Ein Arbeitgeber, der in der Regel mehr als zwei Angestellte, ausschließlich der zu ihrer Berufsausbildung Beschäftigten, beschäftigt, darf einem Angestellten, den er oder, im Falle einer Rechtsnachfolge, er und seine Rechtsvorgänger mindestens fünf Jahre beschäftigt haben, nur mit mindestens drei Monaten Frist für den Schluß eines Kalendervierteljahres kündigen. Die Kündigungsfrist erhöht sich nach einer Beschäftigungsdauer von acht Jahren auf vier Monate, nach einer Beschäftigungsdauer von zehn Jahren auf fünf Monate und nach einer Beschäftigungsdauer von zwölf Jahren auf sechs Monate. Bei der Berechnung der Beschäftigungsdauer werden Dienstjahre, die vor Vollendung des fünfundzwanzigsten Lebensjahres liegen, nicht berücksichtigt. Bei der Feststellung der Zahl der beschäftigten Angestellten nach Satz 1 sind nur Angestellte zu berücksichtigen, deren regelmäßige Arbeitszeit wöchentlich 10 Stunden oder monatlich 45 Stunden übersteigt. Satz 4 berührt nicht die Rechtsstellung der Angestellten, die am 1. Mai 1985 gegenüber ihren Arbeitgeber Rechte aus den Sätzen 1 bis 3 herleiten.

(2) Die nach Abs. 1 eintretende Verlängerung der Kündigungsfrist des Arbeitgebers gegenüber dem Angestellten berührt eine vertraglich bedungene Kündi-

gungsfrist des Angestellten gegenüber dem Arbeitgeber nicht.

(3) Unberührt bleiben die Bestimmungen über die fristlose Kündigung.

Kündigungsschutzgesetz

§ 1. Sozial ungerechtfertigte Kündigungen

(1) Die Kündigung des Arbeitsverhältnisses gegenüber einem Arbeitnehmer, dessen Arbeitsverhältnis in demselben Betrieb oder Unternehmen ohne Unterbrechung länger als sechs Monate bestanden hat, ist rechtsunwirksam, wenn sie sozial ungerechtfertigt ist.

(2) Sozial ungerechtfertigt ist die Kündigung, wenn sie nicht durch Gründe, die in der Person oder in dem Verhalten des Arbeitnehmers liegen oder durch dringende betriebliche Erfordernisse, die einer Weiterbeschäftigung des Arbeitnehmers in diesem Betrieb entgegenstehen, bedingt ist. Die Kündigung ist auch sozial ungerechtfertigt, wenn in Betrieben des privaten Rechts

1. a) die Kündigung gegen eine Richtlinie nach § 95 des Betriebsverfassungsgesetzes verstößt,

b) der Arbeitnehmer an einem anderen Arbeitsplatz in demselben Betrieb oder in einem anderen Betrieb des Unternehmens weiterbeschäftigt werden kann und der Betriebsrat oder eine andere nach dem Betriebsverfassungsgesetz insoweit zuständige Vertretung der Arbeitnehmer aus einem dieser Gründe der Kündigung innerhalb der Frist des § 102 Abs. 2 Satz 1 des Betriebsverfassungsgesetzes schriftlich widersprochen hat,

2) in Betrieben und Verwaltungen des öffentlichen Rechts

a) die Kündigung gegen eine Richtlinie über die personelle Auswahl bei Kündigungen verstößt,
b) der Arbeitnehmer an einem anderen Arbeitsplatz in derselben Dienststelle desselben Verwaltungszweiges an demselben Dienstort einschließlich seines Einzugsgebietes weiterbeschäftigt werden kann und die zuständige Personalvertretung aus einem dieser Gründe fristgerecht gegen die Kündigung Einwendungen erhoben hat, es sei denn, daß die Stufenvertretung in der Verhandlung mit der übergeordneten Dienststelle die Einwendungen nicht aufrecht erhalten hat.

Satz 2 gilt entsprechend, wenn die Weiterbeschäftigung des Arbeitnehmers nach zumutbaren Umschulungs- oder Fortbildungsmaßnahmen oder eine Weiterbeschäftigung des Arbeitnehmers unter geänderten Arbeitsbedingungen möglich ist, und der Arbeitnehmer sein Einverständnis hiermit erklärt hat. Der Arbeitgeber hat die Tatsachen zu beweisen, die die Kündigung bedingen.

(3) Ist einem Arbeitgeber aus dringenden betrieblichen Erfordernissen im Sinne des Absatzes 2 gekündigt worden, so ist die Kündigung trotzdem sozial ungerechtfertigt, wenn der Arbeitgeber bei der Auswahl des Arbeitnehmers soziale Gesichtspunkte nicht oder nicht ausreichend berücksichtigt hat; auf Verlangen des Arbeitnehmers hat der Arbeitgeber dem Arbeitnehmer die Gründe anzugeben, die zu der getroffenen sozialen Auswahl geführt haben. Satz 1 gilt nicht, wenn betriebstechnische, wirtschaftliche oder sonstige berechtigte betriebliche Bedürfnisse die Weiterbeschäftigung eines oder mehrerer bestimmter Arbeitnehmer bedingen und damit der Auswahl nach sozialen Gesichtspunkten entgegenstehen. Der Arbeitnehmer hat die Tatsachen zu beweisen, die die Kündigung

als sozial ungerechtfertigt im Sinne des Satzes 1 erscheinen lassen.

§ 2. Änderungskündigung.
Kündigt der Arbeitgeber das Arbeitsverhältnis und bietet er dem Arbeitnehmer im Zusammenhang mit der Kündigung die Fortsetzung des Arbeitsverhältnisses zu geänderten Arbeitsbedingungen an, so kann der Arbeitnehmer dieses Angebot unter dem Vorbehalt annehmen, daß die Änderung der Arbeitsbedingungen nicht sozial ungerechtfertigt ist (§ 1 Abs. 2 Satz 1 bis 3, Abs. 3 Satz 1 und 2). Diesen Vorbehalt muß der Arbeitnehmer dem Arbeitgeber innerhalb der Kündigungsfrist, spätestens jedoch innerhalb von drei Wochen nach Zugang der Kündigung erklären.

§ 3. Kündigungseinspruch.
Hält der Arbeitnehmer eine Kündigung für sozial ungerechtfertigt, so kann er binnen einer Woche nach der Kündigung Einspruch beim Betriebsrat einlegen. Erachtet der Betriebsrat den Einspruch für begründet, so hat er zu versuchen, eine Verständigung mit dem Arbeitgeber herbeizuführen. Er hat seine Stellungnahme zu dem Einspruch dem Arbeitnehmer und dem Arbeitgeber auf Verlangen schriftlich mitzuteilen.

§ 4. Anrufung des Arbeitsgerichtes.
Will ein Arbeitnehmer geltend machen, daß eine Kündigung sozial ungerechtfertigt ist, so muß er innerhalb von drei Wochen nach Zugang der Kündigung Klage beim Arbeitsgericht auf Feststellung erheben, daß das Arbeitsverhältnis durch die Kündigung nicht aufgelöst ist. Im Falle des § 2 ist die Klage auf Feststellung zu erheben, daß die Änderung der Arbeitsbedingungen sozial ungerechtfertigt ist. Hat der Arbeitnehmer Einspruch beim Betriebsrat eingelegt (§ 3), so soll er der Klage die Stellungnahme des Betriebsrates beifügen. Soweit die

Kündigung die Zustimmung einer Behörde bedarf, läuft die Frist zur Anrufung des Arbeitsgerichtes erst von der Bekanntgabe der Entscheidung der Behörde an den Arbeitnehmer ab.

§ 5. Zulassung verspäteter Klagen.

(1) War ein Arbeitnehmer nach erfolgter Kündigung trotz Anwendung aller ihm nach Lage der Umstände zuzumutenden Sorgfalt verhindert, die Klage innerhalb von drei Wochen nach Zugang der Kündigung zu erheben, so ist auf seinen Antrag die Klage nachträglich zuzulassen.

(2) Mit dem Antrag ist die Klageerhebung zu verbinden; ist die Klage bereits eingereicht, so ist auf sie im Antrag Bezug zu nehmen. Der Antrag muß ferner die Angabe der die nachträgliche Zulassung begründenden Tatsachen und der Mittel für deren Glaubhaftmachung enthalten.

(3) Der Antrag ist nur innerhalb von zwei Wochen nach Behebung des Hindernisses zulässig. Nach Ablauf von sechs Monaten, vom Ende der versäumten Frist an gerechnet, kann der Antrag nicht mehr gestellt werden.

(4) Über den Antrag entscheidet das Arbeitsgericht durch Beschluß. Gegen diesen ist die sofortige Beschwerde zulässig.

§ 5. Verlängerte Anrufungsfrist.

Hat ein Arbeitnehmer innerhalb von drei Wochen nach Zugang der Kündigung aus anderen als den in § 1 Abs. 2 und 3 bezeichneten Gründen im Klagewege geltend gemacht, daß eine rechtswirksame Kündigung nicht vorliege, so kann er in diesem Verfahren bis zum Schluß der mündlichen Verhandlung erster Instanz auch die Unwirksamkeit der Kündigung gemäß § 1 Abs. 2 und 3 geltend machen. Das Arbeitsgericht soll ihn hierauf hinweisen.

§ 7. Wirksamwerden der Kündigung.
Wird die Rechtsunwirksamkeit einer sozial ungerechtfertigten Kündigung nicht rechtzeitig geltend gemacht (§ 4 Satz 1, §§ 5 und 6), so gilt die Kündigung, wenn sie nicht aus anderem Grunde rechtsunwirksam ist, als von Anfang an rechtswirksam; ein vom Arbeitnehmer nach § 2 erklärter Vorbehalt erlischt.

§ 8. Wiederherstellung der früheren Arbeitsbedingungen.
Stellt das Gericht im Falle des § 2 fest, daß die Änderung der Arbeitsbedingungen sozial ungerechtfertigt ist, so gilt die Änderungskündigung als von Anfang an rechtsunwirksam.

§ 9. Auflösung des Arbeitsverhältnisses durch Urteil des Gerichts; Abfindung des Arbeitnehmers.
(1) Stellt das Gericht fest, daß das Arbeitsverhältnis durch die Kündigung nicht aufgelöst ist, ist jedoch dem Arbeitnehmer die Fortsetzung des Arbeitsverhältnisses nicht zuzumuten, so hat das Gericht auf Antrag des Arbeitnehmers das Arbeitsverhältnis aufzulösen und den Arbeitgeber zur Zahlung einer angemessenen Abfindung zu verurteilen. Die gleiche Entscheidung hat das Gericht auf Antrag des Arbeitgebers zu treffen, wenn Gründe vorliegen, die eine den Betriebszwecken dienliche weitere Zusammenarbeit zwischen Arbeitgeber und Arbeitnehmer nicht erwarten lassen. Arbeitnehmer und Arbeitgeber können den Antrag auf Auflösung des Arbeitsverhältnisses bis zum Schluß der letzten mündlichen Verhandlung in der Berufungsinstanz stellen.
(2) Das Gericht hat für die Auflösung des Arbeitsverhältnisses den Zeitpunkt festzusetzen, an dem es bei sozial gerechtfertigter Kündigung geendet hätte.

§ 10. Höhe der Abfindung.

(1) Als Abfindung ist ein Betrag bis zu zwölf Monatsverdiensten festzusetzen.
(2) Hat der Arbeitnehmer das fünfzigste Lebensjahr vollendet und hat das Arbeitsverhältnis mindestens fünfzehn Jahre bestanden, so ist ein Betrag bis zu fünfzehn Monatsverdiensten, hat der Arbeitnehmer das fünfundfünfzigste Lebensjahr vollendet und hat das Arbeitsverhältnis mindestens zwanzig Jahre bestanden, so ist ein Betrag bis zu achtzehn Monatsverdiensten festzusetzen. Dies gilt nicht, wenn der Arbeitnehmer in dem Zeitpunkt, den das Gericht nach § 9 Abs. 2 für die Auflösung des Arbeitsverhältnisses festsetzt, das in § 1248 Abs. 5 der Reichsversicherungsordnung, § 25 Abs. 5 des Angestelltenversicherungsgesetzes oder § 48 Abs. 5 des Reichsknappschaftsgesetzes bezeichnete Lebensalter erreicht hat.
(3) Als Monatsverdienst gilt, was dem Arbeitnehmer bei der für ihn maßgebenden regelmäßigen Arbeitszeit in dem Monat, in dem das Arbeitsverhältnis endet (§ 9 Abs. 2), an Geld und Sachbezügen zusteht.

§ 11. Anrechnung auf entgangenen Zwischenverdienst. Besteht nach der Entscheidung des Gerichts das Arbeitsverhältnis fort, so muß sich der Arbeitnehmer auf das Arbeitsentgelt, das ihm der Arbeitgeber für die Zeit nach der Entlassung schuldet, anrechnen lassen,
1. was er durch anderweitige Arbeit verdient hat,
2. was er hätte verdienen können, wenn er es nicht böswillig unterlassen hätte, eine ihm zumutbare Arbeit anzunehmen,
3. was ihm an öffentlich-rechtlichen Leistungen infolge Arbeitslosigkeit aus der Sozialversicherung, der Arbeitslosenversicherung, der Arbeitslosenhilfe, der Sozialhilfe für die Zwischenzeit gezahlt worden ist. Diese Beiträge hat der Arbeitnehmer der Stelle zu erstatten, die sie geleistet hat.

§ 13. Verhältnis zu sonstigen Kündigungen.
(1) Die Vorschriften über das Recht zur außerordentlichen Kündigung eines Arbeitsverhältnisses werden durch das vorliegende Gesetz nicht berührt. Die Rechtsunwirksamkeit einer außerordentlichen Kündigung kann jedoch nur nach Maßgabe des § 4 Satz 1 und der §§ 5 bis 7 geltend gemacht werden. Stellt das Gericht fest, daß die außerordentliche Kündigung unbegründet ist, jedoch dem Arbeitnehmer die Fortsetzung des Arbeitsverhältnisses nicht zuzumuten ist, so hat auf seinen Antrag das Gericht das Arbeitsverhältnis aufzulösen und den Arbeitgeber zur Zahlung einer angemessenen Abfindung zu verurteilen; die Vorschriften des § 9 Abs. 2 und der §§ 10 bis 12 gelten entsprechend.
(2) Verstößt eine Kündigung gegen die guten Sitten, so kann der Arbeitnehmer die Nichtigkeit unabhängig von den Vorschriften dieses Gesetzes geltend machen. Erhebt er innerhalb von drei Wochen nach Zugang der Kündigung Klage auf Feststellung, daß das Arbeitsverhältnis durch die Kündigung nicht aufgelöst ist, so finden die Vorschriften des § 9 Abs. 1 Satz 1 und der §§ 10 bis 12 entsprechende Anwendung; die Vorschriften des § 5 über Zulassung verspäteter Klagen und des § 6 über verlängerte Anrufungsfrist gelten gleichfalls entsprechend.
(3) Im übrigen finden die Vorschriften dieses Abschnitts auf eine Kündigung, die bereits aus anderen als den in § 1 Abs. 2 und 3 bezeichneten Gründen rechtsunwirksam ist, keine Anwendung.

§ 14. Angestellte in leitender Stellung.
(1) Die Vorschriften dieses Abschnitts gelten nicht
  1. in Betrieben einer juristischen Person für die Mitglieder des Organs, das zur gesetzlichen Vertretung der juristischen Person berufen ist,
  2. in Betrieben einer Personengesamtheit für die

durch Gesetz, Satzung oder Gesellschaftsvertrag zur Vertretung der Personengesamtheit berufenen Personen.
(2) Auf Geschäftsführer, Betriebsleiter und ähnliche leitende Angestellte, soweit diese zur selbständigen Einstellung oder Entlassung von Arbeitnehmern berechtigt sind, finden die Vorschriften dieses Abschnitts mit Ausnahme des § 3 Anwendung. § 9 Abs. 1 Satz 2 findet mit der Maßgabe Anwendung, daß der Antrag des Arbeitgebers auf Auflösung des Arbeitsverhältnisses keiner Begründung bedarf.

§ 23. Geltungsbereich.
(1) Die Vorschriften des ersten und zweiten Abschnitts gelten für Betriebe und Verwaltungen des privaten und des öffentlichen Rechts, vorbehaltlich der Vorschriften des § 24 für die Seeschiffahrts-, Binnenschiffahrts- und Luftverkehrsbetriebe. Die Vorschriften des ersten Abschnitts gelten nicht für Betriebe und Verwaltungen, in denen in der Regel fünf oder weniger Arbeitnehmer ausschließlich der zu ihrer Berufsbildung Beschäftigten beschäftigt werden. Bei der Feststellung der Zahl der beschäftigten Arbeitnehmer nach Satz 2 sind nur Arbeitnehmer zu berücksichtigen, deren regelmäßige Arbeitszeit wöchentlich 10 Stunden oder monatlich 45 Stunden übersteigt. Satz 3 berührt nicht die Rechtsstellung der Arbeitnehmer, die am 1. Mai 1985 gegenüber ihrem Arbeitgeber Rechte aus Satz 2 in Verbindung mit dem Ersten Abschnitt dieses Gesetzes herleiten können.
(2) Die Vorschriften des dritten Abschnitts gelten für Betriebe und Verwaltungen des privaten Rechts sowie für Betriebe, die von einer öffentlichen Verwaltung geführt werden, soweit sie wirtschaftliche Zwecke verfolgen. Sie gelten nicht für Seeschiffe und ihre Besatzung.

§ 25. Kündigung in Arbeitskämpfen.
Die Vorschriften dieses Gesetzes finden keine Anwendung auf Kündigungen und Entlassungen, die lediglich als Maßnahmen in wirtschaftlichen Kämpfen zwischen Arbeitgebern und Arbeitnehmern vorgenommen werden.

Mutterschutzgesetz (MuSchG)

§ 1. Geltungsbereich.
Dieses Gesetz gilt
1. für Frauen, die in einem Arbeitsverhältnis stehen,
2. für weibliche in Heimarbeit Beschäftigte und ihnen Gleichgestellte (§ 1 Abs. 1 und 2 des Heimarbeitsgesetzes vom 14. März 1951 – Bundesgesetzbl. I S. 191), soweit sie am Stück mitarbeiten.

§ 2. Gestaltung des Arbeitsplatzes.
(1) Wer eine werdende oder stillende Mutter beschäftigt, hat bei der Einrichtung und Unterhaltung des Arbeitsplatzes einschließlich der Maschinen, Werkzeuge und Geräte und bei der Regelung der Beschäftigung die erforderlichen Vorkehrungen und Maßnahmen zum Schutze von Leben und Gesundheit der werdenden oder stillenden Mutter zu treffen.
(2) Wer eine werdende oder stillende Mutter mit Arbeiten beschäftigt, bei denen sie ständig stehen oder gehen muß, hat für sie eine Sitzgelegenheit zum kurzen Ausruhen bereitzustellen.
(3) Wer eine werdende oder stillende Mutter mit Arbeiten beschäftigt, bei denen sie ständig sitzen muß, hat ihr Gelegenheit zu kurzen Unterbrechungen ihrer Arbeit zu geben.
(4) Der Bundesminister für Jugend, Familie, Frauen und Gesundheit wird ermächtigt, zur Vermeidung von Gesundheitsgefährdungen der werdenden oder

stillenden Mutter oder ihrer Kinder durch Rechtsverordnung den Arbeitgeber zu verpflichten, Liegeräume für werdende oder stillende Mütter einzurichten und sonstige Maßnahmen zur Durchführung des in Absatz 1 enthaltenen Grundsatzes zu treffen.
(5) Unabhängig von den auf Grund des Absatzes 4 erlassenen Vorschriften kann die Aufsichtbehörde in Einzelfällen anordnen, welche Vorkehrungen und Maßnahmen zur Durchführung des Absatzes 1 zu treffen sind.

§ 9. Kündigungsverbot.
(1) Die Kündigung gegenüber einer Frau während der Schwangerschaft und bis zum Ablauf von vier Monaten nach der Entbindung ist unzulässig, wenn dem Arbeitgeber zur Zeit der Kündigung die Schwangerschaft oder Entbindung bekannt war oder innerhalb zweier Wochen nach Zugang der Kündigung mitgeteilt wird. Die Vorschrift des Satzes 1 gilt nicht für Frauen, die von demselben Arbeitgeber im Familienhaushalt mit hauswirtschaftlichen, erzieherischen oder pflegerischen Arbeiten in einer ihre Arbeitskraft voll in Anspruch nehmenden Weise beschäftigt werden, nach Ablauf des fünften Monats der Schwangerschaft; sie gilt für Frauen, die den in Heimarbeit Beschäftigten gleichgestellt sind, nur, wenn sich die Gleichstellung auch auf den neunten Abschnitt – Kündigung – des Heimarbeitsgesetzes vom 14. März 1951 (Bundesgesetzbl. I S. 191) erstreckt.
(2) Kündigt eine schwangere Frau, gilt § 5 Abs. 1 Satz 3 entsprechend.
(3) Die für den Arbeitsschutz zuständige oberste Landesbehörde oder die von ihr bestimmte Stelle kann in besonderen Fällen ausnahmsweise die Kündigung für zulässig erklären. Der Bundesminister für Jugend, Familie, Frauen und Gesundheit wird ermächtigt, mit Zustimmung des Bundesrates allgemeine

Verwaltungsvorschriften zur Durchführung des Satzes 1 zu erlassen.

(4) In Heimarbeit Beschäftigte und ihnen Gleichgestellte dürfen während der Schwangerschaft und bis zum Ablauf von vier Monaten nach der Entbindung nicht gegen ihren Willen bei der Ausgabe von Heimarbeit ausgeschlossen werden; die Vorschriften der §§ 3, 4, 6 und 8 Abs. 5 bleiben unberührt.

§ 10. Erhaltung von Rechten.

(1) Eine Frau kann während der Schwangerschaft und während der Schutzfrist nach der Entbindung (§ 6 Abs. 1) das Arbeitsverhältnis ohne Einhaltung einer Frist zum Ende der Schutzfrist nach der Entbindung kündigen.

(2) Wird das Arbeitsverhältnis nach Absatz 1 aufgelöst und wird die Frau innerhalb eines Jahres nach der Entbindung in ihrem bisherigen Betrieb wieder eingestellt, so gilt, soweit Rechte aus dem Arbeitsverhältnis von der Dauer der Betriebs- oder Berufszugehörigkeit oder von der Dauer der Beschäftigungs- oder Dienstzeit abhängen, das Arbeitsverhältnis als nicht unterbrochen. Dies gilt nicht, wenn die Frau in der Zeit von der Auflösung des Arbeitsverhältnisses bis zur Wiedereinstellung bei einem anderen Arbeitgeber beschäftigt war.

Gesetz zum Schutze der arbeitenden Jugend (Jugendarbeitsschutzgesetz – JArbSchG)

§ 1. Geltungsbereich.
Dieses Gesetz gilt für die Beschäftigung von Personen, die noch nicht achtzehn Jahre sind,
1, in der Berufsausbildung,
2. als Arbeitnehmer oder Heimarbeiter,
3. mit sonstigen Dienstleistungen, die der Arbeitslei-

stung von Arbeitnehmern oder Heimarbeitern ähnlich sind,
4. in einem der Berufsausbildung ähnlichen Arbeitsverhältnis.
(2) Dieses Gesetz gilt nicht,
   1. für geringfügige Hilfeleistungen, soweit sie gelegentlich
   a) aus Gefälligkeit
   b) auf Grund familienrechtlicher Vorschriften
   c) in Einrichtungen der Jugendhilfe
   d) in Einrichtungen zur Eingliederung Behinderter
   erbracht werden,
   2. für die Beschäftigung durch die Personensorgeberechtigten im Familienhaushalt.

§ 2. Kind, Jugendlicher.
(1) Kind im Sinne dieses Gesetzes ist, wer noch nicht 14 Jahre alt ist.
(2) Jugendlicher im Sinne dieses Gesetes ist, wer 14, aber noch nicht 18 Jahre alt ist.
(3) Jugendliche, die der Vollzeitschulpflicht unterliegen, gelten als Kinder im Sinne dieses Gesetzes.

§ 4. Arbeitszeit.
(1) Tägliche Arbeitszeit ist die Zeit vom Beginn bis zum Ende der täglichen Beschäftigung ohne die Ruhepausen (§ 11).
(2) Schichtzeit ist die tägliche Arbeitszeit unter Hinzurechnung der Ruhepausen (§ 11).
(4) Für die Berechnung der wöchentlichen Arbeitszeit ist als Woche die Zeit von Montag bis einschließlich Sonntag zugrunde zu legen. Die Arbeitszeit, die an einem Werktag infolge eines gesetzlichen Feiertags ausfällt, wird auf die wöchentliche Arbeitszeit angerechnet.

§ 5. Verbot der Beschäftigung von Kindern.
(1) Die Beschäftigung von Kindern (§ 2 Abs. 1 und 3) ist verboten.

(2) Das Verbot des Absatzes 1 gilt nicht für die Beschäftigung von Kindern
1. zum Zwecke der Beschäftigungs- und Arbeitstherapie,
2. im Rahmen des Betriebspraktikums während der Vollzeitschulpflicht,
3. in Erfüllung einer richterlichen Weisung.

Auf die Beschäftigung finden § 7 Abs. 2 Nr. 2 und die §§ 9 bis 46 entsprechend Anwendung.

(2) Das Verbot des Absatzes 1 gilt ferner nicht für die Beschäftigung von Kindern über 13 Jahre
1. durch Personensorgeberechtigte in der Landwirtschaft bis zu drei Stunden täglich,
2. mit Einwilligung des Personensorgeberechtigten
a) bei der Ernte bis zu drei Stunden werktäglich,
b) mit dem Austragen von Zeitungen und Zeitschriften bis zu zwei Stunden werktäglich oder
c) mit Handreichungen beim Sport bis zu zwei Stunden täglich, soweit die Beschäftigung leicht und für Kinder geeignet ist. Die Kinder dürfen nicht zwischen 18 und 8 Uhr, nicht vor dem Schulunterricht und nicht während des Schulunterrichts beschäftigt werden. Das Fortkommen in der Schule darf durch die Beschäftigung nicht beeinträchtigt werden.

(4) Das Verbot des Absatzes 1 gilt ferner nicht für die Beschäftigung von Jugendlichen über 15 Jahre (§ 2 Abs. 3) während der Schulferien für höchstens vier Wochen im Kalenderjahr. Auf die Beschäftigung finden die §§ 8 bis 31 entsprechende Anwendung.

(5) Für Verantaltungen kann die Aufsichtsbehörde Ausnahmen gem. § 6 bewilligen.

§ 7. Mindestalter für die Beschäftigung.
(1) Die Beschäftigung Jugendlicher unter 15 Jahre ist verboten.
(2) Jugendliche, die der Vollzeitschulpflicht nicht mehr unterliegen, aber noch nicht 15 Jahre alt sind, dürfen
1. im Berufsausbildungsverhältnis

2. außerhalb eines Berufsausbildungsverhältnisses nur mit leichten und für sie geeigneten Tätigkeiten bis zu sieben Stunden täglich und 35 Stunden wöchentlich beschäftigt werden.

§ 8. Dauer der Arbeitszeit.
(1) Jugendliche dürfen nicht mehr als acht Stunden täglich und nicht mehr als 40 Stunden wöchentlich beschäftigt werden.
(2) Wenn in Verbindung mit Feiertagen an Werktagen nicht gearbeitet wird, damit die Beschäftigten eine längere zusammenhängende Freizeit haben, so darf die ausfallende Arbeitszeit auf die Werktage von fünf zusammenhängenden, die Ausfalltage einschließenden Wochen nur dergestalt verteilt werden, daß die Wochenarbeitszeit im Durchschnitt dieser fünf Wochen 40 Stunden nicht überschreitet. Die tägliche Arbbeitszeit darf hierbei achteinhalb Stunden nicht überschreiten.
(2a) Wenn an einzelnen Werktagen die Arbeitszeit auf weniger als acht Stunden verkürzt ist, können Jugendliche an den übrigen Werktagen derselben Woche achteinhalb Stunden beschäftigt werden.
(3) In der Landwirtschaft dürfen Jugendliche über 16 Jahre während der Erntezeit nicht mehr als neun Stunden täglich und nicht mehr als 85 Stunden in der Doppelwoche beschäftigt werden.

§ 11. Ruhepausen, Aufenthaltsräume.
(1) Jugendlichen müssen im voraus feststehende Ruhepausen von angemessener Dauer gewährt werden. Die Ruhepausen müssen mindestens betragen
1. 30 Minuten bei einer Arbeitszeit von mehr als viereinhalb bis zu sechs Stunden,
2. 60 Minuten bei einer Arbeitszeit von mehr als sechs Stunden.
Als Ruhepause gilt nur eine Arbeitsunterbrechung von mindestens 15 Minuten.

(2) Die Ruhepausen müssen in angemessener zeitlicher Lage gewährt werden, frühestens eine Stunde nach Beginn und spätestens eine Stunde vor Ende der Arbeitszeit. Länger als viereinhalb Stunden hintereinander dürfen Jugendliche nicht ohne Ruhepause beschäftigt werden.

(3) Der Aufenthalt während der Ruhepausen in Arbeitsräumen darf den Jugendlichen nur gestattet werden, wenn die Arbeit in diesen Räumen während dieser Zeit eingestellt ist und auch sonst die notwendige Erholung nicht beeinträchtigt wird.

(4) Absatz 3 gilt nicht für den Bergbau unter Tage.

§ 13. Tägliche Freizeit.
Nach Beendigung der täglichen Arbeitszeit dürfen Jugendliche nicht vor Ablauf einer ununterbrochenen Freizeit von mindestens 12 Stunden beschäftigt werden.

§ 14. Nachtruhe.

(1) Jugendliche dürfen nur in der Zeit von 6 bis 20 Uhr beschäftigt werden.

(2) Jugendliche über 16 Jahre dürfen
  1. im Gaststätten- und Schaustellergewerbe bis 22 Uhr,
  2. in mehrschichtigen Betrieben bis 23 Uhr,
  3. in der Landwirtschaft ab 5 Uhr oder bis 21 Uhr,
  4. in Bäckereien und Konditoreien ab 5 Uhr beschäftigt werden.

(3) Jugendliche über 17 Jahre dürfen in Bäckereien ab 4 Uhr beschäftigt werden.

(4) An dem einen Berufsschultag unmittelbar vorangehenden Tag dürfen Jugendliche auch nach Absatz 2 Nr. 1 bis 3 nicht nach 20 Uhr beschäftigt werden, wenn der Berufsschulunterricht am Berufsschultag vor 9 Uhr beginnt.

(5) Nach vorheriger Anzeige an die Aufsichtsbehörde dürfen in Betrieben, in denen die übliche Arbeitszeit aus verkehrstechnischen Gründen nach 20 Uhr

endet, Jugendliche bis 21 Uhr beschäftigt werden, soweit sie hierdurch unnötige Wartezeiten vermeiden können. Nach vorheriger Anzeige an die Aufsichtsbehörde dürfen ferner in mehrschichtigen Betrieben Jugendliche über 16 Jahre ab 5.30 Uhr oder bis 23.30 Uhr beschäftigt werden, soweit sie hierdurch unnötige Wartezeiten vermeiden können.

(6) Die Aufsichtsbehörde kann bewilligen, daß Jugendliche in Betrieben, in denen die Beschäftigten in außergewöhnlichem Grade der Einwirkung von Hitze ausgesetzt sind, in der warmen Jahreszeit ab 5 Uhr beschäftigt werden.

(7) Die Aufsichtsbehörde kann auf Antrag bewilligen, daß Jugendliche bei Musikaufführungen, Theatervorstellungen und anderen Aufführungen, bei Aufnahmen im Rundfunk (Hörfunk und Fernsehen), auf Ton- und Bildträger sowie bei Film- und Fotoaufnahmen bis 23 Uhr gestaltend mitwirken. Eine Ausnahme darf nicht bewilligt werden für Veranstaltungen, Schaustellungen oder Darbietungen, bei denen die Anwesenheit Jugendlicher nach den Vorschriften des Gesetzes zum Schutze der Jugend in der Öffentlichkeit nicht gestattet werden darf. Nach Beendigung der Tätigkeit dürfen Jugendliche nicht vor Ablauf einer ununterbrochenen Freizeit von mindestens 14 Stunden beschäftigt werden.

Musterformulare

Personalfragebogen

Familienname _____
bei Frauen Geburtsname _____
Vorname _____
Geburtstag und Geburtsort _____
Wohnort (mit Straße und Hausnummer) _____
dort wohnhaft seit _____
Staatsangehörigkeit _____
Familienstand _____
(verheiratet, ledig, verwitwet, geschieden)
Zahl der unterhaltsberechtigten Kinder _____
erlernter Beruf _____
Berufsausbildung _____
(als was, wo, wie lange, Prüfungen)
bisherige Berufstätigkeit _____
(wo, wie lange, als was)
Wehrdienst oder Ersatzdienst abgeleistet? _____
Sind Sie Schwerbehinderter i.S.d. Schwerbehinderten-
gesetzes oder Gleichgestellter?   ja   nein
Wenn ja: Art der Behinderung,
Grad der Behinderung, Nachweis _____
(Behörde, Datum, Aktenzeichen) _____
Haben Sie einen Antrag auf Anerkennung als
Schwerbehinderter gestellt, über den noch
nicht entschieden ist?   ja   nein
Beschäftigung des Ehepartners/eines Kindes in
einem Wettbewerbsunternehmen: ja   nein
Sind Sie vorbestraft?   ja   nein

Wenn ja: weshalb, wann, Höhe der Strafe, durch welches Gericht (anzugeben sind nur solche Vorstrafen, die für die in Aussicht genommene Beschäftigung von Bedeutung sind)

Ist gegen Sie ein Strafverfahren anhängig (auch Ermittlungsverfahren)?	ja	nein
Bei Frauen: Sind Sie schwanger?	ja	nein
Sind Sie krank (arbeitsunfähig)?	ja	nein
Wenn ja, seit wann?		
Chronische Erkrankungen:		
Welche?		
Hat das Arbeitsverhältnis beim letzten Arbeitgeber aus gesundheitlichen Gründen geendet?	ja	nein
Liegen Lohnpfändungen gegen Sie vor?	ja	nein
Wenn ja, wie viele?		
In welcher Höhe?		
Lohnabtretungen?	ja	nein
In welcher Höhe und zu wessen Gunsten?		
Letzte Arbeitsstelle		
Wie lange waren Sie dort beschäftigt?		
Höhe der letzten Vergütung (maßgeblich für die Vergütungsvereinbarung)		

Ich versichere die Richtigkeit der vorstehenden Angaben. Mir ist bekannt, daß eine bewußt falsche oder unvollständige Beantwortung der Fragen zur Anfechtung wegen arglistiger Täuschung berechtigen kann.

Ort/Datum/   Unterschrift des Arbeitnehmers

Muster eines Arbeitsvertrages mit einem Angestellten

Um Ihnen eine Vorstellung zu vermitteln, wie ein Arbeitsvertrag zwischen einem Angestellten und seinem Arbeitgeber aussehen kann, soll hier ein Muster abgedruckt werden. Dabei wird aber darauf hingewiesen, daß die Regelungen in der Praxis erheblich von dem hier dargestellten Muster abweichen können, z. B. im Falle einer Tarifbindung.

Zwischen der Firma ......
und Herrn / Frau ......
wird folgender Vertrag geschlossen:

§ 1 Beginn der Tätigkeit
Der Angestellte wird ab ...... als ...... eingestellt. Vor Dienstantritt darf der Anstellungsvertrag von keinem Vertragspartner gekündigt werden.

§ 2 Tätigkeit
Das Aufgabengebiet umfaßt ...... Der Angestellte verpflichtet sich zu sorgfältiger und gewissenhafter Ausführung der ihm übertragenen Aufgaben und zur Befolgung der ihm durch die Geschäftsleitung oder seiner vorgesetzten Mitarbeiter erteilten Anweisungen. Er erklärt sich bereit, ausnahmsweise im Bedarfsfall auch eine andere ihm zumutbare Angestelltentätigkeit im Betrieb der Firma zu übernehmen; eine Gehaltsminderung darf jedoch damit nicht verbunden sein. Die Vertragspartner gehen davon aus, daß der Angestellte die persönlichen Voraussetzungen für diese Tätgkeit besitzt und ohne gesundheitliche Einschränkung einsetzbar ist.

§ 3 Probezeit
Der Anstellungsvertrag wird auf unbestimmte Zeit abgeschlossen. Die ersten 3 Monate gelten als Probezeit mit der Maßgabe, daß das Arbeitsverhältnis innerhalb der Probezeit beiderseits mit einer Frist von ...... zum Monatsende gekündigt werden kann.

§ 4 Beendigung des Anstellungsverhältnisses
Nach Ablauf der Probezeit ist eine Kündigung des Arbeitsvertrages bei einer Gesamtbeschäftigungszeit bis zu... Jahren unter Einhaltung einer ...wöchigen/monatigen Frist zum Ende eines Kalendervierteljahres zulässig. Nach einer Gesamtbeschätigungszeit von ...... Jahren beträgt die Kündigungsfrist ...... Monate zum Quartalsschluß.
Eine gesetzliche Verlängerung der Kündigungsfrist zugunsten des Angestellten wirkt gleichermaßen zugunsten der Firma.
Unberührt bleibt das Recht zur außerordentlichen Kündigung. Die außerordentliche Kündigung hat die wesentlichen Kündigungsgründe zu enthalten.
Die Kündigung bedarf der Schriftform.
Ohne Kündigung endet das Arbeitsverhältnis mit dem Ablauf des Monats, in dem der Angestellte das 65./63. Lebensjahr vollendet.
Im Falle der Beendigung des Arbeitsverhältnisses hat Herr/Frau/Fräulein ...... sämtliche im Eigentum der Firma stehenden Gegenstände an sie herauszugeben.
Die Firma ist berechtigt, den Angestellten nach Ausspruch einer Kündigung bis zum Ablauf einer Kündigungsfrist und darüber hinaus bis zum rechtskräftigen Abschluß eines Kündigunsschutzverfahrens unter Fortzahlung der Vergütung von der Arbeit freizustellen. Mit der Freistellung ist der noch nicht gewährte Urlaub abgegolten.

§ 5 Gehalt
Der Arbeitnehmer erhält eine monatliche Bruttovergütung von ...... DM

Das Gehalt ist jeweils am Letzten eines Monats fällig. Die Zahlung erfolgt bargeldlos. Der Arbeitnehmer verpflichtet sich, innerhalb einer Woche dem Betrieb ein Konto zu benennen.

Der Arbeitnehmer erhält Zuschläge
für Überstunden und Mehrarbeit ...%
Nachtarbeit ...%
Sonn-und Feiertagsarbeit ...%
Schichtarbeit ...%

Arbeitsbereitschaft wird mit ...... DM pro Stunde bezahlt.
Der Angestellte erhält unabhängig von tariflichen Regelungen folgende Zulagen:
– Gehaltszulage in Höhe von ...... DM monatlich
– Kinderzulage von je ...... DM je Kind bis zum vollendeten ...... Lebensjahr
Gehaltsforderungen dürfen, außer an Unterhaltsberechtigte und frühere Arbeitgeber, nicht abgetreten werden. Bei Gehaltspfändungen kann die Firma zur Deckung der Kosten für die Bearbeitung 3 Prozent des jeweils an den Gläubiger überwiesenen Betrages, mindestens aber ...... DM für jeden Vorgang einbehalten; der Anspruch gilt als jeweils vor der Gehaltsforderung des Angestellten entstanden.

§ 6 Gratifikation
Der Arbeitnehmer erhält jährlich eine Weihnachtsgratifikation in Höhe von ...... DM
Die Gratifikation ist eine einmalige freiwillige Leistung. Auf ihre Zahlung wird für die Zukunft kein Rechtsanspruch begründet.
Die Gratifikation wird nur gewährt, wenn das Arbeitsverhältnis am Auszahlungstag weder beendet noch gekündigt ist, ausgenommen hiervon sind betriebsbedingte oder personenbedingte Kündigungen, die vom Arbeitnehmer nicht zu vertreten sind.

Der Arbeitnehmer ist verpflchtet, die Gratifikation zurückzuzahlen, wenn er bis zum 31.3. des Folgejahres bzw. zum 30.6. des Folgejahres bei einer ein Monatsgehalt übersteigenden Gratifikation aufgrund Eigenkündigung oder außerordentlicher oder verhaltensbedingter Kündigung des Arbeitgebers aus der Firma ausscheidet.

§ 7 Arbeitszeit
Die regelmäßige Arbeitszeit beträgt ...... Stunden wöchentlich.
Beginn und Ende der täglichen Arbeitszeit werden vom Arbeitgeber aufgrund der betrieblichen Erfordernisse festgelegt.
Der Arbeitnehmer ist verpflichtet, Über- und Mehrarbeit, Sonn- und Feiertagsarbeit sowie Nacht- und Schichtarbeit im gesetzlich zulässsigen Umfang zu leisten.
Jede Überstunde wird mit dem Grundgehalt und den oben festgelegten Mehrarbeitszuschlägen je Stunde vergütet. Die Vergütung wird nur gewährt, wenn die Überstunden auf Anordnung der Betriebsleitung geleistet wurden. Über die angeordneten Mehrrarbeitsstunden muß sich der Angestellte Notizen machen; anderenfals kann er bei der Abrechnung Unrichtigkeiten nicht geltend machen.
Der Arbeitgeber kann die betriebsübliche wöchentliche Arbeitszeit unter entsprechender Kürzung der Vergütung bis auf ...... Stunden herabsetzen, wenn dies aus unvermeidbaren wirtschaftlichen oder sonstigen, vom Arbeitgeber nicht zu vertretenden Gründen betrieblich notwendig ist.

§ 8 Urlaub
Der Urlaubsanspruch richtet sich nach den gesetzlichen und betrieblichen Bestimmungen. Er entsteht erstmals nach sechsmonatiger Betriebszugehörigkeit. Zusätzlich erhält der Angestellte nach einer unuterbrochenen Be-

triebszugehörigkeit von ...... Jahren ...... Tage Zusatzurlaub.
Als Urlaubstage werden nur die Arbeitstage angerechnet, an denen der Arbeitnehmer betriebsüblich zu arbeiten hätte.
Die Urlaubszeit wird von der Firma unter Berücksichtigung der betrieblichen Verhältnisse und, soweit möglich, auch der Wünsche des Angestellten festgelegt.
Dem Arbeitnehmer ist verboten, während des Urlaubes eine dem Urlaubszweck zuwiderlaufende Erwerbstätigkeit auszuüben. Der Arbeitnehmer verpflichtet sich, im Falle der Zuwiderhandlung das betriebliche Urlaubsgeld in Höhe von ...... DM zurückzuzahlen.
Die über den Mindesturlaub hinausgehenden Urlaubstage werden auf Fehltage aufgrund von Kuren oder Schonungszeiten angerechnet. Fehlzeiten aufgrund von Kuren oder Schonungszeiten werden bis zum gesamten Jahresurlaub angerechnet, soweit der Arbeitgeber über die gesetzliche Verpflichtung hinaus für diese Tage Lohnfortzahlung gewährt.

§ 9 Arbeitsbefreiung in besonderen Fällen
Der Arbeitnehmer erhält Arbeitsbefreiung unter Fortzahlung der Vergütung in den nachfolgenden Fällen:
bei Eheschließung   2 Tage
bei silberner oder goldener Hochzeit 1 Tag
beim Tod des Ehegatten   3 Tage
beim Tod von Kindern oder Eltern   2 Tage
bei jedem Umzug   1 Tag

Der Arbeitnehmer hat zusätzlich Anspruch auf unbezahlten Sonderurlaub in den folgenden Fällen:
beim Tod des Ehegatten   3 Tage
beim Tod von Kindern oder Eltern   2 Tage

§ 10 Urlaubsgeld
Der Arbeitnehmer erhält Urlaubsgeld in Höhe der Hälfte des zu Beginn des Urlaubsmonats gezahlten Mo-

natsgehaltes. Es wird zu Beginn des Urlaubs ausbezahlt. Der Arbeitgeber behält sich die Rückforderung des Urlaubsgeldes für den Fall vor, daß das Arbeitsverhältnis durch Kündigung des Arbeitnehmers innerhalb von 1,5 Monaten nach Auszahlung des Urlaubsgeldes endet. Das Urlaubsgeld kann weiter zurückgefordert werden, wenn das Arbeitsverhältnis in dieser Zeit durch außerordentliche Kündigung des Arbeitgebers endet.

§ 11 Bildungsurlaub
Dem Arbeitnehmer kann Bildungsurlaub bis zu ...... Arbeitstagen je Kalenderjahr unter Fortzahlung der Vergütung gewährt werden.
Der Arbeitgeber gewährt dem Arbeitnehmer jährlich einen Zuschuß von ......DM zu den Kosten der Bildungsveranstaltung.
Der Arbeitnehmer ist verpflichtet, dem Arbeitgeber innerhalb von 2 Wochen nach Ende der Bildungsveranstaltung die Teilnahme nachzuweisen. Wird dieser Nachweis nicht erbracht, so ist der Arbeitgeber berechtigt, die fortgezahlte Vergütung und den Zuschuß zurückzufordern.

§ 12 Arbeitsunfähigkeit, Tod
Der Arbeitnehmer zeigt eine Arbeitsunfähigkeit unverzüglich der Geschäftsleitung an und weist sie binnen drei Tagen durch ärztliches Attest nach.
Bei häufiger Krankheit, insbesondere dann, wenn der Arbeitnehmer innerhalb des letzten Jahres insgesamt mehr als 30 Arbeitstage gefehlt hat, läßt er sich auf Verlangen und auf Kosten des Arbeitgebers unverzüglich von einem arbeitgeberseitig benannten Arzt, der nicht der Arzt des Arbeitgebers ist, untersuchen; der Arbeitgeber kann nach seiner Wahl darauf bestehen, daß der Angestellte den Werksarzt oder einen Facharzt aufsucht. Besteht zwischen den Arbeitsvertragspartnern kein Einvernehmen über die Person des Facharztes, ist dieser auf Antrag des Arbeitgebers von

der Kassenärztlichen Vereinigung, in deren Bezirk der Betrieb gelegen ist, zu benennen. Der Arbeitnehmer entbindet diesen Arzt schon jetzt von der ärztlichen Schweigepflicht gegenüber dem Arbeitgeber und ermächtigt letzteren, sich die erforderlichen Auskünfte erteilen zu lassen.

Bei nachgewiesener, auf unverschuldeter Krankheit oder Betriebsunfall beruhender Arbeitsunfähigkeit gewährt die Firma dem Angestellten sein Gehalt für .... Wochen/Monate, vom Beginn der Arbeitsunfähigkeit an gerechnet, fort.

Kann der Arbeitnehmer aufgrund gesetzlicher Vorschriften von einem Dritten Schadensersatz wegen Verdienstausfalles beanspruchen, der ihm durch die Arbeitsunfähigkeit entstanden ist, so tritt er diesen Anspruch an den Arbeitgeber ab, soweit dieser Leistungen infolge der Arbeitsunfähigkeit erbracht hat und soweit dieser auf diese Leistung entfallende Beiträge zur Bundesanstalt für Arbeit, Arbeitgeberanteil an Beiträgen zur Sozialversicherung und dergleichen abgeführt hat.

Im Falle des Ablebens wird das Gehalt ohne Zulagen an den Ehegatten oder die unterhaltsberechtigten Kinder bis zum Ende des Monats, der auf den Todestag folgt, gezahlt.

§ 13 Erfindungen

Für Diensterfindungen und Verbesserungsvorschläge des Arbeitnehmers gelten das Gesetz über Arbeitnehmererfindungen und die dazu ergangenen Verordnungen und Richtlinien.

§ 14 Aufwendungsersatz

Dem Arbeitnehmer werden für Mehraufwendungen bei Dienstreisen, Dienstgängen oder auswärtiger Tätigkeit Fahrtkosten, Übernachtungskosten und sonstige Kosten nach Maßgabe der betrieblichen Reisekostenordnung ersetzt.

§ 15 Anderweitige Tätigkeit
Anderweitige Haupttätigkeiten und solche Nebenbeschäftigungen, welche die Interessen des Arbeitgebers beeinträchtigen können, dürfen ohne vorherige Zustimmung der Firma während der Dauer des Arbeitsverhältnisses nicht übernommen werden.

§ 16 Verschwiegenheitspflicht
Der Arbeitnehmer verpflichtet sich, während und nach Beendigung des Arbeitsverhältnisses über alle betriebsinternen Vorgänge sowie über alle Betriebs- und Geschäftsgeheimnisse Stillschweigen zu bewahren.

§ 17 Wettbewerbsverbot
Der Arbeitnehmer verpflichtet sich, für die Dauer von... Jahren nach Beendigung des Anstellungsverhältnisses nicht für eine Konkurrenzfirma tätig zu werden. Als Entschädigung erhält er von der Firma für die Dauer des Wettbewerbsverbotes die Hälfte der zuletzt erhaltenen Bezüge. Bei Zuwiderhandlungen gegen dieses Verbot kann die Firma unbeschadet ihrer sonstigen Rechte eine Vertragsstrafe in Höhe von ...... DM beanspruchen.
Im übrigen gelten die Vorschriften der §§ 74 ff des Handelsgesetzbuches.

§ 18 Vertragsstrafen
Tritt der Arbeitnehmer das Arbeitsverhältnis schuldhaft zu der vereinbarten Zeit nicht an oder bleibt der Arbeitnehmer vertragswidrig der Arbeit fern oder beendet er das Arbeitsverhältnis ohne Einhaltung der vertraglichen Kündigungsfrist, so ist er zur Zahlung einer Vertragsstrafe verpflichtet.
Die Vertragsstrafe wird fällig mit Eintritt der Arbeitsverweigerung. Mit der Vertragsstrafe kann gegen ausstehende oder künftige Lohnforderungen aufgerechnet werden.
Als Vertragsstrafe bei Nichtantritt oder vertragswidri-

ger Beendigung des Arbeitsverhältnisses wird ...... DM vereinbart.

§ 19 Bezugnahme auf den Einstellungsfragebogen
Die Angaben des Arbeitnehmers im Einstellungsfragebogen sind Bestandteil dieses Vertrages. Ihre unrichtige Beantwortung berechtigt zur Anfechtung oder außerordentlichen Kündigung des Arbeitsvertrages.

§ 20 Aufhebung und Änderung des Arbeitsvertrages
Dieser Arbeitsvertrag kann einvernehmlich von den Vertragsparteien jederzeit aufgelöst, geändert oder ergänzt werden. Die Abwicklung bestehender Ansprüche aus dem Arbeitsverhältnis ist im Änderungs- oder Aufhebungsvertrag zu regeln.
Die Aufhebung, Änderung oder Ergänzung des Vertrages bedarf der Schriftform. Mündliche Nebenabreden sind nichtig.

Ort, Datum   Unterschriften

Vertrag für freie Mitarbeiter

Zwischen der Fa. ......
– nachfolgend nur Fa. genannt –
und
Herrn/Frau/Frl. ......
wohnhaft in ......
geboren am ......
in ......
– nachfolgend nur Mitarbeiter genannt –
wird folgender Vertrag für freie Mitarbeiter geschlossen:

1. Mit Wirkung vom ... überträgt die Firma dem Mitarbeiter die Aufgaben eines ... (Berufs-/oder Funktionsbezeichnung) gegen eine Vergütung von ... (entweder Stundenhonorar oder Tages- Wochen- oder Monatspauschalhonorar oder ergebnisabhängiges Honorar)

2. Mit der Zahlung der in Ziff. 1 vereinbarten Vergütung sind alle finanziellen Verpflichtungen der Fa. gegenüber dem Mitarbeiter oder gegenüber anderen aus diesem Vertrag erfüllt. Das gilt insbes. in Bezug auf Abgaben: Der Mitarbeiter hat für Versteuerung und Versicherung jedweder Art selbst zu sorgen.

3. Art und Umfang der nach Ziff. 1 übertragenen Aufgaben ergeben sich aus der diesem Vertrag als Anlage beigefügten Auflistung, die Bestandteil dieses Vertrages ist. Soweit dem Mitarbeiter die jeweils zu erledigende Aufgabe von Fall zu Fall zugewiesen wird, beruht die Zuweisung auf diesem Vertrag; sie gilt als vereinbart.

4. Art und Umfang der nach Ziff. 1 dem Mitarbeiter übertragenen Aufgaben bedingen einen - von beiden

Parteien übereinstimmend geschätzten - Zeitaufwand von ... Stunden an ... Tagen in der Woche/im Monat. Dabei ist aus Sachgründen eine betriebliche Anwesenheitszeit von ... unabdingbar; diese Anwesenheitszeit folgt aus der Natur der übertragenen Aufgaben; um den reibungslosen Ablauf der Mitarbeitertätigkeit zu gewährleisten, werden Beginn und Ende der Anwesenheitszeit an den Anwesenheitstagen auf die Zeit von ... bis ... Uhr festgesetzt. Dafür steht dem Mitarbeiter im Betrieb der Fa. ein Platz/Raum zur Verfügung. Ihm steht es frei, sich der für Arbeitnehmer des Betriebes geltenden Sozialeinrichtungen zu bedienen nach Absprache der Benutzungsbedingungen mit Herrn/Frau ... im ... (Büro) des Betriebes.

5. Die Kündigung des Vertrages bestimmt sich nach Maßgabe der §§ 620, 621, 624 ff. BGB.

6. Die Vertragsparteien sind sich bewußt, daß die in Ziff. 1 genannten Aufgaben des freien Mitarbeiters auch im Rahmen eines Arbeitsverhältnisses erledigt werden könnten. Von dieser Gestaltungsmöglichkeit haben sie aber bewußt keinen Gebrauch gemacht, sondern in Anwendung des Grundsatzes der Vertragsfreiheit und ohne Absicht der Umgehung gesetzlicher Schutzvorschriften die Form des freien Mitarbeitervertrages gewählt, um dem Mitarbeiter die volle Entscheidungsfreiheit seiner Arbeitskraft zu belassen, soweit diese durch den vorstehenden Vertrag nicht belegt ist. Soweit nach den Ziff. 1–4 dieses Vertrages Dienstleistungen erbracht werden oder zu erbringen sind, beruhen Art und Umfang, Ort und Zeit und der zur Erledigung erforderliche Einsatz an Arbeitskraft nicht auf dem Weisungsrecht des Dienstberechtigten, sondern auf diesem Vertrag und auf der Art der Aufgabenstellung; das gilt vor allem für den Ort, an dem die Leistung zu erbringen ist, für

die Zeit, die dazu erforderlich ist, für die betrieblichen Mittel persönlicher und sächlicher Art, deren sich der Mitarbeiter zur Erfüllung seiner Aufgaben bedient; es gilt auch für die Möglichkeit, sich vorhandener Sozialeinrichtungen zu bedienen. Der zeitliche Umfang der Tätigkeit ist aufgabenbedingt, er folgt aus der „Natur der Sache", nicht aus gesetzlichen, tariflichen oder betrieblichen Vorschriften, vielmehr aus vertraglicher Vereinbarung; durch diese wird eine über den Umfang der getroffenen Vereinbarung hinausgehende persönliche, wirtschaftliche oder soziale Abhängigkeit nicht begründet.

Ort/Datum   Unterschrift des Firmenvertreters

Ort/Datum   Unterschrift des freien Mirarbeiters

Zeugnis-Muster

Anhand einiger Musterzeugnisse soll nun verdeutlicht werden, welche Zeugnisarten in der Praxis am gebräuchlichsten sind.

A. Zeugnisse bei Unzufriedenheit des Ausstellers

I. Zeugnis

1. Herr ......, geb. am ...... in ......, war seit ...... in unseren Diensten. Zunächst war er sechs Monate lang zur Einarbeitung in unserer Planungsabteilung für ...... tätig, um dann als ...... eingesetzt zu werden.

2. Herr ...... bemühte sich, den gewiß hohen Anforderungen, die wir an ihn entsprechend seiner Vorbildung, Erfahrung und Eingruppierung stellen zu können glaubten, gerecht zu werden. Er ist sicherlich gewissenhaft und von ehrlichem Bemühen erfüllt, die gestellten Aufgaben innerhalb der gebotenen Fristen zu erfüllen. Jedoch gab es häufig Schwierigkeiten bei der Einhaltung der Termine.

3. Sein Verhalten innerhalb der Betriebsgemeinschaft war vorbildlich. Er war wegen seines aufgeschlossenen Wesens, seiner steten Hilfsbereitschaft und seiner charakterlichen Integrität ein angesehener Mitarbeiter.

4. Da Herr ...... eine anderweitige Verwendung in vergleichbarer Verwendung ablehnte, erklärten wir uns mit dem von ihm zum Monatsbeginn vorgebrachten

Wunsch einverstanden, das Arbeitsverhältnis zum Monatsende zu lösen.

5. Wir wünschen ihm für die berufliche Zukunft alles Gute.

              , den   Unterschrift

II. Zeugnis

1. Herr ......, geb. am ...... in ......, war ab ...... als ...... bei uns beschäftigt. Nach dreimonatiger Einarbeitung in unserer Planungsabteilung, war er als ...... eingesetzt.

2. Herr ...... ist ein außerordentlich begabter ......, der mit großem Fleiß die ihm gestellten Aufgaben zuverlässig, gewissenhaft, fehlerfrei und zügig löste. Seine Ideen sind konstruktiv und führen zu neuartigen Lösungen bemerkenswerter Art.

3. Sein Verhalten im Rahmen der betrieblichen Ordnung war ohne jede Beanstandung. Indes ist er im Umgang mit Vorgesetzten ein schwieriger Mensch; sicherlich nur aus Besessenheit von seinen konstruktiven Vorstellungen sperrte er sich gegen die Arbeits- und Entwicklungsmethoden, die in unserem Hause üblich und erprobt sind. Dadurch war die erfolgversprechende Zusammenarbeit in seiner Konstruktionsabteilung nicht gesichert.

4. Herr ...... kündigt fristgerecht zum... .

5. Wir danken für die geleistete Arbeit und wünschen ihm für die Zukunft alles Gute.

              , den   Unterschrift

III. Zeugnis

1. Herr ....., geb. am ...... in ......, war ab ...... als ...... in unseren Diensten.

2. Er ist kenntnisreich, fachkundig, fleißig und zuverlässig. Im Rahmen unserer Betriebsgemeinschaft war er ein angenehmer und beliebter Mitarbeiter.

3. Doch stellten sich gesundheitliche Schwächen ein, die bei der Einstellungsuntersuchung nicht erkennbar waren. Da die schubartig auftretenden Anfälle (Epilepsie) mit einer Unfallgefahr für ihn selbst verbunden sind, gaben wir ihm den dringenden Rat, sich alsbald in spezialärztliche Behandlung zu begeben. Wir halten es zu unserem Bedauern nicht für vertretbar, das Arbeitsverhältnis mit Herrn... fortzusetzen. Der Entschluß ist uns schwergefallen, doch können wir die Verantwortung für seine Gesundheit und für mögliche Schädigungen anderer Betriebsangehöriger nicht länger tragen und haben das Arbeitsverhältnis unter Beurlaubung fristgerecht zum Quartalsende gekündigt.

4. Wir danken ihm für seine geleisteten Dienste und wünschen ihm vor allem gesundheitlich für die Zukunft alles Gute.

, den   Unterschrift

B. Zeugnisse bei Zufriedenheit des Ausstellers

I. Zeugnis

1. Herr ......, geb. am ...... in ......, ist am ...... als ...... in unsere Dienste getreten und war in unserer ...... -Abteilung beschäftigt.

2. Herr ...... ist ein zuverlässiger und geschickter Facharbeiter. Er arbeitet äußerst gründlich, genau, zuverlässig und fehlerfrei.

3. Er paßte sich gut in die Betriebsgemeinschaft ein und war ein allseits geschätzter Mitarbeiter.

4. Wegen Auftragsrückgang und damit gebotener Rationalisierung mußte auch das Arbeitsverhältnis des Herrn ...... fristgerecht gekündigt werden. Da die ...... abteilung geschlossen werden mußte, war für Herrn ...... ein anderweitiger Einsatz in unserer Firma nicht möglich. Das Arbeitsverhältnis endet heute.

5. Wir danken Herrn ...... für die geleisteten Dienste, bedauern die Notwendigkeit unserer Kündigung und wünschen ihm für die berufliche Zukunft alles Gute.

     , den   Unterschrift

II. Zeugnis

1. Frau ...... geb. am ...... in ......, trat am ...... nach erfolgreichem Besuch der ......schule in ...... als kaufmännischer Lehrling in unsere Dienste. Die Lehrabschlußzeit bestand sie nach abgekürzter Lehrzeit im Frühjahr ...... und sie wurde zum ...... als kaufmännische Kraft in unserer ......abteilung beschäftigt.

2. Sie war zunächst Stenotypistin, wobei sie Schreiben nach Diktat und nach Stichworten zu erledigen sowie für ordnungsgemäße Führung der Personalakten zu sorgen hatte.
Sie mußte dazu mit der betriebseigenen Datenverarbeitung umgehen, was ihr keine Mühe machte.
Zunehmend wurde ihr Aufgabenbereich erweitert, wobei sie schließlich alle büromäßigen Vorarbeiten der Personalabteilung übernahm.

3. Frau... ist eine außerordentlich begabte Mitarbeiterin. Sie ist eine schnelle Stenographin.
Ihr Umgang mit der EDV ist vorbildlich. Ihre Arbeitsweise war stets zuverlässig und ohne Schwächemomente. Frau... ist absolut verschwiegen.

4. Im Umgang mit anderen ist sie aufmerksam und liebenswürdig. Ihr freundliches Wesen machte sie bei allen beliebt. Frau... ist eine schwer ersetzbare Kraft.

5. Aufgrund von Schwangerschaft hat Frau ...... fristgerecht gekündigt; sie scheidet mit dem heutigen Tage aus.

6. Wir danken für die geleistete Arbeit und bedauern ihr Ausscheiden, haben aber großes Verständnis für ihren Kündigungsgrund.

            , den   Unterschrift

III. Zeugnis (in moderner Form)

Empfänger: Herr ......, geb. am ...... in. ......
Eintritt: Am ...... als ...... in die ...... Abteilung.
Anschließende Tätigkeiten: Ab ...... beschäftigt als.
......, ab ...... als ......
Beendigung des Arbeitsverhältnisses: ......

Wir danken für die geleistete Arbeit und wünschen ihm für die Zukunft alles Gute; wir bedauern sein Ausscheiden, haben aber Verständnis dafür, weil Herr ...... sich an einer weiterbildenden Schule fortbilden möchte.

Wunschgemäß bescheinigen wir folgendes:

I. Leistungsbeurteilung:

1. Arbeitsgüte: Er arbeitet äußerst gründlich, genau, zuverlässig und fehlerfrei.
2. Arbeitstempo: Er arbeitet außergewöhnlich schnell.
3. Arbeitsökonomie: Er hat organisatorisches Geschick und arbeitet sehr zielstrebig und rationell.
4. Fachkenntnisse: umfassende, vielseitige Fachkenntnisse.
5. Arbeitsbereitschaft: ausgesprochen einsatzbereit und handelt auch ohne äußeren Anstoß.
6. Ausdrucksvermögen: formuliert klar, treffend und überzeugend.

II. Leistungsbeurteilung:

1. Verantwortungsbereitschaft: sehr verantwortungsfreudig und verantwortungsbewußt.
2. Verhalten gegenüber Vorgesetzten: stets korrekt und loyal.
3. Verhalten gegenüber Gleichgeordneten: legt auf gute Zusammenarbeit besonderen Wert.
4. Führungsverhalten: versteht es, Mitarbeiter und die

Auszubildenden zu überzeugen, setzt sich vorbildlich durch, er wird voll anerkannt.

           , den...   Unterschrift

Kündigungsmuster

I. Ordentliche Kündigung

Sehr geehrte Frau... ,

hiermit kündigen wir das mit Ihnen seit... bestehende Arbeitsverhältnis ordentlich zum... .
Die Kündigungsgründe sind Ihnen bekannt.
Der Betriebsrat hat der Kündigung zugestimmt.

           , den   Firma

II. Außerordentliche und hilfsweise ordentliche Kündigung

Sehr geehrter Herr ...... ,

hiermit kündigen wir das mit Ihnen seit ...... bestehende Arbeitsverhältnis fristlos, hilfsweise ordentlich zum ......
Die Kündigung erfolgt aus folgenden Gründen:... (die Kündigungsgründe müssen gem. § 626 BGB nur auf Verlangen des Arbeitnehmers mitgeteilt werden).

Der Betriebsrat hat sowohl der außerordentlichen als auch der hilfsweisen ordentlichen Kündigung zugestimmt.

                , den   Firma

III. Änderungskündigung

Sehr geehrter Herr ...... ,

hiermit kündigen wir das mit Ihnen seit ...... bestehende Arbeitsverhältnis ordentlich zum ......

Wir bieten Ihnen aber gleichzeitig an, das Arbeitsverhältnis ab ...... zu den bisherigen Bedingungen fortzusetzen, mit folgenden Ausnahmen: ....
Die Änderungskündigung erfolgt aus folgenden Gründen: ......

Wir hoffen, daß Sie für diese Maßnahme Verständnis haben. Wir versichern Ihnen, daß wir auch in Zukunft an einer guten Zusammenarbeit interessiert sind.

Der Betriebsrat hat der Änderungskündigung nach § 102 BetrVG zugestimmt. Da die Änderungskündigung gleichzeitig eine Versetzung beinhaltet, hat er auch nach § 99 BetrVG seine Zustimmung erklärt.

                , den   Firma

Register

Abfindung 212
Abfindungshöhe 215
Abfindungssätze 214
Abgeltung des Urlaubs 151
Abmahnung 199, 207
Akkordbedingungen 75
Akkordentlohnung 74
Alkoholabhängigkeit 92, 197
Alkoholverbot 199
Allgemeinverbindlichkeitserklärungen 130
Altersgrenze 151
Änderungsangebot 165
Änderungskündigung 50, 165, 184
Änderungskündigungsschutzklage 166
Anfechtung 35, 172
Anfechtung wegen einer Täuschung 36
Angestelltenkündigungsschutzgesetz 178
Angestellter 24
Angriffsaussperrung 243
Anhörung 207
Anhörungsfrist 175
Anhörungsverfahren 207
Annahmeverzug 88
Anspruch auf Weiterbeschäftigung 121
Anwaltskosten 246
Anwartschaft 81
Anwesenheitsprämien 78
Anzeige 61
Arbeiter 24
Arbeitnehmereigentum 117
Arbeitnehmererfindungsgesetz 63
Arbeitnehmersparzulage 85
Arbeitnehmerüberwachung 115
Arbeitsantritt 161
Arbeitsgerichte 244
Arbeitsgerichtsverfahren 244
Arbeitskampf 99, 242
Arbeitslosengeld 153
Arbeitslosenhilfe 211
Arbeitslosenversicherung 211
Arbeitspapiere 86
Arbeitsrechtlicher Gleichbehandlungsgrundsatz 82
Arbeitsschutzbestimmungen 187
Arbeitsunfähigkeit 90, 147
Arbeitsunfall 112
Arbeitsverhältnis 29
Arbeitsvertrag 25, 63
Arbeitsverweigerung 184
Arbeitszuweisung 49
Arztbesuch 90
Ärztliche Gutachten 194
Ärztliche Arbeitsunfähigkeitsbescheinigung 94
Ärztliches Attest 95, 218
Aufhebungsvertrag 151, 157
Auflösung gegen Abfindung 213
Aufrechnung 105
Auftragsmangel 202
Aufwandsentschädigungen 103
Aufzeichnungsgeräte für Telefongespräche 115
Ausbildungsverhältnis 161
Aushilfskraft 195
Ausländische Atteste 96

Auslösungsgelder 103
Ausschlußfristen 101
Aussperrung 99, 121, 243
Auszubildende 122, 134, 159
Außerordentliche Kündigung 157, 182

Bedingung 163
Beendigung des Arbeitsverhältnisses 157
Befristung 157, 232
Beleuchtung 119
Benachrichtigungsschein 169
Bergsteigen 91
Berufsausbildungsverhältnis 164, 182
Berufsgenossenschaft 111
Berufssportler 122
Beschäftigungsdauer 178
Beschäftigungsförderungsgesetz 234
Beschäftigungspflicht 121
Betriebliche Einigungsstelle 143
Betriebliche Übung 27, 80
Betriebliches Vorschlagswesen 65
Betriebliches Ruhegeld 80
Betriebsbedingte Kündigung 203
Betriebsbuße 53
Betriebsferien 142
Betriebsfrieden 60
Betriebsgeheimnisse 114, 124
Betriebsparkplatz 119
Betriebsrat 31, 112, 123, 173, 201
Betriebsratsmitglieder 189
Betriebsstillegung 219, 241
Betriebsstörung 99
Betriebsveräußerung 172
Betriebsvereinbarung 26, 66, 240
Betriebsverfassungsgesetz 122

Betriebsverlagerung 219
Betriebszugehörigkeit 78, 203, 215
Betrug 184
Bevollmächtigung 160
Beweisgebühr 247
Bewerbungskosten 126
Bewußtes Verschweigen 42
Bezirksgericht 249
Bildungsstätte 156
Bildungsurlaub 155
Bildungsurlaubsgesetze 156
Boxen 91
Brieftasche 117
Bummelei 199
Bundesanstalt für Arbeit 29
Bundesarbeitsgericht 244
Bundespersonalvertretungsgesetz 176
Bundesrechtsanwaltsgebührenordnung 246
Bundesurlaubsgesetz 133
Bußordnung 66

Dauererkrankung 195
Diebstahl 61, 184, 201
Diensterfindung 64
Dienstfahrt 59
Drachenfliegen 91
Drei-Wochen-Frist 171, 209
Druckkündigung 204

Eheschließung 90, 155
Ehrverletzungen 184
Einigungsstelle 50
Einigungsvertrag 248
Einkommen 114
Einschreibebrief mit Rückschein 169
Einspruch beim Betriebsrat 208
Einstellung 130
Entlohnungsgrundsätze 72
Entlohnungsmethoden 72

Entziehungskur 198
Erfindung 63, 114
Erkältungs- und Infektionskrankheiten 91
Erlaubte Fragen im Personalfragebogen 44
Erwerbstätigkeit im Urlaub 143
Erziehungsurlaub 37
Existenzminimum 103

Falsche Lohnabrechnung 120
Fehlbestand 59
Feiertage 72
Feiertagslohnzahlungsgesetz 73
Fortbildung 156
Fragen des Arbeitgebers 38
Fragen nach der Höhe der bisherigen Vergütung 40
Fragen nach Ihrem Gesundheitszustand 39
Fragen zur Religions- oder Parteizugehörigkeit 40
Freie Erfindungen 64
Freie Meinungsäußerung 60
Fristen 188
Fristgemäße Kündigung 177
Führungszeugnis 42
Fürsorgepflicht 121

Gebrauchsmuster 63
Gefahrenzulagen 103
Gefahrgeneigte Arbeit 55
Gefährliche Sportarten 91
Gefälligkeitsatteste 95
Gehalt 69
Geheimhaltungspflicht 114
Geldakkord 75
Gerichtskosten 245
Geschenke 61
Geschlechterbedingte Diskriminierung 126

Gesetz über die Gewährung von Erziehungsgeld und Erziehungsurlaub 220
Gesetzliches Krankengeld 97
Gesetzliches Verbot 35, 172
Gewerbeaufsicht 219
Gewerkschaft 39, 243
Gewerkschaftszugehörigkeit 39
Gleichbehandlung 125
Gleichheitsgrundsatz 125
Goldene Hochzeit 90, 155
Graphologische Gutachten 45
Gratifikationen 76, 127
Grobe Fahrlässigkeit 56
Grundwehrdienst 228

Hauptfürsorgestelle 189, 224

Innerbetriebliche Richtlinie 123
Innerbetriebliches Bußgeldverfahren 67
Irrtumsanfechtung 36, 43

Jahresurlaub 143
Jugendliche 34, 135

Kinder 34
Kinderarbeit 35
Kleinstbetriebe 192
Konkurrenz 62
Konkurs 105, 216
Konkursausfallgeld 109
Konkurseröffnung 106
Konkursmasse 106
Konkursverwalter 106
Körperschäden 58
Kostenrisiko 244
Krankheit 90, 192
Kreisgericht 249
Kündigung 130, 157
Kündigung durch eingeschriebenen Brief 159

Kündigung im Urlaub 170
Kündigung unter einer Bedingung 162
Kündigungserklärung 158
Kündigungsfrist 161
Kündigungsgrund 164, 206
Kündigungsschutzklage 121
Kündigungsverbot 227
Kur 98, 147
Kurzarbeiter 73

Landesarbeitsgerichte 244
Landesgewerbeamt 219
Landespersonalvertretungsgesetz 176
Langzeitbeschäftigte 196
Leben und Gesundheit des Arbeitnehmers 111
Lebensversicherungsverträge 80
Leichtlohngruppen 71
Leistungsbereich 200
Lohn 69
Lohnauszahlung 75
Lohnerhöhung 129
Lohnfortzahlung 97
Lohnfortzahlung an Feiertagen 72
Lohnfortzahlungsanspruch 92
Lohnhöhe 70
Lohnpfändung 40, 102
Lohnrückstände 107
Lohnschutz 104
Lohnzahlungspflicht des Arbeitgebers 69
Lohnzuschläge 73

Mehrarbeit 52
Mehrarbeitsvergütung 103
Mehrfachtätige 134
Mehrurlaub 154
Minderjährige 33, 161
Mindestlohn 69
Mindesturlaub 133

Mitarbeiter 57
Mitbestimmungsrecht 141, 142
Musterung 90
Mutterschutz 38, 217
Mutterschutzgesetz 217

Nachtarbeit 145
Naturalentlohnung 146
Nebenbeschäftigung 51
Nebenpflicht 200
Nebentätigkeit 62
Nebenverpflichtung 133

Optische Überwachungseinrichtungen 115
Ordentliche Kündigung 177

Parkhaus 118
Parkplatz 118
Parkplatzwächter 119
Patent 63
Pensionssicherungsverein auf Gegenseitigkeit 83
Personalakte 114, 201
Personalrat 176
Personalreserve 197
Personenbedingte Kündigung 192
Persönlichkeitsrecht 114
Pfändungs- und Überweisungsbeschluß 102
Pfändungsfreigrenzen 104
Postannahmeverweigerung 168
Postgebühren 247
Privatfahrt 58, 59
Privattelefongespräche 199
Probearbeitsverhälnis 181
Probearbeitszeitverhältnis 234
Probezeit 181
Produktionsausfall 196
Prognose über die Häufigkeit zukünftiger Erkrankungen 195

Prozeßgebühr 245, 247

Qualifiziertes Zeugnis 87

Rationalisierung 240
Rationalisierungsmaßnahmen 202
Rauchverbot 113
Rechtliches Gehör 67
Rechtsanwalt 208
Rentenanspruch 80, 120
Revisionsverfahren 247
Richtlinie 174
Risikosportarten – Fingerhakeln 91
Rücknahmeerklärung der Kündigung 171
Rückzahlungsklauseln 79
Ruhegeldansprüche 238
Ruhegelder 127

Sachbeschädigung 184
Sachlicher Grund für eine Ungleichbehandlung 71
Sachschäden 58
Saisonarbeiter 233
Schadensersatz 117, 126, 187
Schauspieler 122
Schiedsrichter 116
Schlechterfüllung der Arbeit 54, 199
Schmerzensgeld 126
Schmerzensgeldanspruch 112, 115
Schmutz- und Erschwerniszulagen 103
Schonzeit 98, 148
Schriftform 159
Schutzfrist 220
Schutzpflicht des Arbeitgebers 116
Schwangere 209
Schwangerschaft 37, 41, 114, 182, 217

Schwangerschaftsabbruch 92
Schwangerschaftsfrühtests 219
Schwarzarbeit 199
Schwarzes Brett 116
Schwarzfahrten 199
Schwerbehindert 41
Schwerbehinderte 136, 223
Schwerbehindertengesetz 136
Sechswochenfrist 94
Sicherheitsgurt 92
Sicherheitsvorschriften 111
Silberhochzeit 90
Skifahren 91
Sommerurlaub 136
Sonderurlaub 154
Sozialauswahl 202
Sozialhilfe 211
Sozialleistungen 127
Sozialversicherung 211
Sozialversicherungsrenten 83
Sozialwidrig 166
Staatsvertrag 248
Stellenausschreibung 30
Stellenbesetzung 126
Sterbefall 90
Stornokosten 142
Strafe kann sein – Betriebsbußen 66
Straftaten 61, 184, 185
Streik 99, 184, 242
Streikwirkungen 100
Streitwert 245
Streupflicht 119
Sturzhelm 92
Suspendierung 121

Tariflohnerhöhung 129
Tarifvertrag 25, 240
Täuschungsanfechtung 37
Teilkündigung 165
Teilurlaub 139
Teilweise Haftung 56
Teilzeitarbeit 221

Teilzeitbeschäftigte Arbeiter 93
Teilzeitkräfte 134
Treuepflicht 60
Trunkenheit 184
Trunkenheitsfahrt 199
Trunkenheitsfahrten im Straßenverkehr 92

Überstunden 74
Überstundenvergütungen 145
Umsatzrückgang 202
Umschulungs- oder Fortbildungsmaßnahmen 123, 174
Unfallverhütungsvorschriften 111
Ungleichbehandlung 70
Unkündbarkeit 225
Unterhalt 103
Unterschlagung 61
Untreue 184
Unverzichtbare Ansprüche 86
Urlaub 133
Urlaubsabgeltung 151
Urlaubsabgeltungsansprüche 87
Urlaubsansprüche 136
Urlaubsbedingungen 154
Urlaubsentgelt 145
Urlaubsgeld 145
Urlaubsplanung 140
Urlaubsverschiebung 149

Verbesserungsvorschläge 63, 65
Verdienstkürzungen 146
Verfallener Urlaub 149
Verfrühungsschaden 53
Vergleich 105
Vergleichsgebühr 247
Verhaltensbedingte Kündigung 197
Verhandlungsgebühr 247

Verjährung 153
Verjährungsfrist bei Lohnansprüchen 101
Verkehrssicherungspflicht 119
Verkehrssitte 48
Verkehrssituation 118
Vermögensbildungsgesetz 84
Verrat von Betriebsgeheimnissen 184
Verschwiegenheitspflicht 32
Versetzung 184
Vertrauensärztliche Untersuchung 95
Verwirkung 102
Videokameras 115
Vollmachtsurkunde 160
Vorstellungskosten 31
Vorstrafen 42

Wanzen 115
Wartezeit 136
Wehrpflicht 41
Weihnachtsgratifikation 76, 79, 103, 127
Weisungsrecht 49. 140
Weiterbeschäftigungsanspruch 122
Wettbewerbsverbot 62, 199
Wichtiger Grund 183
Widerruf 116
Widerruf von Ruhegeldzusagen 83
Widerspruchsrecht 174
Wiedereinsetzung in den vorigen Stand 171
Wiederholte Erkrankungen 93
Wildwasserkanufahren 91
Wirtschaftliche Notlage 83
Wirtschaftsrisiko des Arbeitgebers 99

Zeitakkord 75
Zeitentlohnung 74

Zeitungsannoncen 54
Zeitungsinserat 30
Zivildienstleistende 229

Zugang 167
Zulagen 145
Zusatzurlaub 87

Hinweis:

Dieses Buch entspricht dem aktuellen juristischen Stand. Alle Inhalte wurden vom Autor und vom Verlag sorgfältig geprüft. Allerdings kann keine Gewähr für die Richtigkeit der Angaben übernommen werden.

Natürlich haben wir versucht, Ihnen repräsentative Urteile vorzustellen. Trotzdem weisen wir darauf hin, daß die in diesem Buch angegebenen Gerichtsentscheide nicht bindend sein können, da unsere Gerichte in der Rechtsfindung unabhängig sind. Bei einem anders gelagerten Tatbestand oder einer unterschiedlichen Rechtsauffassung können Gerichte zu einer anderen Entscheidung gelangen.